AI 시대,
변화 속
인간의 미래

인간을 묻는다

AI 시대, 변화 속 인간의 미래
인간을 묻는다

펴 낸 날 2024년 09월 11일

지 은 이 김송희, 이영우, 정강엽, 권종진, 박애선, 서동희
펴 낸 이 김송희
편집주간 이기성
기획편집 서해주, 윤가영, 이지희
표지디자인 최선주
책임마케팅 강보현, 김성욱
펴 낸 곳 LAMI 인문과 예술경영연구소
　　　　　　(Liberal Arts Management Institute)
출판등록 제 2016-000334호
주　　소 서울시 강남구 영동대로 602, 6층 E 198호
전　　화 070-8877-5504
이 메 일 liberal.art.mi@gmail.com

• 책값은 표지 뒷면에 표기되어 있습니다.
　ISBN 979-11-959647-4-1 (03300)

인간을 묻는다

AI 시대,
변화 속
인간의 미래

김송희, 이영우, 정강엽, 권종진, 박애선, 서동희 지음

다양한 전문가들의
목소리를 통해
영역별 인간의
미래를 살펴보자.

LAMI 인문과 예술경영연구소

"세계는 이제 코로나 이전(BC)과 코로나 이후(AC)로 구분될 것이다."라는 토머스 프리드먼(Thomas Friedman)의 말처럼[01] '티핑 포인트(tipping point)'가 나타났다. 1993년 12월 9일 노벨상 수상을 한 더글러스 노스(Doglass North)는 이런 말을 했다. "기존의 제도 및 신념 체계로는 사회적인 복잡성의 문제를 해결하지 못하는데도 정체된 사회는 그런 제도와 체계를 끌어안고 있다". 즉 과학의 세계에선 이미 엄청난 변화와 혁신이 일어났지만, 학교를 포함한 기존의 많은 단체, 기관에서는 그 변화의 속도가 너무나 느리게 진행되어 왔다. 또한 실제 사회, 행정, 경제, 교육 등 모든 영역에서 그 변화의 속도를 쫓아가지 못하기 때문에 이미 와있는 미래를 외면해 왔다. 그러나 코로나 19 이후 변화는

---

01 퓰리처상을 수상한 칼럼니스트로, 『뉴욕타임스』에 기고한 글

인간의 관성 법칙을 뒤집어 놓았다. '부익부 빈익빈'이 더욱 심해졌다고 하는데, 결국 누가 4차 산업혁명 시스템에 익숙해지고 그렇지 못한지 그것이 판도를 바꾸는 관건이 되었다.

과학과 기술의 영역이 주도하는 4차 산업혁명. 그것은 인간과 기계, 자원이 직접 소통해야 하는 시대를 의미한다. '블루 앤 화이트칼라'의 시대가 아니라 '새로운 칼라'의 시대다. 새로운 기술 혁신의 의미보다는 이전에 모두 존재하던 기술과 서비스들의 연결이다. 이러한 혁신과 본질적인 변화는 물의 흐름처럼 이미 자연스럽게 진행되고 있지만, 사회의 한 편에선 인문학적 위기를 크게 탄식하며 애써 외면해 왔던 것도 사실이다. 그렇다면 4차 산업혁명이 과학과 기술 위주로만 하고 인간은 외면하고 있다는 말일까? 그렇지 않다.[02] 20세기 유형의 삶의 방식과 분리되고, 인간의 욕구와 필요에 의해 새롭게 전환되고 있는 사회혁명을 포함하기도 하는 말이다.[03] 인간의 욕구와 편리함을 위한 변화이지만, 감성적으로만 치우치지 않는다. 이성적이고 냉철함과 병행된 사회혁명이라고 할 수 있다. 새롭게 부딪치는 사회문제를 살펴야 할 이유다.

그렇다면 4차 산업혁명에 대해 우리는 어떻게 이해하고, 인문학적 관점에서는 어떻게 바라보고 해석해야 할까? 다양한 신기술과 혁신에 따라서 신학과 인문학은 물론 건축, 예술, 영성, 의학, 인간 심리, 기업의 동향은 어떻게 변화·발전해야 할 것인가? 이에 다양한 전문가가 모여 이러한 논지적 전개를 통해 인공지능 시대의 이슈와 배경을 살펴보고, 분야별로 어떻게 대응해 가고 있는지 알아보고자 한다.

---

02 김송희, 『코로나 19이후 「장자」에게 묻다』, LAMI 인문과 예술경영 연구소, 2020년, 들어가는 말
03 상동

2020년 1월 이후, 4차 산업혁명의 개념과 그 안에 파생되는 많은 용어, 그리고 그 범위가 지속적으로 확대되고 있는 것에 대해서는 정의 내리기 어려운 부분이 많다. 즉 이미 와있는 4차 산업혁명과 이에 대한 신교육의 부재로 구·신세대 간의 갈등이 일어나고 있는 것은 피할 수 없는 현실이다.

보이지 않는 미래에 대한 불안감을 가진 청·장년층, 그리고 기득권을 가졌다고 해도 평균 노년 연령이 길어지는 상황 아래 퇴직과 동시에 맞이해야 할 새로운 삶을 어떻게 살아가야 할지, 그 고민은 누구도 예외가 아니다. 제2 인생을 살아야 할 퇴직층이나 노년층의 4차 산업혁명 교육과 훈련은 이제 사회 트렌드다. 지역별 도서관마다 하루 종일 책상에 앉아 공부하는 세대가 청소년에 국한하지 않고, 70, 80대 노인들의 모습이기도 한 것도 사회의 변화 현상이다. 모든 사람은 진지한 고민에 직면했다. 특히 2020년 1월 코로나 19 이후 너 나 할 것 없이 정확한 현실과 마주하게 되었다. 본고에서 다양한 전문가를 통해 다양한 영역을 분석·통찰하면서 이 시대에 어떻게 살아야 할지 대처와 방안을 모색한 이유다.

디지털 대전환 시대에 인류가 겪는 근본적인 변화는 스마트폰을 통해 엄청난 정보를 습득하면서 달라진 뇌 활동과 그로 인해 변모한 사회적 관계라고 할 수 있다. 무심히 스마트폰을 들고 알고리즘이 제안하는 뉴스와 영상을 즐기는 디지털 인류는 과거 어느 때보다 마음 근력이 약할 수밖에 없는 환경에 처해있다.[04] 또한 인간은 시련과 위기의 순간 마음을 다잡을 수 있는 자세도 필요하다. 그런 노력과 에너지는 결국 다양한 분야의 다양한 논의를 통해 준비되어야 할 것이다.

---

04 김주환, 『내면소통』, 인플루엔셜, 2023년의 저서, 최재붕 교수 추천사

4차 산업혁명에서는 역동적이고 새로운 개발이라고 말할 수 있는 것은 오히려 없다. 빠르게 진화하는 새로운 형태로 인해 불필요한 시간과 비용이 사라지는 시대다.[05] 이 시대는 새로운 협력과 소통 방식이 간절하고, 상호 간의 필요성에 의해 만나는 플랫폼은 과거와 같은 삶의 방식이나 위계질서를 무시한다. 즉 모든 경계가 사라지며 대등한 의미와 존재적 가치로 관계가 유지된다. 수직적인 질서와 개념은 차츰 사라지고 수평적인 인간관계로 이어지는 이유다. 4차 산업혁명이란 개념 안에서 생긴 사회현상이다.[06]

태어날 때부터 인터넷과 스마트폰에 익숙해 있던 MZ세대들은 기존의 제도 규율, 구시스템에 갇혀 심한 갈등을 느끼기도 한다. 이 시대는 같은 세상 안에서 신구(新舊) 2개의 삶의 유형이 공존하는데, 그러면서도 변화와 혁신은 충돌과 갈등을 겪으며 돌풍을 일으킨다. 온라인상의 소통, 세대별 소통, 관심이 다른 사람들 간의 소통 등 외적인 소통은 물론 자기 자신의 내면과의 소통에 이르기까지 본고에서 전문가들의 목소리를 들어보기로 하겠다.

21세기는 지적 재산이 포화 상태다. 융합적이고 창의적인 시대지만, 새로운 아이디어란 없다. 기존의 아이디어와 아이디어의 연결에 의한 창의를 기대한다. 새롭게 형성되어 가는 지식에 기존의 학자, 전문가의 지식은 그 의미와 가치가 차츰 소멸되어 간다. 4차 산업혁명은 새로운 변화와 혁신을 기대하는 사회혁명임과 동시에 위기감을 불러일으키기도 한다.

구시대에는 의사결정자들이 특정 쟁점에 대해 논의하고, 필요한 대응

---

05 김송희, 「코로나 19 이후 「장자」에게 묻다」, LAMI 인문과 예술경영연구소, 2020년, 들어가는 말
06 상동, 27쪽

이나 적절한 규제, 체제를 구축하는 데 충분한 시간이 있었다. 그러나 4차 산업혁명은 기존의 정보와 아이디어의 연결과 데이터 수집을 통해 사람의 움직임이 그 어느 때보다도 빠르다. 동시에 총체적이고 통합적인 관점에서 활용하고 있다.[07] 속도가 정확성보다 중요한 시대인 이유다. 과거에는 수직적인 인간관계와 위계질서에 의해 권위가 인정되었다면, 현재는 정확한 데이터에 의한 과학적이고 합리적인 것이 인정받는다.

그러나 4차 산업혁명 시대에는 기기를 통한 가상과 현실을 연결시키는 데 있어서 문학과 예술적인 감각이 함께 필요하다. 단순히 과학적이거나 기술적인 측면에서만 고려될 수가 없다. 융합을 통해서 가능한 일이고, 인문학을 배제할 수 없는 이유다. 인간의 감성과 이성을 자극하지 않고는 인간이 매료될 수 없으며, 기기와 인간이 함께 공존해야 하는 세상, 이미 와있는 미래다.[08] 피폐해지고 소통을 무시하는 인간보다는 애완견과 반려식물을 선호하듯 따뜻한 말을 건네는 AI가 오히려 인간을 사로잡는[09] 스토리텔링이 이미 도래한 미래다. 이것은 인간의 생명과 생명의식에 의존하는 인간과는 거리감을 둔다고 할 것이다. 그럼에도 최종 인간은 감성을 찾고, 영성 안에서 관계 회복이 일어난다. 다양한 전문가들의 목소리를 통해 영역별 인간의 미래를 살펴보고자 한 이유이며, 앞으로도 이 작업은 계속 진행되어야 할 이유다.

2024년 5월
주 저자 김송희

---

07 상동, 78쪽

08 상동, 84쪽. 이 책의 들어가는 말은 김송희, 『코로나 19 이후 장자에게 묻다』, LAMI 인문과 예술경영 연구소, 2020. 머리말 내용을 재인용

09 김정호 교수, '이미 반도체 설계도 AI로 합니다', 유튜브 「와이스트릿」, 2024년 1월 30일

목 차

들어가는 말   5

PART 1

포스트 팬데믹 시대의
사회 변화와 인간 심리   15

___

글로벌 혁신, K-배달의 민원   16

들어가는 글   17

1) '온오프 코리아' 창업의 성공과 실패   19

2) '온오프'와의 새로운 도약   28

3) K-글로벌 민원의 혁신과 비상(飛上)   32

나가는 말   51

뉴노멀 시대, 사회 변화에 대한 성격 특성별 대처   56

들어가는 말   57

1) 코로나 19 이후의 사회 변화에 따른 인간 심리   60

2) 새로운 위기와 변화에 대한 성격 특성별 이해   65

3) 뉴노멀 시대, 인간의 대응과 대처   78

나가는 글   91

PART 2

인공지능 시대의
철학 및 예술의 이해

97

인공지능의 시대, 『장자』의 행복론   98

들어가는 글   99

1) 일장춘몽(一場春夢)의 삶, 죽음을 기억하라   104

2) 인간의 존재적 가치, 생명의식에 집중하라   110

3) '변화'를 통한 성장과 승화   115

4) 경쟁을 거부하고, 자아를 실현하다   121

5) 복종을 거부하고, 덕(德)을 실천하다   127

6) 시비를 내려놓고, 자기(自己) 들여다보기   131

7) 내면을 향한 몰입, 천인합일(天人合一)   136

나가는 말   142

AI 시대, 예술의 변화와 미래- 유럽의 미술을 중심으로   150

새로운 세상을 맞이하며   151

1) 코로나 19와 예술   153

2) 예술과 기술의 미술사   164

3) 4차 산업혁명과 예술   175

예술과 일상의 벽을 넘어서   189

PART 3

건강과 영성의
새로운 역할   195

임플란트 치아로 건강수명 늘리기   196

들어가는 말   197

1) '치아 1개 빠지면 뇌가 1년 늙는다'는 과학적 근거   199

2) 임플란트의 역할   208

3) 치아 건강을 통한 건강수명 늘리기   220

나가는 말   226

인공지능 시대, 영성의 역할 - 그리스도교를 중심으로   230

들어가는 말   231

1) 인공지능의 도전과 인간 소외 현상   234

2) 인공지능의 윤리   241

3) 영성의 역할   247

4) 영성과 식별   257

나가는 말   263

K-글로벌 민원으로 다시 일어섰을 때 필자가 생각하는 가장 큰 성장 조건
의 핵심은 '변화'에 있었다. 앞으로 인공지능을 포함하여 로봇이 인간을 대
신하는 시스템으로 변화될 것이다. 그렇다면 이러한 시스템에 맞추어 K-글
로벌 민원은 어떻게 변화해야 할까?

즉 이 시대에 부합되는 창업, 사업 운영의 요건이란 무엇인가?

필자는 이 사업을 시작하기 전에 사업 및 서비스 설계를 하면서 많은 시간
을 들인 바 있다. 절대 망하지 않는 기업이 되기 위한 사업 설계가 있었고,
절대 그 설계와 지침은 가슴 안에 각인시켜야 할 필요가 있었다.

PART 1

포스트 팬데믹 시대의
사회 변화와 인간 심리

In the post-pandemic era
Social change and human psychology

이영우, 박애선, 김송희

글로벌 혁신,
K-배달의 민원

이영우[10]

• • •

들어가는 글

1) '온오프 코리아'의 창업 성공과 실패

2) '온오프'와의 새로운 도약

3) K-글로벌 민원의 혁신과 비상(飛上)

나가는 글

---

10 후엠아이 글로벌(구 한국통합민원센터) 대표, 2006년 대통령 직속 중소기업특별위원회 표창장
(지역경제발전 기여), 2016년 미래 창조과학부 장관 표창장(16년 혁신적 실패 사례 공모전 대
상), 2017년 서울지방중소기업청장 표창장(17년 대한민국 창업 리그 우수상), 2018년 중소벤처
기업부 장관 표창장(18년 벤처창업진흥 유공 시상) 수상

⊠ 들어가는 글

      초스피드 시대다. 코로나 19 이후 모든 업무는 온라인으로 대체되는 일이 가속화되었다. 빈부 차이의 경제 개념도 누가 얼마만큼 성실하고 책임감 있게 절약하며 살았는지로 판가름나는 시대가 아니다. 누가 빅데이터를 기초로 시간을 절약하는지, 얼마만큼 쉽고 편리한 디지털 업무로 사람들에게 편의를 제공했는지에 따라 경제적 가치와 이익 실현도 확연히 차이 나는 시대다.[11] 코로나 19 이후 오프라인 식당과 마켓이 어려워지고, 모든 사람의 선망이었던 건물주가 고달픈 시기였던 이유도 온라인으로 전환되는 티핑 포인트(Tipping point)와 무관하지 않다.

      매일 아침 스마트폰으로 가장 먼저 만나는 '카카오(Kakao)'가 2021년 6월 단숨에 국내 시가총위 5위까지 올라가게 될 거라고 불과 10여 년

---

11 김송희, '4차 산업혁명 시대, 『장자』의 통찰력으로 보는 기업경영', 기업인 대상 Zoom 강의, 2022년 5월

전 대다수 사람은 상상도 하지 못했다. 2016년 '아기 상어'라는 콘텐츠를 만들어 어린이들의 시선을 빼앗았던 콘텐츠 기업 더핑크퐁컴퍼니(구 스마트스터디)가 기업공개(IPO)를 본격화한다는 소식이 들렸다. 그러자 '삼성출판사'의 주가는 연일 강세였다. 2022년 5월 동학개미들이 곤두박질치는 주가로 인해 절망과 시름에 젖어있었을 때, 벌써 전부터 그에 투자했던 투자자들은 환호성을 질렀다. 2016년 이전에 상상할 수 있었던 일일까?[12]

4차 산업혁명은 21세기 초까지 '부익부 빈익빈'이라는 신자유주의가 던져준 메시지로 절망하고 있는 MZ세대에게 새로운 화두가 되었다. 기존의 아이디어를 기반으로 한 창의력과 실력으로 인간의 마음을 사로잡을 수만 있다면 얼마든지 성공이 신화처럼 펼쳐질 수 있다는 세계관과 가치관을 심어주기에 이르렀다. 모두가 신선하다며 환호했던 필자의 사업 아이디어도 이와 무관하지 않다.

필자가 30세 되던 해 '온오프코리아'를 창업하여 35세쯤 본 사업체는 최고 정점을 찍었다. 그러나 추락하는 것은 날개가 없다고 했던가? 필자의 운명이 꼭 그랬다. 그것도 아주 사소하고 상상치도 못했던 바늘구멍 같은 사건으로 인해 말이다. 그리고 다시 창업하기까지 5년의 세월이 걸렸다. 필자의 창업 과정과 경험담, 그리고 다시 도전해야 할 많은 일을 위해서는 지난날에 대한 회고와 성찰이 선행되어야 한다고 생각했다. 아울러 어떤 일을 직면하든 성공을 향해 도전하자면 더러는 결핍에 대한 절망과 분노, 그리고 새롭게 일어서려는 강인한 의지와 큰 그림을 그릴 줄 아는 통찰력이 있어야 한다는 스토리텔링을 풀어가고자 한다.

---

12 상동

1) '온오프 코리아'
창업의 성공과 실패

필자의 나이가 30세였던 2002년은 인터넷의 춘추전국시대라고 해도 과언이 아니었던 시기다. 수많은 청년의 도전정신에 의해 우후죽순처럼 다양한 인터넷 사이트가 생겨나던 시기, '온오프코리아'라는 법인을 창업했다. 코리아닷컴(Korea.com), 프리첼(Freechal), IMBC, SBS, 하이홈, 아이러브스쿨, 컴내꺼, 파이낸셜 뉴스, 경향신문, 스포츠서울 등 300여 유명한 포털 사이트에서 사용하던 검색엔진은 온오프코리아에서 만든 검색 기술이었다.

창업 이전, 필자는 어떤 일을 해왔고, 어떤 성향의 사람이었을까? 어린 시절, 같은 반 57명 중 56등을 할 만큼 학교 공부에는 어떤 흥미도 없었던 필자가 창업의 꿈을 실현할 수 있었던 원동력은 무엇이었을까? 먼저 성장 과정 중의 겪은 지독한 가난함, 그리고 그것이 얼마나 두렵고 무서운 것인지 깊이 인지하고 있었다는 점이다. 둘째, 어떤 어려움도 반드시 극복해야 한다는 회복 탄력성을 꼽을 수 있을 것이다. 이때의 회복 탄력성이란 바닥을 치는 통절한 고통에서 일어서는 힘을 말한다.

제3의 물결. 세상에 닷컴 물결이 일렁이기 시작할 때 필자는 오프라인 세상의 절반이 '온라인'으로 바뀌고 있음을 직감하고 있었다. 세상이 달라질 것이니 거기에 대한 준비가 필요하단 생각을 했다. 국비지원이 되는 학원에 6개월 웹마스터 과정을 수강 등록하여 프로그래밍과 웹 기획을 배웠다. 온라인을 배울 당시에는 어떤 사업을 할지에 대한 목표 의식은 없었다. 오로지 온라인을 배우는 일에만 전념했을 뿐이다. 그 후 청담동에 있는 지하 비즈니스텔의 1.5평짜리 작은 공간을 임대받아 컴퓨터 1대를 두고 사업을 시작했다.

사업 방향이 결정된 후부터는 하루에 한 차례 점심 식사를 위해 지상으로 나와 햇볕을 쬐는 일 이외에는 지하 공간에서 일에만 몰두했다. 그렇게 10개월을 보냈다. 그 당시 그런대로 쉽게 운영할 수 있었던 도메인 사업을 하면서 인터넷 사업의 내공을 쌓아갔다. 이후에는 네이버(Naver), 다음(Daum) 등의 검색포털의 알고리즘을 분석해서 고객의 사이트를 상위에 위치하도록 하는 서비스를 하였고, 이때부터 많은 수입이 생겼다. 이러한 검색엔진에 대한 분석력을 갖게 되면서 보다 좋은 검색엔진을 만들 수 있었고, 이 무렵부터 자신감이란 것도 생겼던 것으로 기억된다. 매출은 늘기 시작했고, 재무적으로도 안정을 갖게 되면서 숨통이 트이기 시작했다.

사업이 번창하던 중 한층 도약할 수 있는 기회가 왔다. 2011년 코리아닷컴(korea.com)의 검색엔진을 사용하다 보니 검색 속도가 현저히 느리다는 사실을 발견했고, 그날 바로 코리아닷컴을 찾아갔다. 담당 팀장과의 미팅을 통해서 검색엔진의 문제점이 파악되었다. 그다음 주 코리아닷컴에 대한 검색엔진 운영 대행과 관련된 제안서를 제출했다. 당시 코리아닷컴은 주 서비스가 '검색'이 아니었다. 그래서 네임밸류에 비해 검색 기술력이나 수익성은 형편이 없었다. 유명한 검색엔진을 장착하기 위해서는 모든 것에 비용을 지불해야 하던 시기다.

한 달 조금 넘는 기간 내에 검색엔진을 납품하기로 했고, 이때부터 아르바이트 직원들을 대규모로 모집하고 전 직원들은 로직에 의해서만 생각하던 검색엔진을 처음으로 만들어 보게 되었다. 상상 속으로만 구상하던 검색엔진의 로직을 실제로 기획서로 작성하고 이를 제작해 납품한다는 것은 사실 '도박' 그 자체였다. 전 직원이 기획서를 전제로 디자인, DB 구축, 프로그래밍, 서버 단으로 역할 분담을 한 후 온 힘을 쏟아 검색엔진을 제작하였다. DB 구축팀은 납기를 맞추기 위해 전국의 대학에 공문을 보내어 추가 아르바이트생을 뽑았다. 그들은 함께 10만여 사이트의 DB를 모아 설명 문구들을 하나하나 수정하는 현행화 작업을 하였다. 기획팀은 기존의 사이트 검색 로직을 카테고리 검색을 통한 사이트 검색으로 전환하였다. 이것은 검색 속도를 최소화하기 위해 알고리즘을 최대한 단순하면서도 체계화하는 데 역점을 둔 것이다.

끈질긴 노력은 큰 성과로 나타났다. 코리아닷컴의 검색엔진은 길게는 13초가량 걸리던 검색 속도를 0.3초대로 현저히 줄일 수 있었다. 이렇게 납품한 첫 검색엔진은 코리아닷컴 측에 만족감을 주면서 성공적으로 론칭되었다. 그 결과 검색과 관련된 모든 광고 영역은 온오프코리아의 독점 플랫폼이 되었다. 성공적 사례는 늘 설렘과 최고조의 기쁨을 가져다준다. 그러나 중국에 "서두르다 보면 실수가 생긴다(망중유착, 忙

中有錯)."라는 말도 바로 이럴 때 어김없이 등장하지 않는가? 과연 그랬다. 구석구석 꼼꼼히 손봐야 했는데 급하게 납품한 검색엔진은 수시로 탈이 났다. 1여 년에 걸쳐 지속적인 업그레이드를 했고, 이렇게 엔진이 안정화될 즈음 광고 영업팀에서는 온라인 키워드 광고 매출이 급증하고 있었다. 필자는 매체로서 가지는 광고시장의 파워를 실감했고, 이후 엄청난 규모의 '키워드 광고시장'으로 성장할 것을 확신했다.

이때부터 필자는 모든 포털에 제안서를 냈다. 제안서 내용은 다음과 같았다. "당사는 검색엔진을 납품하고 돈을 받는 것이 아니라 오히려 돈을 드린다."라는 취지의 제안서를 송부하였다. 월 정기적인 비용을 지불하고 검색엔진까지 납품받을 수 있다는 제안에 많은 포털은 앞다투어 본사로 문의를 해왔다. 그동안 다음(Daum)이나 엠파스(Empas)에 매월 몇천만 원을 지불하며 검색을 사용하고 있던 포털들이었는데, 그들에겐 새롭고 신선한 제안이었다. 우리는 많은 포털사이트에 검색엔진을 납품하고 그 포털의 검색창 중에서 가장 눈에 띄는 자리를 차지할 수 있었다. 검색과 관련되는 모든 광고 영역은 100% 독점권을 가지게 되었고, 그 결과는 회사의 매출과 영업이익으로 돌아왔다.

매년 매출은 무섭게 성장하여 양재동에 3개의 사무실을 사용하게 되었다. 만 5년 만에 구로에 있던 480여 평의 사옥을 구입해 사무실로 이용했다. 회사의 매출이 늘자 KT, 호서벤처, 이니시스와 같은 기업에서 투자가 들어오기 시작했고, 증권사들은 본 회사가 코스닥 등록할 때 그들 기관을 주관사로 선정해 달라는 요청이 쇄도했다. 당시 우리 회사는 미래에셋을 주관사로 지정하였고, 실물주권(통일주권)을 발행하여 증권사에 위탁하였다. 모든 것이 코스닥 등록을 대비하기 위함이었다. 본사는 많은 인증과 수상을 휩쓸었고, 언론의 뜨거운 관심과 시선도 받았다. 35살 즈음의 필자는 세상의 스포트라이트를 받는다 보니 영원한 미래의 성장과 번창만 보장될 거라는 생각에 너무나 쉽게 빠져들었다. 마크 트웨인(Mark Twain)의 말을 기억하는가? 그는 "곤경에 빠지는 것은 뭔가를 몰라서가 아니라 뭔가를 확실히 안다는 생각 때문이다."라고 했다. 신선한 아이디어와 성실함에 몰두하고 있던 청년에겐 사방의 벽이 너무나 견고하여 어떤 균열도 생길 수 있으리라는 상상은 꿈에도 할 수 없었던 것이다.

당시 '온오프코리아'는 꿈의 언덕 같은 회사였다. 회사 내부에는 나무와 풀로 가득한 휴게실을 만들었고, 스프링클러로 자동 조절할 수 있도록 했다. 긴 개울을 곳곳에 만들어 도심 속 사무실에서 흔히 느낄 수 있는 건조함이란 전혀 느낄 수 없었다. 출근 시간은 복잡한 교통 시간을 피해 오전 9시 반에 출근하도록 했고, 4시 반이면 직원들에게 간식을 나누어주었다. 1년에 한 번은 전 직원이 전세기를 내서 해외로 여행을 갔다. 그 당시 대부분의 회사가 주 6일 근무였으나 본사는 주 5일 근무를 실시했다. 연예인들과의 스포츠 친선을 다지며 불우이웃 돕기에도 적극적으로 참여하였고, 지역구에도 가난한 가정들을 위한 일에 앞장섰다. 필자를 포함하여 전 직원들이 회사에 대한 자부심과 긍지가 대단했다.

젊다는 것은 의욕과 열정으로 에너지가 넘치는 장점이 있을 수 있지만, 또 다른 시각에서 보면 의욕이 과욕으로 변하기 쉬운 시기기도 하다. 또 느림의 미학에 순종하기보다는 성급함으로 자신의 심장을 내맡기는 함정에 빠져들기도 쉽다. CEO였던 필자는 투자해 준 주주들에게 빨리 보답해야 한다는 중압감이 있었다. 하루빨리 코스닥 상장을 해서 이들에게 더 신뢰받고 싶었다. 성장 그래프는 한 번의 예외도 없이 상승 그래프를 만들었고, 국내 온라인 광고업체로는 5년 연속 1위의 영예를 안고 있었다. 당시 직원들은 120여 명이었다.

야후(Yahoo)는 키워드 광고를 가리켜 '스몰 비즈니스'라며 배너 광고에만 열중했고, 네이버와 다음은 키워드 광고를 사이트 일부만 적용해 진행하고 있을 무렵의 일이다. 온오프코리아는 다가올 키워드 광고시장에 올인하였고, 매출은 지속적으로 증가하여 2006년에는 80억 매출에 이르렀다.

바로 그 무렵 위기가 찾아왔다. 영업팀 본부장이 말했다. "대표님, 모 검색에서 우리 회사와 거래하고 있는 광고주들을 찾아서 그들의 광고비를 일방적으로 돌려주고 광고를 더 이상 해주지 않는답니다. 모 검색 회사는 자기들의 경쟁업체와 거래하는 것을 수용하지 않겠다는 뜻이랍니다." 귀를 의심했고 그 황당함에 아연실색했다.

모 검색사는 본 회사의 사이트에 들어와 자신들과 거래하는 업체를 찾아내기에 바빴고, 고객들은 피해를 보지 않기 위해 본 회사와의 광고를 해지했다. 인센티브로 운영되던 영업직원들은 자신이 영업한 광고에 대한 환불 요청을 방지하기 위해 본사를 떠나갔다. 환불액은 억 단위를 넘기며 회사 내 큰 손실을 남겼다. 필자는 이 대형 포털의 횡포를 공정거래위원회에 신고했지만, 공정거래위원회의 답은 하나였다. "소송에 의해 해결할 문제이지 공정거래위원회가 해줄 수 있는 것은 없다"는 답변 말이다.

당시 35살의 CEO였던 필자는 영업이익을 수십억씩 남길 만큼 빠른 성공을 한 것은 사실이지만, 법으로 해결하는 문제에 대해선 매우 취약했다. 불공정하다는 것은 확실했다. 그런데 공정거래위원회에 여러 직원이 있었을 텐데 단 한 명의 직원에게만 문의를 하고 그것이 유일한 해결책인 것처럼 사고했던 것은 웬일인가? 더군다나 매우 불공정하단 사실에는 누구도 동의할 일이었는데, 필자는 왜 어떤 이유로 인해 위축되어 있었을까? 일에만 몰두하던 청년 기업인 그는 '법'이란 것에 대한 두려움과 위압감을 이길 수 있는 아주 사소한 패기 같은 것이 없었다. 또한 대형 포털과의 법적 다툼에서 승소할 수 있을지 주춤하였던 것도 사실이다.

'해당 검색회사와 2년 넘게 소송하는 동안 1차 승소했고, 2차 패소했다. 대형 검색회사는 법무법인이 담당하여 8명의 변호사가 이 사건을 맡았고, 우리 측은 고작 1명의 변호사가 사건을 맡았다. 회사 재정은 지속적으로 안 좋아지니 직원들에 대해 구조조정을 시작했다. 재무제표에 고스란히 드러난 재무상태로 인해 은행은 이자율을 급격히 올리기 시작했고, 본사에 투자했던 투자사들은 투자금액을 회수하는 데 급급했다.

그 무렵 너무나 아끼던 총무팀 직원이 자살을 했다. 필자는 대형 검색회사의 불공정행위에 대한 분노, 아끼던 직원을 잃은 정신적 충격, 서서히 무너져가는 회사를 보며 절망하고 무너져가고 있었다. 이때 가슴에 스멀거리는 생각은 죽음뿐이었다. 죽음을 앞에 둔 사람의 생각은 하나뿐이다. '이제 회사 문을 닫아야겠다. 소송으로 더 이상 나의 인생을 소모하지 말아야겠다. 법원에서의 진술, 과도한 변호사 비용, 악몽에 시달리는 깊은 우울함과 패배감에서 벗어나고 싶다'. 그러나 인간의 생명은 그렇게 쉽게 극단적으로 정리할 수 있는 것이 아니란 것도 그때 그 나이 무렵에 알게 된 것 같다. 무엇이 필자를 다시 일으켜 세웠던 것일까? 부모님과 처자식에 대한 책임과 의무, 그것이 나를 언제까지 드러눕게 하지 않았다. 일어서야 했다. 그러나 실패 후에 가족에 대한 책임감 때문에 일어서야겠다고 생각하는 사람들이 모두 그 우울감으로부터 일어설 수 있는 것은 아니다. 그런 면에서 필자는 운이 좋았다. 우선 모든 일을 하나씩 정리하는 일이 급선무였다.

온오프코리아가 폐업을 결정한 후, 마지막 폐자재 트럭이 와서 각종 쓰레기를 가져가는 순간까지 필자는 혼자 사무실에 덩그러니 남아있었다. 영업 실적도 좋았고, 코스닥 상장도 눈앞에 두던 회사가 왜 폐업하는 지경에 이르렀을까?

그 당시 필자가 본 '키워드 시장'의 규모는 실로 어마어마하게 컸다. '야후'와 다국적 기업 회사는 이 비즈니스를 '스몰 비즈니스'라고 부르며 거들떠보지 않았다. 하지만 이 키워드 시장은 '황금알을 낳는 거위' 그 자체였다. 필자의 회사는 각양각색의 중소 포털들과 제휴를 통해 300여 개의 포털 네트워크를 구축하였다. 이렇게 연합된 검색 조회 수는 개별 사이트들에서 발생하는 낮은 빈도의 검색량을 상당 부분 보완해 줄 수가 있었고, 특히 원스톱 서비스를 통해 '한 번의 신청으로 다양한 검색광고에 동시 노출될 수 있다는 큰 장점'을 부각시켜 나갔다. 자본력이 현격히 부족한 상황에서도 개발과 마케팅 능력을 동시에 갖춘 '수직적 계열화'[13]에 성공한 몇 안 되는 인터넷 기업이 되고 있었다.

---

13 한 제품에 대한 생산부터 판매까지 필요한 회사들을 계열사로 통합하는 것이다. 예를 들어 현대자동차는 현대제철(철강)–현대위아(부품)–현대모비스(생산 라인)–현대카드(금융)–글로비스(물류 선적)–현대자동차(제조 및 판매)에 이르기까지 자동차 제작부터 판매 역할을 하는 회사들을 수직계열화한다.

그럼에도 왜 실패한 걸까? 온오프코리아는 자체 브랜드가 없었다. 대형 검색포털 회사는 시장에서 강력한 브랜드 파워를 지속적으로 쌓아나가는 반면 우리 온오프코리아는 회사의 CI 파워는 증가했지만, 브랜드는 가지고 있지 못했다는 점이다. 게다가 OEM을 받아 납품하는 회사들처럼 외부 환경 변화에 대한 대처 능력이 전혀 없어서 외부 압력에 취약했다. 이런 약점은 법적 대응력에 대해서도 예외가 아니었다. 필자가 30세부터 10여 년간 사업하면서 성실히 추진력을 발휘하긴 했지만, 정면으로만 달릴 줄 알았지 옆도 뒤도 바라볼 수 있는 넓은 시야와 통찰력이 부족했다. 동시에 위기에 부딪혔을 때 다독여주며 차분히 사물을 바라볼 수 있도록 도와주는 경륜 있는 자문위원이나 고문을 곁에 두지 못했다는 점도 한계점으로 들 수 있겠다.

2) '온오프'와의
   새로운 도약

　폐업 후 창업을 하기까지 다시 5년의 시간이 흘렀다. 그 동안 필자는 어떤 일을 하며 시간을 소요했는가? 우선 1년간 웨딩업체에서 웨딩 포털을 기획, 제작했다. 2012년 이후 MICE [14]사업을 하는 회사인 POD커뮤니케이션즈에 다녔다. 그곳에서 1년 반 동안 운영총괄 이사를 담당하며 대기업들의 대규모 행사를 주관하고 관리했다. 가령 LG의 포럼에 참석자 명단을 미리 작성하여 그 멤버 이외의 사람들이 입장할 수 없도록 한다거나 사회 저명인사인 회장, 사장단이 언론에 노출되지 않도록 하는 일 등등 대기업의 요구사항에 부합하는 세밀한 부분까지 섬세하게 챙겨야 했다. 더러는 누구도 원하지 않는 주차 관리와 같은 허드렛일도 마다하지 않았다. 이 기간은 '직원 입장'에서의 회사 생활을 배울 수 있는 좋은 기회였고, 행사 하나를 진행하기 위해 '팀워

14　MICE 사업이란 회의(Meeting), 포상 관광(Incentives), 컨벤션(Convention), 이벤트와 전시(Events&Exhibition)의 머리글자를 딴 것이다.

크'가 얼마나 중요한지를 새삼 느낄 수 있는 기회였다.

그다음 1년 반 동안은 경영혁신협회에서 인증총괄 팀장 및 최종적으로는 경영지원실장으로 활동했다. 중소기업청의 기업 인증 관리 시스템을 업그레이드하고, 중소기업들에 대한 관리 업무, 정부 사업의 주관 기관으로서의 업무를 종합적으로 운영, 관리하였다. 중기청의 유관기관으로의 협회 업무는 '기업'의 시각에서가 아닌 '관(官)'의 시각에서 바라볼 수 있는 또 다른 경험이었다. 이 기간 동안 '비영리 사단법인'이라는 틀 속에서 안일하게 지내던 협회 직원들에게 필자는 많은 과제를 던져주는 사람이라고 할 수 있었다. 협회의 재정 상황이 현격히 개선되도록 수익 구조를 개편했고, 직원 각자가 자신의 이름과 명예를 위해 일할 수 있도록 생태계를 만들어 나갔다. 다양한 신규 사업을 통해 중소기업들에 보다 좋은 기회를 제공할 수 있도록 건의하였고, 정부에서 제공하는 좋은 지원책들을 100% 활용할 수 있도록 최선을 다했다.

그렇게 폐업 이후 5년의 시간이 지나 필자는 다시 창업하기로 결심을 했다. 그간 5년 동안 다양한 곳에서 활동했던 경험은 서로 아무런 연관성이 없는 것이 아니라 무엇 하나 버릴 것이 없는 자산이었다. 어떤 창업을 기획했던 것일까? 필자는 평소 존경하던 10여 명의 CEO에게 본 사업 기획을 브리핑하고, 긴 시간을 함께했던 프로그래머와 함께 본 사업안을 의논했다. 이 사업안에 대한 결론은 '반드시 잘될 수밖에 없다'는 견해 하나였다.

자본금 1천만 원 중 보증금 5백만 원의 마포에 있는 작은 사무실을 얻었다. 필자와 프로그래머, 직원 2명으로 얼마나 버틸 수 있을지 모를 자본금으로 출발했다. 도전이었지만, 손끝에 위험이 도사리는 아슬아

슬한 모험이었다. 그렇다면 어떤 일부터 시작했을까? 외주 없이 자체적으로 기획, 디자인, 프로그래밍을 통해 사이트를 제작했다. 민원서류에 대한 분석과 함께 이를 데이터베이스화하고 법과 제도를 동시에 분석하며 업무에 적용하는 일에 몰입했다. 하루 24시간은 찰나에 불과했다.

온라인 사이트를 오픈하면서 시장의 반응을 체크할 수 있었는데, 오픈하자마자 고객들의 문의가 쇄도했다. 반응이 너무 뜨거워 매우 당황했다. 오픈 후 2시간 만에 사이트와 광고를 급히 닫았고, 재오픈하면서 고급 인력을 부르고 직원들을 늘려가기 시작했다.

7월 말에 오픈하고 같은 해 10월에 회사 이전을 했다. 5평 사무실에서 옮겨 현대 계동사옥 40평 사무실을 계약했다. 위에 언급한 바와 같이 필자를 비롯한 직원들의 전공은 다양했다. 그렇지만 직원이 많지 않았기 때문에 자기 전공 영역이 아니면 그 업무를 할 줄 모른다고 소극적으로 대처하는 직원을 좋아하는 대표란 없다. 자기가 하고자 하는 일 또는 담당하는 일을 추진하려면 하고 싶지 않거나 할 줄 모르는 일에도 적극성을 보여야 했다. 평균적으로 2개 이상의 외국어를 구사하는 직원들로 구성되었던 이유도 이런 사례와 무관하지 않다.

어느 정도 국내 사업이 체계화되던 2016년 초, 사업의 궁극적 목적인 해외시장 진출을 위해 시장조사를 꾸준히 했다. 국내에 국한되어 있었던 민원 상품들을 해외로 확대했고, 해외 교민들을 대상으로 수요를 분석했다. 당시만 해도 인쇄물 1,500장을 대형 캐리어에 나눠 싣고 필자를 포함한 2명이 중국 옌벤(延邊), 선양(沈陽), 베이징(北京)을 다니며 해외 교민들이 거주하는 상가와 교회, 식당, 학원, 여행사에서 홍보하였다. 해외의 파트너들과도 많은 대화를 하고 귀국한 후 성과가 1주일 만에 나타났다. 약 5% 이상의 교민들이 민원 대행을 문의, 주문했던 것이다.

사업은 현재 중기청에서 실시한 선도벤처연계 창업 지원사업에 우수 창업기업으로 선정되어 정부에서 7,000만 원을 무상으로 받게 되었으며, 벤처기업협회와 함께 12개 해외 지사를 설립하는 것을 진행했다.

2016년 중국 칭다오(淸島)와 아르헨티나에 지사 설립을 진행했으며, 나머지 나라에도 각각의 지사들을 통해 세계의 민원서류를 대행하는 업무를 진행했다. 지금은 약 150여 개국의 현지 에이전시 네트워크를 구축하여 전 세계적으로는 가장 많은 국가 공인증 업무에 대한 점유율을 가지고 있다.

3) K-글로벌 민원의
혁신과 비상(飛上)

　　그렇다면 4차 산업혁명 시대에 우리 회사는 어떤 업무를 처리하고 있는가? 이 사업의 특징은 특정 국가 정부가 60억 인구의 불편성을 덜어주기 위해 해줄 수 있는 업무가 아니다. 그렇다고 각자 개개인의 민원서류를 일일이 자신이 발급받아 제출하는 것 자체는 매우 비효율적이다. 그뿐만이 아니라 신뢰성 면에서도 문제점을 드러낼 수 있다. 기업들이 직원을 채용할 때나 대학에서 지원자의 서류를 온라인을 통해 본인이 직접 제출하는 시스템은 코로나 19 이후 하나의 문화적 현상으로 가속화되었다. 즉 국내에서뿐 아니라 국외와도 연계되어 빠르게 진행되고 있다. 그러나 소위 우리가 선진국이라고 생각하는 서구가 그런 업무를 빠르게 진행할 수 있다고 생각한다면 그것은 착각이다.

　사업의 혁신은 과거에 대한 철저한 반성과 회고를 기반으로 한다. 매년 거의 2배씩의 고성장에도 불구하고 실패했던 '온오프코리아' 경영에 대한 반성, 거대한 댐조차도 아주 작은 구멍에서부터 시작된다는 진실을 정확히 맞닥뜨려야 했다. 회사 대표로서의 필자는 좀 더 큰 그림을 볼 줄 알았어야 했으며, '모 검색포털'의 불공정행위에 대해 끝까지 맞설 수 있는 당당함이 있어야 했다. 또한 회사의 재무 상황이 악화될 때 거래 은행으로부터 받은 대출 이자의 상승 요구는 작은 기업을 유지하는 데 겪어야 할 횡포로 여겨야 했다. 그 이후로는 일체의 채무가 없는 경영을 실현해 가고 있으며, 자금 조달은 회사의 사업과 시너지가 있을 수 있는 투자만을 받기로 했다. 사업의 협업 가능성, 소요 시간을 줄일 수 있는지를 투자 판단의 기준으로 삼는 것이다.

'한국통합민원센터'의 창업정신은 과거 '온오프코리아'와 크게 다르지 않다. 그러나 필자에게 있어서는 과거와 크게 대비되는 점이 있다. 과거의 실패로 인해 아주 소중한 아이템 2가지를 취하게 되었다. 무엇일까? 하나는 길의 방향이 애매할 때 수시로 참고할 수 있는 '나침반'을 챙기는 일이며, 또 하나는 긴 여정 속에서 현재의 위치와 과거의 궤적, 미래의 길을 설계할 수 있는 '지도'라는 아이템을 취득하게 된 것이다.

두 번째 등산이라고 산을 오르는 것이 힘들지 않은 것이 아니듯, 두 번째 사업이라 해서 고단하지 않거나 만만한 것은 결코 아니다. 다만 어디에 베이스캠프를 쳐야 하고 언제쯤 내일을 위해 휴식을 취해야 하는지, 그리고 어떤 방향으로 선회하고 어떤 방향으로 되돌아가야 하는지에 대해 좀 더 명확해졌다는 차이점을 느끼고 있다.

그렇다면 '배달의 민원'은 구체적으로 어떤 일을 하고 있으며, K-민원과 관련하여 어떤 글로벌 이슈를 가지고 있는가? 즉 어떤 사람들이

어떤 문제를 어떻게 해결할 수 있었는지 구체적 사례를 통해 살펴보고
자 한다.

세계화에 따른 결혼, 이민, 유학, 취업, 기타의 인구 이동이 기하급
수적으로 증가하고 있다. 개인과 기업에 관한 민원서류 발급, 번역, 공
증, 외교부 확인, 현지 대사 인증 수요가 폭발적으로 증가하고 있다.
전 세계의 개개인은 출생부터 사망까지, 기업은 창업에서부터 폐업에
이르기까지 모든 과정이 '민원서류'와 밀접하게 연계되어 있다. 이러한
문제는 코로나 19 이후 팬데믹으로 인해 일일이 움직일 수 없는 사람
들에게 더 절실한 일이 되었다.

전 세계인들은 민원서류를 발급받고 제출하는 과정에 엄청난 시간
과 비용을 들이고 있다. 철저한 보안을 유지한다는 이유로 4차 산업혁
명의 이 시대조차도 21세기 초까지 유지되어 오던 방식으로 해결하는
사례는 비일비재하다. 우리가 선진국이라고 생각하는 미국, 유럽, 일본
등을 보면 과연 초스피드의 이 시대를 살고 있는지 의구심이 들 정도
다. 각국의 민원 제출 과정을 겪어본 세계인들이라면 무엇을 어떻게 해
결해야 할지 막막한 심경이 되기 일쑤다. 특히 대부분 민원서류는 발
급 이후 유효기간이 3개월 정도인 경우가 많아서 수시로 발급받아 제
출해야 하는 번거로움이 있기 때문에 빠른 업무 처리와 신속한 대행이
급선무다. 개개인이 이런 복잡한 절차를 거쳐 기관에 제출하는 과정은
소요 시간과 비용은 물론 수고해야 할 부담이 매우 크다. 바로 이러한
배경이 전 세계적으로 글로벌 시스템 K-민원, '배달의 민원'이 간절히
필요한 이유다.

본사의 업무는 국내·외 민원서류에 대한 발급, 번역, 공증, 외교부

아포스티유와 영사 확인, 현지 대사관 인증까지 원스톱 서비스를 제공하는 한국통합민원센터의 '배달의 민원'이란 브랜드로 전 세계에 지사를 구축 중이다. 각국의 민원서류들에 대한 발급 기관, 조건, 소요 기간, 소요 비용, 발급 서식, 특이 사항 등을 모두 DB화하고 이를 자동화하였다. 전 세계의 민원서류를 구축하는 글로벌 민원 포털이자 플랫폼 구축 기술이 특성화되어 있다고 할 수 있다.

그렇다면 본사의 업무가 다른 회사의 아이템과 어떤 차별화가 되어 있는가? 기존의 무역이 '제조물 위주의 교역'이었다고 한다면 본 BM은 무형의 서비스가 유형의 '민원서류'로 형상화된 산물을 교역하는 것으로 무역의 성격도 내포하고 있다. 본 사업은 단순히 국가 간에 일어나는 복잡한 민원서류에 대한 제출을 도와주는 서비스라고 할 수 없다. 이 사업은 현재와 미래를 위해 과거를 증명하는 사업이며, 향후의 '나'와 '기업'을 위해 또 다른 국가에 있는 과거와 물리적 실체를 모아 제3국의 시간으로 '전송'해 주는 '시간의 비즈니스'다. 즉, 이 비즈니스는 '시간'과의 싸움을 벌이는 사업이라 할 수 있다. 그래서 고객들은 모두 하나같이 '최대한 빨리'를 외치고 있고, 더 많은 비용을 지불하더라도 '더 빨리', '정확히' 처리해 줄 것을 요청하고 있다.

각국의 내부를 서비스를 기반으로 글로벌 비즈니스 마케팅을 통한 초국경적 IT 비즈니스로 성장하고 있다. 국내와 국외로 나뉘어 살펴보자. 전자정부가 발달되어 있는 국내에서도 공인인증서가 필요하다. 'active-X'나 수많은 '보안프로그램'에 대한 설치, 'OS 환경'에 따른 문제, '컴퓨터 사양'에 대한 제한, '프린터 및 팩스' 유무, 이동 중 신청 불가, 타인에 대한 대행 불가 등의 이유로 발급받을 수 있는 민원서류의 종류는 극히 제한적이다. 공증을 받기 위해서는 번역 자격을 가진 번역사를 섭외해야 하며, 외교부 인증을 받기 위해서는 서울 종로의 외교부로 가야만 한다. 이러한 과정을 거친 후 주한 해당 국가의 대사관에 가서 인증을 받아야만 민원서류의 기본적인 제출 요건을 구비하게 된다.

해외의 경우는 훨씬 더 복잡하다. 직접 방문을 한다면 본국까지 혹은 제3국까지 가기 위한 항공료, 숙박료, 기타 비용 및 상당한 시간이 소요된다. 게다가 민원서류를 발급받기 위해 소요해야 할 많은 시간을 개개인이 부담한다는 심리적 중압감을 느낄 수도 있다. 이런 경우 필히 대리인을 통해 진행할 수밖에 없지만, 바쁜 현대인이 타인의 일을 대행한다는 것도 비효율적이다.

타국에서 학업을 했거나 혼인 혹은 이혼, 직장을 다녔다면 귀국 후 취업, 진학, 결혼을 위해 반드시 제출하여야 하는 것이 K-민원서류다. 서류 제출을 위한 발급 절차부터 번역 공증, 외교부 확인, 제출 국가의 대사관 영사 인증까지를 다루도록 전 세계 민원 관리 시스템이 필요한데, 본사가 이 업무를 담당하고 있다.

좀 더 구체적으로 어떤 절차를 밟는지 살펴보자.

국내에서는 컴퓨터나 스마트폰을 통해 회원가입을 한다. 고객 주문 요청에 의해 주문서 작성을 한다. 신청서를 작성하고 출력해서 주소지로 배송하려면 그 신청서에는 배송지, 배송 수령인, 연락처, 제품명과 배송 수단을 선택한 후 주문서를 확인해야 하며, 배송을 완료해야 한다.

해외에서는 회원가입 후 고객이 주문을 요청하기 위해 주문서를 작성한다. 신청서를 작성하고 출력해서 민원서류를 발급한다. 이때 번역, 공증, 외교부 인증, 대사관 인증 후 배송을 완료한다. 이러한 전 세계 민원 업무에 대한 행정업무 대행 업무를 원스톱으로 처리해 주는 솔루션은 코로나 19가 발생한 2020년 1월을 전후해서 거의 모든 사람이 이 작업을 했다. 그러나 본 회사가 처음 설립하고 이러한 업무를 시작했을 때만 해도 거의 황무지였다고 해도 과언이 아니다.

본사에서 이루어진 민원 사례들을 살펴보자.

사례 1. 김 부장, 인생 최대의 플랜
– '국제운전면허증, 면허증 재발급' 이야기

2016년 S 대기업에서 25년을 근무했던 김 부장은 평생 자신만을 바라보며 살아온 부모님과 아내, 그리고 두 딸까지 모두 6명의 식구를 위해 유럽 4개국 여행 계획을 세웠다. 꼼꼼한 성격의 김 부장은 한 달간의 여행 또한 자신의 업무처럼 치밀하고 철저하게 계획을 세웠다. 출발 장소, 숙소, 식당, 예산까지 시간별로 빈틈없이 계획을 세웠던 것이다.

12시간의 긴 비행 후 도착한 첫 여행지 로마의 콜로세움으로 이동하던 중, 김 부장은 뭔가 서늘한 기운이 느껴졌다. 어느새 자신이 메고 있던 백팩의 옆구리가 예리한 무언가에 의해 그어져 있다는 것을 발견했기 때문이다. 눈 깜짝할 사이에 파우치는 소매치기당했고, 그 속엔 지갑과 면허증, 국제운전면허증이 모두 들어있었다. 하늘이 캄캄해지는 순간이다. 돈을 잃은 것은 가족들의 다른 카드나 현금이 있어 괜찮아도 잃어버린 면허증과 국제운전면허증이 없이 대가족을 데리고 서유럽을 다닌다는 것은 불가능하다고 판단했다. 4개국을 우버로 다닐 수도 없는 노릇이라 정말 난감한 일이었다.

출발부터 난관에 봉착한 김 부장은 가족들과 회의를 했고, 2가지의 방안을 마련했다. 첫째 방안은 이탈리아 한국 대사관을 찾아가서 사정을 말하고 국제운전면허증과 면허증을 재발급받도록 하는 것이다. 둘째 방안은, 현지 경찰서를 찾아가서 소매치기로 인한 피해 신고를 하고, 잃어버린 물건을 찾도록 도움을 요청하는 것이었다.

첫째 방안을 위해 대사관에 급히 알아본 결과, 김 부장의 가족들은 한국 대사관에서는 국제운전면허증의 발급이 불가능함을 알게 되었다. 또한 운전면허증의 재발급은 약 1~2달 정도 걸림을 알게 되었다.

둘째 방안으로 현지 경찰에 신고하고 도움을 요청하는 방법에 대해서는 유경험자들이 올려놓은 블로그 내용을 보고 이해하게 되었는데, 요약하면 다음과 같다.

① 이탈리어로 말하라.

② 구체적으로 증거를 가져오라.

③ 접수를 하기 위해서는 담당자가 올 때까지 기다려라.

설렘으로 가득했던 김 부장 가족은 여행 출발부터 아찔했다. 가족을 데리고 차도 없이 4개국을 다닐 생각을 하니 모든 게 막막해 오던 그때, 김 부장은 출·퇴근 중 라디오에서 들었던 CM송을 상기시켰다.

"글로벌 서류를 빠르게~ 참 쉽죠? 배달의 민원!

복잡하고 까다로운 국내·외 민원서류를 클릭 한 번으로

배달의 민원! 한국통합민원센터!"

서둘러 '배달의 민원'을 검색한 후 전화를 걸었다. 시차가 있음에도 불구하고 24시간 전화가 가능한 한국통합민원센터에서는 바로 전화 통화가 가능했다.

"안녕하세요. 저 제가 이탈리아에서 운전면허증과 국제운전면허증을 분실했거든요. 혹시 재발급이 가능한가요?"

"네, 당연히 가능합니다. 현지 시간으로 모레 오전 호텔에서 받으실 수 있게 해드리면 될까요?"

"어? 정말이요?? 어떻게 그렇게 빨리…. 네, 바로 좀 부탁드립니다."

통화 후 이틀째 되던 날 오전, 김 부장은 DHL로 호텔에 맡겨놓은 운전면허증과 국제운전면허증을 받았고, 무사히 가족 여행을 일정대로 보낼 수 있었다.

김 부장에게 '배달의 민원'은 평생 잊지 못할 추억을 지켜준 소중한 은인이 되었고, 여행을 마친 후 콜로세움이 그려진 엽서에 감사의 글과 함께 유럽에서 산 초콜릿을 잔뜩 사무실로 보내왔다.

사례 2. 김 과장, 불법체류 중인 가족을 공안(公安)으로부터 보호하라
– '중국 비자 연장, 한국외교부 영사 확인과 중국 대사관 인증' 이야기

2016년 어느 목요일 오후, 한 중년 남성에게 전화가 왔다. 전화기 너머 들리는 다급한 목소리에는 눈물 섞인 두려움과 울먹임이 섞여있었다.

"저기, 제가 좀 급한 일로 전화를 드렸는데요~!"

"아 네. 말씀하세요. 어떤 일이신가요?"

"제 처가 어린아이 둘을 데리고 중국에 있는데요. 그만 비자 연장하는 걸 깜빡 잊어버리고 기간이 2주가 지나버려서요."

"네, 어떤 비자를 가지고 계세요?"

"네, 제가 중국에 취업 비자를 가지고 있고, 제 아내와 아이들은 동반 비자를 가지고 있는데, 기간이 만료된 걸 모르고 그만…. 저와 가족 관계가 인정되지 않아서 현재 불법체류가 된 상태입니다. 더구나 저는 한국에 있어서 어떻게 도와줄 수도 없고요. 잘못해서 조사라도 받게 되면 갓난아이 둘을 데리고 다닐 수도 없고, 그렇다고 집에 두고 다닐 수도 없고. 정말 큰일이네요."

회사의 급한 일로 한국에 오게 된 김 과장의 목소리에는 '중국 공안(경찰)'의 모습과 아이들 둘을 안고 당황해하는 아내의 모습이 오버랩되어 있었다.

"선생님. 저희가 최대한 빨리 처리해 드릴 테니 걱정하지 마시고요. 우선 시간이 없으니 몇 가지 여쭤볼게요. 가족관계증명서 발급부터 중국어 번역, 공증, 그리고 우리나라 외교부 영사 확인과 중국 대사관 인증된 서류가 필요하실 거예요. 맞죠?"

"아 네네. 그런 절차를 다 해야 한다는데 이걸 언제 어떻게 다 하죠? 돈은 얼마가 들어도 상관없으니 최대한 빨리 좀 진행해 주실 수 있을까요?"

"네. 걱정하지 마세요. 저희가 해드릴 수 있고요, 오늘이 목요일 오후 3시. 최대한 한번 서둘러 볼게요. 지금 바로 발급받아서 번역하고 공증까지 해서 외교부 영사 확인을 내일 오전에 한 후에 중국 대사관 인증을 하는 거로 할게요. 너무 무리이긴 한데, 한번 서둘러 보겠습니다."

"아! 정말요? 그렇게 빨리 가능하다고요? 아 정말 감사합니다."

김 과장은 영업일 기준으로 만 2일 만에 서류를 모두 받을 수 있었고, 가족들은 무사히 비자를 연장할 수 있었다.

사례 3. 대기업 A사(社) 팀장, 12개국 동시 상표 변경 신고 미션 성공하기
– '전 세계 아포스티유, 전 세계 대사관 인증' 이야기

우리나라 재계 순위 10위 내에 드는 한 그룹의 지주사 법무팀에서 로고 변경 건으로 문의가 왔다.

"저희 회사가 로고를 변경해서 그러는데, 12개 국가에 제출을 해야 해서요. 그런데 이게 보통 일이 아니라서 기간도 좀 촉박한데, 가능할까요?"

"아 네. 어떤 나라들이죠?"

"리비아, 레바논, 에티오피아, 쿠웨이트, 카타르, 요르단, 이집트, 아프가니스탄, 사우디, UAE, 볼리비아인데, 이런 나라들도 다 가능한가요?"

"난이도가 있는 나라들도 좀 있네요. 그래도 다 가능합니다. 팀장님."

"그러세요? 기간은 어느 정도 걸릴까요? 최대한 빨리요."

"네. 최대한 서두르면 약 2주 정도 걸릴 것 같습니다만."

"그래요? 저희는 한 달은 봤는데. 그럼 바로 좀 부탁드립니다. 감사합

니다. 이 문제 때문에 골치 아팠는데 정말 잘됐네요."

"여기 보시면 대사관마다 요청 사항과 양식이 다 다르고, 어떤 대사관은 자기들 양식의 규준이 있고, 거기에 법인 도장이나 직인이 필요하답니다. 어떤 대사관은 대표 도장과 서명까지도 들어가야 해서요. 그리고 국가마다 제출해야 하는 부수가 다 상이해서 이 부분도 염두에 두셔야 합니다. 저희가 국가별로 하나하나 정리해서 필요 서류와 양식을 다 보내드릴게요."

"감사합니다. 제가 일을 엄청 덜 수 있게 됐네요. 그렇지 않아도 일이 산더미인데 말입니다. 다른 부서에도 많이 알려드리겠습니다."

"네, 많이 홍보해 주세요. 저희 서비스를 몰라 대기업 직원분들이 대사관 앞에 줄 서서 기다리시는 경우도 많이 봤어요. 하나만 잘못돼도 그런 일을 무한 반복해야 하니까 저희에게 맡기시는 게 훨씬 나으실 거예요. 많이 이용해 주세요."

이 회사는 예상대로 2주 내에 12개국 현지에 상표 변경 및 등록에 필요한 서류를 모두 받게 되었다.

사례 4. 외국인 근로자 사망, 가족도 서류 없이는 화장도 운구도 재산도 못 찾는 사례
– '국내와 해외 동시에 진행해야 하는 복잡한 민원' 이야기

전 세계가 글로벌화되면서 다양한 이유로 외국에서 생활하다가 사망하는 일도 급증하고 있다. 이러한 경우, 사망한 외국인에 대한 장례

(화장, 운구) 관련 업무와 재산 처리, 본국에서의 사망신고와 관련된 여러 업무는 남아있는 가족들의 몫이 된다.

한 중국인 근로자가 한국에서 생활하다 사고로 사망하는 일이 생겼다. 사망자가 쌍둥이라서 누가 봐도 가족임이 증명되는 상황이었지만, 업무적인 절차는 우리들의 생각과는 다르게 진행되었다.

"제 쌍둥이 형이 한국에서 사망했는데, 서류를 준비해야 하는데 어떻게 해야 합니까? 이런 것도 서류 준비를 해주실 수 있나요?"

"아. 그렇군요. 다 가능하고요. 혹시 병원에서 돌아가셨나요? 집에서 돌아가셨나요?"

"병원에서요."

"그럼 사망진단서를 받으셔야 하는데, 보통 가족임이 증명되지 않으면 한 부만 줄 겁니다."

"네 맞아요. 그렇다고 하더군요."

"그래서 중국에서 친속관계증명서(가족관계증명서를 지칭)를 발급받고, 중국 외교부에서 영사 확인 후 주중 대한민국 대사관에서 대사관 인증을 받은 후에 이걸 병원에 제출하고 여러 부를 받으셔야 합니다. 그 후에도 장례식장과 은행 등에도 제출해야 하고, 별도로 주한 중국 대사관에도 몇 가지 서류들을 제출하셔야 합니다."

"아 그럼, 제가 직접 중국으로 가지 않아도 다 알아서 서류 준비를 해주시는 건가요?"

"네. 너무 염려하지 마시고 잘 장례하실 수 있도록 저희가 서류들을 다 준비해 드리겠습니다. 걱정하지 마세요."

"아, 다행입니다. 걱정을 많이 했습니다. 지금 당장 중국으로 갈 형편도 안 되고, 자가격리 때문에…"

"네, 잘 알고 있습니다. 저희가 진행해 드리겠습니다."

"다행입니다. 정말."

이 고객은 자기 동생 시신의 화장은 물론 본국에서의 사망신고 및 한국 은행 등에 남은 재산에 대한 수령까지도 모두 잘 처리할 수 있었다.

사례 5. 아이들 해외 국제학교, 유치원 보내기
– '예방접종증명서 대사관 인증' 이야기

2017년 베트남 하노이로 파견 근무를 가게 된 주재원 홍 차장님. 배우자와 초등학교 2학년 아들, 유치원생 딸아이가 함께 갈 수 있게 돼서 한편으로는 설레고 한편으로는 걱정도 되던 시기의 일이다. 국제 이사를 하고 초등학교 편입과 유치원에 입학을 시키려던 찰나, 자녀들이 한국에서 맞았던 예방접종증명서를 베트남어로 번역 및 공증 후 외교부 영사 확인, 베트남 대사관 인증을 해서 제출해 달라는 요청을 받게 되었다. 예방접종한 목록을 보고, 전파성이 강한 예방접종은 사전에 추가하자는 취지다. 이유는 베트남에서 유행하는 전염병과 한국에서의 전염병의 차이가 달랐기 때문에 다른 아이들에게 미칠 수 있는 영향을 최소화할 의무가 있기 때문이었다. 특히, 국제학교에는 다양한 인종의 아이들이 많아, 이들끼리 예상하지 못한 치명적 병균이 전파될 경우 아이들이 위험해 질 수 있기 때문이다.

전자정부(e-Government)[15]가 발달되어 있는 우리나라는 '예방접종증명서의 발급'은 가능하나 이를 베트남어로 번역하여 공증받기 위해서는 「공증법」상 대면 공증을 해야 해서 공증인이 인정하는 번역인과 동행해야 하며, 이를 다시 외교부, 주한 베트남 대사관에 들러 인증을 받아 제출해야 해서 매우 막막한 상황이었다.

이렇게 고민하고 있던 차에 주재원들의 모임을 통해 전달 사항을 듣게 되었다. 앞으로 생기는 모든 한국에서의 민원서류들, 그리고 한국 이외에도 다른 외국 여러 곳에서 살았다 하더라도 한국통합민원센터의 '배달의 민원'이란 곳에 의뢰하면 편리하고 저렴하며 정확하게 민원서류들을 해결할 수 있음을 말이다.

사례 6. 화려한 경력, 과거를 증명해야 미래가 있었던 이야기
– '경력증명서 관련 민원서류 준비' 이야기

지구상에 사는 많은 사람은 자신의 과거를 증명해서 현재와 미래를 살아가고 있다. 특히 아래 사례에 해당하시는 분들도 그러한 예다. 캐나다인 소피아(Sophia)는 한류 마니아로, '한류'에 흠뻑 빠져 한국을 방문했다가 아예 한국에 눌러앉은 사례다. 한국에 정착 후 대학원에 다니며

---

15 정부의 아날로그 문서들(각종 민원서류)을 디지털화하고, 이를 디지털 문서로 발급 증명이 가능하다. 정부 오피스별로 전화망을 갖춰서 예전처럼 굳이 살던 동네로 가서 출생증명서를 떼는 것이 아니라 자기 PC에서 본인인증을 거친 후 정부의 전산망에 접근하여 각종 민원서류를 공개, 공유가 가능하며 이를 신청, 발급 요청, 발급받을 수 있는 등 오피스 업무 전체가 정부 디지털 시스템에 반영된 '전자정부(e-Government)'를 의미한다.

한국어를 전공하여 졸업도 하게 되었으며, 취업에 도전하게 되었다.

마침 캐나다 주 정부 발급 유아교육(ECE: Early Childhood Education)자격증이 있던 소피아는 영어 유치원 선생님 면접에 합격하였고, 1년간 캐나다 유치원에서의 경력 증빙과 몇 가지의 관련 서류 제출을 요청받았다. 서류로는 캐나다에서의 경력증명서, 학력 서류, 범죄경력증명서 등이었고, 모두 캐나다 외교부의 확인(아포스티유)이 필요했다. 그러나 소피아는 캐나다 왕복 항공티켓, 체류비 등을 생각하면 경제적으로 매우 부담스러웠다. 더구나 영어 유치원에서는 급하게 선생님을 구하고 있어 서류 제출을 위한 절대적 시간이 부족했다.

고민을 하던 중, 모교인 경희대학교 대학원 커뮤니티에서 우연히 한국통합민원센터를 알게 되었다. 대학원과 기업이 외국인 입학생들을 위해 현지 국가에서의 필요 입학 서류들을 공증, 인증 서비스해 주는 MOU를 맺었다는 공지를 보게 된 것이다. 소피아는 혹시나 하는 생각에 전화로 문의를 했다. 영어로 전화했는데도 바로 영어로 응답해 주었다. 직원은 매우 친절했고, 캐나다에서의 각종 민원서류에 대한 번역, 공증, 외교부 아포스티유를 진행해 줄 수 있음을 확인할 수 있었다. 특히 캐나다에서 자신의 범죄경력증명서 발급을 한국에서 받을 수 있다는 것 또한 너무나 신기했다. 그것도 일 처리 느리기로 유명한 캐나다 민원서류를 발급부터 번역, 공증, 외교부 업무를 원스톱으로 한 달 내에 처리해 준다는 것은 소피아에게 놀라울 일이었다.

사례 7. 불가능하다고 포기했던 재미교포 3세대, 할아버지의 유산을 찾다
– '조상 땅 찾기, 한자가 세로로 쓰인 고어(古語)의 번역공증, 아포스티유' 이야기

2018년 미국에 살고 있는 교포 박 군은 이민 4세대이다. 박 군의 증조할아버지는 1950년 초 미국에 이민을 갔고, 지금까지 후대가 미국 샌프란시스코에서 뿌리를 내리고 살고 있다. 박 군은 종종 할아버지와 아버지로부터 한국에 증조할아버지의 땅이 있음을 들은 적이 있고, 언젠가는 이를 찾겠다는 생각을 막연하게 가지고 있었다. 그러나 막상 할아버지가 돌아가시고 나니 막막한 생각만 들었다.

어느 날, 미국 아리랑 TV를 통해 한국통합민원센터의 아주 짧은 광고를 접하게 되었다. 혹시나 하는 마음에 구글을 통해 검색하게 되었고, 박 군은 메일을 통해 증조할아버지의 유산을 찾을 수 있는 방법이 있는지 알아보았다.

한국통합민원센터 한국사업본부는 그동안의 다양한 경험을 살려 박 군이 고민하는 민원서류에 대한 해법을 제시했다. 일단 한국에서는 호적제도가 사라져 2008년 이전에 존재했던 '호적'을 통해 증조할아버지와의 가족관계를 증명할 수 없었다. 따라서 2008년 이전에 있던 호적상의 모든 국민은 '제적'된 상태였다. 즉 제적증명서를 통해 가족관계 증명이 가능했던 것이다. 이렇게 쉽게 일이 풀리나 했는데, 의외의 부분에서 문제가 발생했다.

호적의 작성 시기가 1950년대인만큼 아직도 관공서에서는 호적을 모두 한자로, 그것도 현대에서는 거의 쓰지 않는 어려운 한자들을 손으

로 직접 기록해 놓았다. 대다수 현대인의 한자어 실력으로 이를 해석하는 것은 거의 불가능했다.

한국통합민원센터는 이를 한문학자와 대만어(臺灣語) 번역인에게 번역을 의뢰하였고, 양쪽이 검토를 한 후 다시 공증하였다. 또한 1981년 이후의 미국에서의 출생증명과 이에 대한 미국 외교부의 아포스티유를 통해 박 군의 아버지가 증조할아버지의 손자임을 밝힐 수 있었다. 즉 증조할아버지의 후손임을 한국과 미국 두 국가에서 증명하게 되었다. '조상 땅 찾기'를 통해, 증조할아버지의 땅과 박 군의 아버지가 그 유산을 받을 수 있는 직계 후손임을 증명할 수 있게 된 것이다. 박 군의 지혜로 인해 4대째 숙원이었던 증조할아버지의 한국 땅을 찾게 된 것에 박 군의 가족은 행복감을 느낄 수 있었다.

이들은 한국 땅 유산과 더불어 서로가 가족임이 증명된 민원서류를 통해 '뿌리'가 증명되었다는 뭉클함과 이를 족보처럼 후손들에게 물려줄 수 있다는 희망으로 벅차했다.

박 군은 당사에 리플릿을 약 200여 장 미국으로 보내줄 것을 요청하였다. 자신이 다니는 교회와 식당마다 이 홍보지를 비치해서 교민들에게 널리 홍보해 주겠다는 것이다. 오랜 시간 이국만리 낯선 땅에서 자신들의 뿌리를 찾고 고향 땅을 찾는 교포들의 행복감은 똑같이 공감이 되어 이 일을 처리하는 보람으로 이어갈 수 있었다.

사례 9. 미성년자 출국에 필요한 부모 동의서
– '이혼을 앞둔 한국인 아빠 그리고 중국인 엄마 사이의 어린이 출국' 이야기

한국 기업들의 중국 진출이 왕성하게 이루어지던 2012년 즈음의 일이다. K 씨 또한 중국에 진출한 국내 중견기업의 간부로 파견을 갔었다. 거기서 중국인 여성과 결혼하여 딸 아이를 가졌고, 한국에 돌아와 생활하게 되었으나 성격 차이로 이혼하게 되었다. 아이에 대한 양육권 문제로 서로가 첨예하게 대립하게 되었고, 양육권 다툼 중 아이 엄마는 아이를 데리고 출국하려고 했다. 그러나 이 시도는 실패에 그친다.

출국이 안 된 이유는 무엇일까? 최근 이러한 양육관계 분쟁이 부쩍 많아지면서 아이가 자신의 부모와 생이별을 하는 경우가 빈번하게 발생한다. 또한 후진국에서는 어린아이들을 인신매매나 조기 결혼, 장기 적출 등 끔찍한 일도 발생하고 있다고 한다. 따라서 UN에서는 「아동인권법」에 의해 아이들에게 최소한의 권장을 해주기 위해 '부모 여행 동의서'를 만들었다.

항공사 측에서는 아이와 엄마의 관계를 확인할 방법이 없었다. 더군다나 아버지의 '미성년자 여행 동의서'를 지참하지 않았다는 것은 이 아이의 출국은 부모 모두의 허가를 받은 상황이 아니란 것을 알 수 있다. 따라서 중국 입국 심사에서 문제가 될 소지를 미연에 방지하고자 출국 시 이러한 부분을 꼼꼼히 살펴보고 있다.

모든 국가가 미성년자의 입국에 대해 엄격한 것은 아니다. 그러나 갈수록 이에 대한 사회적인 문제를 인식하고 있어, 이민국에서의 심사뿐만이 아니라 한국 공항에서의 출국 거절 사례도 빈번히 발생하고 있는

추세다. 특히 아시아나, T-way, 이스타나 등의 항공사의 경우는 출국 시 아이의 미동반 여행 동의서를 필수 서류로 체크하고 있으며, 미소지 시 항공티켓 발행을 거절하고 있다. 이때 K-민원, 한국통합민원센터는 어떤 활동을 했을까? '부모 미동반 여행 동의서'를 통해서 부모의 동의 를 받기 위해서는 이들이 아이와의 친부모임을 증명하는 '가족관계증 명서'와 해당하는 서명이 그 부모의 서명임을 알 수 있는 각 부모의 여 권 사본과 대조가 필요하다. 이를 가족관계증명서를 통해 부모와 아이 가 가족임을 증명하고, 여권을 통해서 이 부모가 부모 여행 동의서에 직접 서명한 것을 연결하여 증명하는 것이다. 이를 통해 아이가 제3자 나 혹은 혼자서 타국으로 입국할 때 출입국 관리소에 제출하거나 출국 시 항공사에서 미리 체크하여 회항하는 일이 발생하지 않도록 사전에 방지하는 역할을 한다.

✖ 나가는 말

4차 산업혁명으로 인한 온라인상의 업무는 그 이전에 비해 인간에게 편리함과 신속함, 저렴한 비용으로 만족도를 높여주고 있다. 그러나 기업인은 고객 만족도와 신뢰를 받고 있어도 늘 위기와 방어력을 키워가야 할 책임과 의무에서 자유롭지 못하다.

문어발 확장, 스톡옵션으로 인해 주주들로부터 경영윤리와 도덕성 비난을 받았던 카카오가 2022년 10월 판교 데이터 센터 SK C&C 화재로 카카오 전체 시스템의 먹통 사태를 유발한 사건은 본사에도 경각심과 교훈을 시사해 주고 있다. 전 국민 플랫폼이었던 카카오가 메인 데이터 센터 이외에 진작부터 세컨드 서버를 운영했어야 했다는 여론이 있었던 것처럼[16] 본사도 온라인을 위주로 운영하고 있다는 맥락에서 결코 이런 불운이 강 건너 불구경일 수만은 없다. 대다수의 고객이 다

---

16 김송희, 「장자」의 행복론', 부산시민대학 특강, 2022년 11월 5일

급한 상황에 전달하는 고객들의 개인정보 관리 및 기타 데이터 시스템에 대한 보안 처리 및 운영에 대해 늘 촉각을 세워야 하는 것은 의무이고, 기업의 신뢰 문제로 이어지기 때문이다.

필자가 온오프코리아를 운영할 당시를 다시 회고해 보면 당시 대형 포털사이트는 대형 포털사의 알고리즘 파악을 위해 직원이 서버에 접근하여 업무를 방해했다. 이때 소송을 준비하자 대형 포털사 측은 대형 로펌을 통해 8인의 변호사를 이용했고, 우리는 단 한 명의 변호사가 대응했을 뿐이다. 필자가 현재로 돌아온다면 그 시점에서 어떤 선택을 했을까? 이 사건을 생각하면 필자는 "백척간두진일보(百尺竿頭進一步)" 구절을 떠올리게 된다. '백 자나 되는 높은 장대 위에 이르러 한 걸음 더 나아간다'는 뜻인데, 이미 할 수 있는 일을 다하여 벼랑 끝에서 더 이상 길이 없을 때 어떻게 해야 했을까? 두려움과 위험이 가로막지만 한 걸음 더 노력한다면 성공할 수 있다는 이 논제는 필자에게 기업 경영의 큰 교훈으로 남는다.

법적 이슈가 있을 경우 대개 귀찮고 많은 번거로움이 있어 회피하는 경우가 많다. 필자 역시 두려움이라는 한계점에서 물러섰다. 그 상황을 회피한 것이다. 그 사례를 통해 느낀 점은 무엇이었을까? 가급적 법적 이슈가 생기지 않도록 미연에 방지하는 것이 중요하다. 그러나 법적 이슈가 생긴다면 상호 간의 대화와 양보를 이끌어내어 최대한 평화적으로 처리하도록 노력할 것이다. 부득이 법적 분쟁이 시작된다면 '인내심'에 대한 임계점을 넘더라도 노력과 시간을 들여 마무리할 것이다. 왜일까? 부당하고 억울함에도 불구하고 법적 분쟁을 피함으로써 오랜 시간이 지나도 심적으로 치유되지 않는 부분이 오랜 기간 가슴에 멍울처럼 남기 때문이다.

K-글로벌 민원으로 다시 일어섰을 때 필자가 생각하는 가장 큰 성장 조건의 핵심은 '변화'에 있었다. 앞으로 인공지능을 포함하여 로봇이 인간을 대신하는 시스템으로 변화될 것이다. 그렇다면 이러한 시스템에 맞추어 K-글로벌 민원은 어떻게 변화해야 할까? 즉 이 시대에 부합되는 창업, 사업 운영의 요건이란 무엇인가? 필자는 이 사업을 시작하기 전에 사업 및 서비스 설계를 하면서 많은 시간을 들인 바 있다. 절대 망하지 않는 기업이 되기 위한 사업 설계가 있었고, 절대 그 설계와 지침은 가슴 안에 각인시켜야 할 필요가 있었다.

첫째, 특정 국가에 편중되거나 특정 이념에 편중되어서는 안 된다는 생각이다. 가령 사드 사태나 일본과의 신냉전 같은 이슈가 발생될 경우 비즈니스가 좌초될 수 있기 때문이다.

둘째, 특정 기간과 특정 아이템에 편중되면 안 된다.

셋째, 정부의 힘에 의해 진행할 수 있는 비즈니스 모델이라면 절대 회피한다. 이유는 정부 정책과 부합되는 사업 아이템이라면 잘 성장하고 번창할 수는 있어도 정작 정권 교체에 따라 본사업체의 업무가 마비될 수도 있기 때문이다.

넷째, 특정 직원의 능력에 편중되어 성공적 사업으로 이끌어지는 것은 자제한다.

다섯째, 정상적이고 평범한 루트가 아닌 특정 루트를 통해야만 성공하는 비즈니스라면 기피하고 있다. 즉 인맥을 통해 로비해야 하는 업무는 배제한다는 것을 의미한다.

여섯째, 상호 간의 격려와 배려에 의한 회사 문화를 조성하기 위해서는 가급적 BM(Business Model) 자체가 혼자서 하는 업무가 아닌 팀플레이에 의해 진행할 수 있는 비즈니스 모델을 선택하도록 한다. 결론적으로 말해서 철저히 새로운 아이디어를 통해 고객에게 정직과 성실, 신뢰를 구축하는 데에 집중하겠다는 것이 필자의 뜻이다.

상술한 바의 내용이 과거 창업 시 비즈니스 모델 개발을 통해 느낀 신념이라면, 앞으로의 K-글로벌 민원 방향은 다음의 내용에 보다 더 집중하게 될 것이다.

첫째, 데이터 사업으로의 축적된 자산화.

둘째, 글로벌 네트워크의 다중적 생태계를 구축한다.

셋째, 수직적 생태계 구축 및 관계 있는 이종 생태계 속 자사 구축을 통한 시장 장악력을 높이도록 한다.

넷째, 코스닥(KOSDAQ)과 나스닥(NASDAQ) 등 자본 조달의 강력한 드라이브가 가능한 금융시장으로의 적극 참여를 추진하고자 한다.

뉴노멀 시대, 사회 변화에 대한 성격 특성별 대처

― 심리학과 인문학적 관점에서

박애선, 김송희[17]

· · ·

들어가는 말

1) 코로나 19 이후 사회 변화에 따른 인간 심리

2) 새로운 위기와 변화에 대한 성격 특성별 이해

3) 뉴노멀 시대, 인간의 대응과 대처

나가는 말

---

17 이 원고는 박애선(전 서울시 청소년 상담복지 센터장) 현 가톨릭대 의학교육학 교실 외래교수와
    김송희(베이징대 중국 고전문학 박사, 전 BMI 고문 겸 중국전문교수) LAMI 인문과 예술경영 연
    구소 소장이 심리학과 인문학적 관점에 의한 공동 연구로 작성했다. 연구 영역의 분리 표기를
    위해 김송희 소장의 글은 주석에 표기 및 인용문이나 참조문으로 제시했다.

⚙ 들어가는 말

모든 인간은 행복과 자유를 원한다. 그것은 기본 전제조 건을 전제로 한다. 즉 신체적 건강과 정신적 건강을 토대로 한 경제적 자유, 자아실현을 위한 목표 등이 그것이다.[18] 그러나 코로나 19 이후 전 세계는 패닉에 빠졌다. 갑작스러운 환경의 변화는 모든 사회시스템 의 변화를 가속화한 것이다. 인간이 인간과 교감을 가지고 살아갈 수 있었던 시스템에서 인간과 기기의 대면으로 이어지게 되었다. 정확히 말하면 코로나 19 이전에 와있던 미래지만, 코로나 19 이후 가속화되 었다.

그렇다면 IT 시대를 넘어 DT의 시대로 가면서 인간과 인간은 과연 얼마나 깊이 교감하고 있는가? 기기를 다루는 데 완전히 자유로워진 MZ세대의 놀이터가 스마트폰이라면 장년층은 인터넷 세상에서 여전

---

18   정강엽 신부, '인공지능 시대, 영성의 역할', LAMI 인문과 예술경영 연구소 줌(zoom) 강의, 2022년 5월

히 허우적거리고 있으며, 노년층은 여기서도 자유롭지 못하다. 그런가 하면 알파세대는 태어나면서부터 기기와 놀이를 하고 교감을 나눈다. 이때 사용하는 어휘나 태도, 커뮤니티를 형성하는 과정과 자세는 확실히 세대별로 구별된다.

게다가 코로나 19로 인해 인간은 단절과 차단이라는 사회적 철벽을 겪어야 했다. 대화의 단절은 물론 소통이 어려워지면서 코로나 19 이전보다 인간의 불안감과 우울함은 모든 세대 안에 보다 극대화된 것도 사실이다. 이 난제들을 어떻게 풀어가야 할 것인가? 『오늘부터의 세계』에서 말하고 있는 것처럼 "과거로 돌아가는 문은 닫혔다. 오늘부터의 세계는 지금 우리가 내리는 선택과 그 결과에 의해 형성될 것이다[19]".

코로나 19 이후 코로나 블루는 물론 레드, 블랙에까지 이르는 인간 소외와 우울함은 더욱 극심해졌다. 가령 모든 시민의 위생과 안전을 위해 백신 주사를 일괄적으로 맞아야 했을 때의 사례를 생각해 보자. 백신 주사를 맞지 않는 사람에겐 일부 공공기관이나 식당 출입이 어려워지자 어떤 사람에겐 강요와 압박으로 받아들여졌고, 이런 사회현상 안에서 누릴 수 있는 개인적 자유가 부재하기도 했다. 이때 이 상황을 강압적으로 느끼는 사람들과 자연스럽게 받아들이는 사람들 간의 간극은 매우 크다. 따라서 일부의 사람들에겐 각자가 누릴 수 있는 권리가 제한되는 불편함이 불안감과 압박감, 우울감까지 느끼게 했다.

인간은 어려움에 빠지면 '인생의 의미'를 찾게 된다. 그런데 이 의미는 사회적 도움과 협력 없이는 어렵다.[20] 다양한 사례를 통해 인간성

---

19 제레미 리프킨 저, 안희경 대담, 『오늘부터의 세계』, 메디치 미디어, 2020년
20 A·아들러 지음, 『아들러의 인간의 이해』, 을유문화사, 2016년

이 소멸되기 쉬운 이 시대에 인간적 따뜻함을 어떻게 보상받을 것인지, 4차 산업혁명이 준비되어 있던 사람과 그렇지 못한 사람들 간의 불편함과 우울함이 증가하는데 이런 상황은 어떻게 극복해야 할 것인가?

지금 이 시대는 아날로그 시대의 사람과 IT나 DT 시대의 사람, 최첨단 시대를 걷는 사람들이 공존하고 있어서 인간 심리는 매우 복잡하고 다양하며 미묘하다. 더군다나 코로나로 인한 변화는 말할 것도 없다. 인간의 심리적인 변화란 준비되지 않은 것에 대한 불안감, 빨리 적응하든 적응하지 못하는 세대든 냉담자[21]들이 많아졌다.

필자는 먼저 코로나 19 이후 세대별 인간 변화의 심리를 살피고, 새로운 변화에 대한 성격유형별 드러나는 특성은 어떻게 차이가 나는지 살피기로 한다. 둘째, 다양한 성격유형을 통해서 새로운 변화에 따른 인간 감성의 미묘함과 세밀함을 살펴보고자 한다. 셋째, 뉴노멀 시대 사회 변화를 빠르게 수용하는 사람과 그렇지 못한 사람 간의 간극으로 인해 우울해진 사람들에 대한 해결방안과 대처법을 살펴보기로 하겠다. 그러나 지극히 제한적인 지면 안에서 제대로 논의하기란 한계가 있다는 것을 전제로 하며, 심리학과 인문학적 관점에서 논의를 전개하고자 한다. 융·복합적 전개가 대처방안에 대한 효과가 높아질 것이라 기대하기 때문이다.

---

21 냉담자: 감정을 느끼지 못하거나, 감정을 느끼더라도 표현하지 못하는 사람을 말한다. 냉담자는 상담을 통해 감정을 이해하고 표현하는 방법을 배우는 경우가 많다.

1) 코로나 19 이후의
사회 변화에 따른 인간 심리

개인의 행복을 위해 또 인류 행복을 위해 할 수 있는 최대의 노력은 사람들 간의 교제다. 우리는 사람과 더불어 살아가야 한다.[22] 코로나 팬데믹으로 인해서 인간의 생활 양상과 인간 심리에 예상치 못한 변화를 가져왔다. 우울감을 넘어 우울증을 갖게 되는 사례가 폭증했다. 정신과 의사 김지용은 "대부분의 진료과 방문은 줄어든 반면에 정신과 진료 방문이 폭증한 것이 그 사례를 입증한다. 우울증이 오면 나 자신을 의식하게 되고, 불행이 스스로 탓인 것처럼 느끼게 된다.[23]"라고 말하고 있다.

그러나 우울증을 유발하는 계기는 '상실'일 때가 많다. 잃은 것은 사람일 수도 있지만, 우리가 중요하게 여기는 역할이나 건강이나 자존감

---

22 A. 아들러 지음, 김문성 옮김, 『아들러 심리학 입문』, 스타북스, 2014년 번역본, 19쪽
23 김지용, '정신과 의사가 말하는 좋은 위로의 말과 최악의 말', TV 『유퀴즈』, 2022년 6월 21일

일 수도 있다. 우울해지면 그 우울함이 또 다른 상실을 낳기도 한다. 맡은 역할을 제대로 하지 못하고, 같이 지내기 힘든 사람이 되기 때문이다.[24] 이때 소중한 것을 잃은 애통함이나 상실감은 일정 시간이 지나면 해결되지만, 적정 시간이 지나도 해결되지 않는 애통함이라면 그것은 우울증으로 이어진 증세다.

인간이란 움직이는 생명체이며, 그 움직임에는 각각의 의미가 있다. 인간은 자기 눈과 얼굴 따위를 움직인다. 그의 얼굴은 표현력을 갖고 있으며 의미를 지니고 있다. 이처럼 의미를 부여하는 것이 마음이다.[25]

『장자』에서는 '언불진의(言不眞意)'라고 하여 "언어는 인간 심중의 진실한 의미를 다 전달하지 못한다."라고 하였다. 우리가 교감하기 위해선 언어가 우선이지만, 언어가 꼭 전부가 될 수 없다는 것을 말한다.[26] 인간의 의사소통은 언어적 표현과 비언어적 표현으로 분류되는데, 소통을 잘하려면 언어적인 표현도 중요하지만, 비언어적 표현이 더 중요하다고 볼 수 있다. 눈빛과 스킨십이 거기에 속한다. 언어 이외에 미술, 무용, 음악, 게임 등을 통한 표현도 소통의 한 방식이다.

뉴노멀 시대에는 비대면과 대면으로의 제한된 소통, MZ세대와 노년의 세대 간의 제한된 소통, 인간과 기계라는 것의 제한적 소통은 인간으로 하여금 차단과 단절을 실감하게 한다. 또한 기기와 인간의 관계성도 마치 법적 잣대에 의한 관계처럼 지나치게 경직되고 제한적으로 보게 되는 면이 있다. 미묘한 감성을 살피기보다는 매우 통념화되어 있는 경계 선상 안에서 해독하는 면이 있을 것이다.

24 린다 게스트 지음, 홍한걸 옮김, 『먼저 우울을 말할 용기』, 윌북, 2023년, 12쪽
25 A. 아들러 지음, 김문성 옮김, 『아들러 심리학 입문』, 스타북스, 2014년 번역본, 53쪽
26 김송희

코로나 팬데믹 발생 후 2년 내 기간 동안 사람들은 단절과 위축된 생활을 했다. 누구나 예외 없이 대다수의 사람이 외부 생활을 못 하고 가정 안에서 모든 것을 해야 하므로 생활 리듬이 변하고 가족 간의 갈등이 증가했다. 특히 가정주부인 여성의 역할은 가사 일과 자녀교육 등 몇 배로 증가하며 심리적 압박감을 호소했다. 스트레스 반응은 교감신경이 올라가면서 근육을 긴장하게 하고 두뇌와 몸을 망가뜨리게 된다.

14세기 흑사병(1347~1351)이 유럽 전역에 퍼져 나갈 때나 2003년 중국의 사스 전염병이 퍼졌을 때도 사람과 사람 간의 격리와 차단에서 오는 긴장과 우울감은 인간의 감정을 지배했다.[27] 4차 산업혁명에 의해 디지털 이용이 자유로운 세대에게도 우울감은 찾아왔다. 과학과 기술이 인간의 편의를 도와주는 일면은 있지만, 인간의 감정과 정서적 깊은 문제는 결국 인간의 문제로 귀의하는 까닭이다.

또한 온라인 플랫폼에 문제가 생겼을 때 사회적 혼란으로 이어지는 사례는 새로운 사회시스템의 문제로 등극했다. 사례를 살펴보자. 4차 산업혁명의 현 사회는 스마트폰으로 모든 업무가 가능해지고 전 세계와도 초연결망을 구축한다는 장점을 가지고 있다. 메타버스 안에서 아바타를 통한 소통도 코로나 이후 관심이 한층 뜨거워졌다. 그러나 코로나 19 이후 모든 것이 온라인 업무로 대체되던 2022년 10월, 전 국민이 가장 많이 이용했던 카카오는 온라인 연결망이 끊겼을 때 어떤 잔혹한 현상이 발생할 수 있는지 여실히 보여주었다.[28] 카카오 데이터 센터의 화재로 온라인 접속이 불가했을 때 모든 연결고리는 일주일이

---

27 김송희, '패스트', 유튜브 「송이송이라디오」 25.26, 2001년 2월
28 김송희, 「장자」의 행복론', 부산시민대학 특강, 2022년 11월 8일

지나서야 가능해졌다.

직장인들이 코로나 19와 함께 적응하고 만족했던 재택근무 환경은 위드 코로나 속에서도 어느 정도 정식 업무 형태로 남아 기업은 하이브리드(Hibrid) 환경을 갖출 것으로 보인다. 이에 장소에 구애받지 않고 '어디서든 일할 수 있는' 환경이 트렌드로 자리 잡은 것도 사실이다. 시스템이 확연히 변했지만, 기존의 질서와 시스템을 모두 소멸시켜 생활할 수만은 없다는 것을 보여준 사례고, 온·오프라인 공존의 중요성을 확연히 드러낸 사례다.[29] 비대면으로 인해 언어, 문자로만 만나게 되니 비언어적 요소는 전혀 참조할 수가 없다. 이때의 팽팽한 긴장과 우울감도 사회구조의 하나로 만나게 된다. 또 예기치 못한 온택트의 돌발상황들, 미래의 자기 직업이 존재할지 또 미래의 불확실성이 해결될지와 같은 불안감도 늘어났다.

관계가 원활하려면 상대에 대한 응시와 몰입, 집중이 우선이지만, 이러한 집중과 몰입이 세대별, 성격유형별로 완연히 다르다. 청소년들은 온전히 온라인 안에서 커뮤니티를 형성하고, 메타버스나 게임 안에서 존재적 가치를 인정하고 그 흥미와 취향이 맞았을 때 비로소 오프라인 미팅을 한다. "MZ세대는 장년층, 노년층이 다 섞여 살아가지만, 관심과 취향에 따른 수평적 관계를 우선으로 하다 보니 과거의 위계질서 개념이 희미해진다.[30]"

그동안 수직적 조직 관계도를 이루어왔던 대기업 중 삼성전자는 2023년 1월에 들어서면서 임직원들이 '회장님'이라는 호칭을 없애고

---

29 김송희

30 정강엽 신부, '인공지능 시대, 영성의 역할', LAMI 인문과 예술경영 연구소 줌(zoom) 강의, 2022년 5월

'재용 님', 'JY'라고 호칭을 사용하게 되었다. 코로나 19 이후 알파, MZ 세대의 의사가 잘 반영된 사회혁명이라고 할 수 있겠다. 상호 호칭을 '님'으로 통일하고 상호 직급을 알 수 없도록 하는 것인데, 이런 호칭의 형태는 많은 의미를 함축하고 있다. 권위적이고 위계적인 것보다는 수평적이고 친근한 기업 분위기 조성을 의미하며, 무거운 조직 문화에서 오는 답답함을 내려놓고 보다 유연한 조직적 의미를 내포하고 있다. 직급을 부르는 호칭을 내려놓는다는 것은 긴장감을 내려놓는다는 것을 의미한다. 동시에 어느 한쪽에만 편중된 존중의 의미가 아니라 상호 간의 존중을 의미한다. 이것은 수직적인 지시와 명령의 의미가 아니라 수평적인 의사소통을 의미하기도 한다. 그러나 무엇보다도 인간의 표정과 눈빛, 행위가 권위적이거나 위압적이지 않을 때 비로소 수평적 대화가 가능할 것이다.[31]

---

31 김송희, '변화한다는 것은(힐링 Play 섹션)', 유튜브 「LAMI 인문과 예술경영연구소」, 2023년 1월

2) 새로운 위기와 변화에 대한
성격 특성별 이해

위기와 변화에 대해서 각자의 '인성(personality)'에 따라서 대응 방법이 다른데 인성은 기질과 성격으로 볼 수 있다. '기질(temperament)'은 유전적으로 타고나며, 일생 동안 비교적 안정적으로 유지되고 자극에 의해 자동으로 일어나는 정서적 반응의 성향이다. '성격(charater)'은 기질을 바탕으로 환경과의 상호작용 속에서 형성되며, 사회문화적 학습의 영향을 받으며 일생 동안 지속해서 발달한다.

성격이라는 말의 의미는 어떤 사람이 삶의 과제에 대처하는 정신의 특별한 표현 방법이라고 할 수 있다. 성격이란 사회적 개념이다. 성격은 한 인간과 주변 세계의 관련성 속에서 이해되어야 한다. 사람의 성격을 판단할 때는 전체적인 상황을 가장 본질적인 요인으로 생각해야만 한다. 개개의 현상을 분리시켜 고려하는 것으로는 충분치 않다. 자기 인식을 통해 가능해지는 자신에 대한 지식이 많아질수록 우리는 더 사려 깊은 행동을

할 수 있을 것이며, 그들의 성장이 파국에 이르는 것을 막을 수 있다.[32]

　인간은 모든 종류의 열등감에 매우 민감하다. 열등감이 나타나는 바로 그 순간에 그의 정신적 삶의 과정이 시작된다. 그것은 삶을 고요하고 즐겁게 향유하기 위해 균형 감각을 찾고자 하는 불안이며, 안전과 충일감을 원하는 불안이다.[33] 우리 인생이 자주 꼬이는 이유는 '질투'와 '열등감' 때문이다. 이 둘은 동전의 양면이다. 질투가 외부를 향한다면 열등감은 내부를 향해 있다. '열등감'을 인간 행동의 중요한 설명 기재로 끌어들인 사람은 알프레드 아들러다.[34] 프로이드(Sigmund Freud)가 너무 생물학적이거나 성적(性的) 에너지, 리비도(libido)를 강조하는 반면, 아들러는 과거보다는 미래, 목표 지향성과 그런 행동을 할 수 있지 않은가에서 원인을 찾는다. 건강한 성격, 이드에고(id ego, 본능 자아), 슈퍼에고(Super ego, 초자아), 일, 사랑, 타인에 대한 배려, 두루 갖추는 것이 건강한 성격이라고 보고 있다. 출생 순위, 그 사람의 자라난 경제 여건, 외부 여건이 성격 형성에 매우 큰 영향을 준다.[35] 프로이드의 '콤플렉스'와 아들러의 '열등감'은 지난 백 년간 대립해 왔다.[36]

　본고에서는 '기질'과 '성격'을 성격 특성으로 명명하고 성격유형으로 이해하고자 한다. 성격유형은 역동적인 것이며 감소하는 것이 아니고, 언제나 창조적으로 움직이며 발전하는 것이다.[37] 일반적으로 성격 특성은 크게 외향성과 내향성으로 분류된다. 외향성의 사람들은 자신의 외

32　알프레드 아들러 지음, 홍혜경 옮김, 『아들러의 인간 이해』, 을유문화사, 2016년, 212쪽
33　상동
34　김정운, 『바닷가 작업실에서는 전혀 다른 시간이 흐른다』, 21세기북스, 2019년, 94쪽
35　상동
36　상동, 94쪽
37　박종삼 외 1인 공역, 『성격유형과 네 가지 영성』, 2001년, 51쪽

부에서 자극을 찾는다. 그들은 광범위한 흥미를 지니고 있으며, 사람들이나 사물들에 대해 지속해서 행동적인 관여를 한다. 내향성의 사람들은 내부적인 자원에서 에너지를 얻는 것과 관련되는 것을 선호하는 경향이다. 내향성을 선호하는 사람은 생각과 정서와 인상 등으로 구성된 자신의 내부 세계를 사용하여 에너지를 얻는다.[38]

코로나 19의 확산으로 인해서 공간의 제한을 받고 있는 시간이 증가함에 따라서 외향성의 사람들이 더 힘들어했다. 그들은 사람과 직접 만나서 소통하고 활동을 하는 가운데 에너지를 얻는 측면이 강하기 때문이다. 그렇다고 해서 내향성의 사람들이 모두 다 제한적인 삶을 살아가는 데 적응적이라는 말은 아니다.

인간은 성격 특성에 따라 자기 자신이 안고 있는 문제에 대해 코로나 '때문에' 혹은 코로나 '덕분에'라는 말을 하기도 한다. 사례를 살펴보자.

사례 1

22세의 여대생 A 학생은 재수를 하고 코로나 때 입학을 하게 되었다. 그의 성격은 내향형 성향이 매우 높으며, 친구 관계가 거의 없다. 1명 정도의 중학교 시절 친구가 있는데 그나마 마음이 내키지는 않지만 워낙 친구가 없었던 관계로 한 달에 한 번 통화하는 정도였고, 코로나로 인해 그조차 만나기 어려웠다. 가족 관계는 외동딸로서 어머니는 직

38　심혜숙 외 1인, 『성격유형과 삶의 양식』, 1997년, 12쪽

장에 다님으로 인해 A는 일주일에 한마디도 하지 않고 지내기도 했다.

학교에서는 온라인으로 수업을 진행하고 부모와 친구와도 거의 소통을 하지 않으니 우울증 상태에 빠지게 되었다. 게다가 아버지는 A의 학교가 맘에 들지 않는다는 이유로 무시하는 말을 자주 했다. A는 결국 분노를 표출할 곳을 찾아야만 했고, 그것은 바로 게임이었다. 밤새 게임을 하다가 보면 어느새 다음 날 아침이 된다. 실제로 A가 게임에 대해 흥미를 느끼고 있었던 것일까? 그저 무료한 시간을 흘려보내면서 집중할 어떤 수단이 필요했던 것이다.

우울해지는 데는 여러 가지 원인이 있을 것이다. 동시에 우울감에서 벗어나는 데도 여러 가지 방향이 존재할 수 있다. 그런데 어떤 동기로 어떻게 극복하고 일어서는지는 사람의 성격특성과 그 사람의 상황이나 자질, 자원 여부[39]에 따라 달라진다. A에게는 어떤 모임이나 활동 자체보다는 한 사람이라도 마음과 생활을 제대로 언어적 표현으로 나눌 수 있는 것이 중요한 사례라고 볼 수 있다.

사례 1의 A가 우울감을 게임이라는 매체를 통해 해소하려는 것도 4차 산업혁명 시대의 한 방식이다. 그러나 현시대가 온라인에서만 상호이해가 되는 관계성을 보장하는 것은 아니라는 점을 명심할 필요가 있다. 인간은 언어적 표현 이외에 비언어적 표현에 상당히 의존하기 때문이다. 즉 완전한 소통을 위해서는 오프라인 안에서 만나는 사람들과의 관계와 표현이 중요한데, 스스로 자아를 살피고 변화하고자 노력하는 것이 중요하다.

위 사례자 A를 통해 가족은 어떤 노력을 해야 할지 살펴보자. 부모가 자녀에게 반드시 가르쳐야 하는 것이 있다. 그것은 '존재의 가치'와 '마음

---

39 자원 여부: 개인이 가지고 있는 심리적 자원, 사회적 지지 자원 등을 말함

자세'에 대한 것이다. 마음 자세라는 것에는 청렴, 성실, 사회에 기여하는 것, 배려와 협력에 관한 것이다. 남의 가치에 자신의 에너지와 가치를 맞추는 것이 아니라 자신이 가치 있다고 생각하는 일에 몰입해야 하는 것을 말한다. 이때 자녀를 가르치려면 부모의 훈련과 자녀의 훈련이 함께 같이 가야 하는 것이다.[40] 그런 관점에서 보자면 사례자 A의 아버지가 자녀를 무시하는 행위는 철저한 반성과 화해 모드가 필요하다고 할 것이다.

한편, 일반적으로 외동들의 특징을 보면 특별한 상황에서 자라게 되는 경우가 많다. 아이는 주위 사람들의 교육적인 공격에 노출되어 있다. 부모에게는 다른 선택의 여지가 없기 때문에 이 아이에게서 모든 교육적 야망을 실현하려고 한다. 그 아이는 비교할 수 없을 정도로 극도로 비자립적이고, 누군가가 자기의 길을 열어줄 때까지 기다리며 끊임없이 누군가의 도움을 찾는다. 그의 위치는 항상 너무 위험하기 때문에 삶에 대한 잘못된 태도를 피할 수가 없다.[41]

그러나 어려운 일이란 늘 생기게 마련이고, 아이는 장애물을 넘어서야 한다. 삶이 안락하기를 원한다면 그에 상응하는 수많은 어려움을 기꺼이 넘어설 준비와 훈련을 마쳐야 한다. 그래서 자신이 정작 하고 싶은 한 가지 일을 위해서 하고 싶지 않은 수십 가지의 일을 하면서 사는 것이 삶이란 것도 동시에 알아야 한다.[42]

외동들은 독립적이기 어렵고, 삶에 대해서 좌절을 쉽게 경험할 수 있다. 그렇다면 A 학생은 어떤 노력을 해야 할까? 개인적으로나 사회적으로 어려움을 겪고 있는 사람들을 보면 진실을 바로 보지 못하거

40 지나영 교수, '삶이 흔들릴 때 바라봐야 할 단 한 가지', 『세바시 강연』, 2021년 2월 6일
41 알프레드 아들러 지음, 홍혜경 옮김, 『아들러의 인간 이해』, 을유문화사, 2016년 번역본 1쇄, 194~195쪽
42 김송희, '변화한다는 것은'(힐링 Play 섹션), 유튜브 『LAMI 인문과 예술경영 연구소』, 2022년 11월

나 잘못된 방식을 고집하는 경우가 많다. 아들러(Alfred Adler)는 "여기서 한 발을 내딛는 용기만 있다면 일생을 바꿀 수 있다고 한다. 즉 지금 이 순간 있는 그대로의 나를 받아들이는 용기와 삶의 과정에서 마주하게 되는 여러 문제를 직시하는 용기가 필요하다고 말한다. 또 다른 사람의 기대나 비난에서 자유로울 수 있는 용기와 실패에서 다시 시작할 수 있는 용기를 권한다.[43]"라고 했다. 이때 인공지능의 역할이 일정 부분 도움이 될 것이다. 예를 들면 AI 로봇에게 질문하고 로봇과 교감하고 대화를 나누면서 웃기도 하고 위로도 받는 일이 서서히 사회적 현상으로 증가하고 있는데, 이는 반려견이나 반려식물에 견주어진다.

그러나 반드시 인지해야 할 사항이 있다. 감정의 인식과 이해는 완전히 다른 차원의 문제다. 일반인은 다른 사람이 화가 났거나 슬퍼하거나 기뻐하는 것을 인식한다. 그리고 이해하고 공감한다. 하지만 사이코패스는 다른 사람의 감정 그 자체는 인식할 수 있어도, 그것을 이해하고 공감하지는 못한다. AI는 조금 강하게 말하면 사이코패스와 비슷하다.[44] 최근에는 구글의 람다나 바드와 같은 AI 툴로 감성 표현도 이뤄지고 있어서 AI와 인간의 감성에 대해서 논란이 되고 있다. 그러나 이해해 주고 다독여주는 모든 것은 데이터에 의한 것일 뿐이다.

사회봉사를 하려는 노력도 일면 필요할 것이다. 심리학자이자 정신과 의사였던 알프레드 아들러 박사는 그를 찾아온 우울증 환자들에게 "2주간만 나의 처방을 따라달라. 매일매일 어떻게 하면 남을 기쁘게 해줄 수 있을까를 궁리해서 실천하면 된다"고 했고, 그의 처방을 따른 사람에게는 매우 효과가 있는 것으로 나타났다. 다른 사람을 돌보고 어려

43 A. 아들러, 「아들러의 인간 이해」, 195쪽
44 김상균, 「AI, 인간지능의 시대」, 메가북스, 2024년, 278, 279쪽

운 이웃에게 사랑을 전했더니 우울증이 사라졌다는 것이다. 또한 우울감이 극도에 다다를 때 무상으로 받을 수 있는 선물은 자연이고, 햇빛이다. 인간은 기꺼이 이 비타민을 통해 도움을 받아야 한다.[45]

사례 2

B 학생은 대인관계에 불편함을 느끼고 있었는데, 특히 처음 만나는 상황에서 어떤 말을 해야 할지, 어떻게 시작해야 할지 그리고 한두 마디 대화가 오고 간 뒤 흐르는 침묵을 매우 고통스럽게 여기고 있었다. 그러나 코로나로 인해 3년간 학교에 가지 않고 비대면 수업을 들으며 학교생활을 하게 되었고, 동아리 활동을 해야 하는 스트레스에서 벗어날 수 있었다. 온라인 강의로 인해 학교 시설물을 이용하지 못했음에도 등록금 전액을 부담해야 했던 것은 유감스러운 측면이었지만 말이다.

그런데 협력이나 협동과는 거리가 먼 사람들에 대한 궁극적 선고는 항상 '그대는 무익한 존재이다. 아무도 그대를 필요로 하지 않는다.'라는 것이다. 현재 우리의 문화는 불완전하다. 결함을 발견한다면 우리는 그 상태를 변화시키지 않으면 안 된다. 그러나 그 변화는 항상 인간의 복지를 더욱 풍요롭게 하기 위한 방향이어야 한다.[46]

성격이란 자신의 인격을 구현하는 수단을 가리킨다. 성격의 발달 과정에는 권력욕 말고 또 하나의 중요한 요인이 커다란 역할을 하는데,

---

45 김송희
46 A·아들러 지음, 김문성 옮김, 『아들러 심리학 입문』, 스타북스, 2014년

바로 공동체 의식이다. 그것은 인정받고 싶어 하는 욕구와 마찬가지로 아이의 최초 심리적 활동, 특히 그의 애정과 관계된 활동, 접촉 욕망에서 확실하게 표현된다.[47] 공동체 의식은 끊임없이 양심이나 죄의식을 기억 속에서 끄집어내 경고하는 목소리 역할을 한다. 그러나 그것이 우리가 항상 공동체 의식을 자각하며 살아간다는 뜻은 아니다.[48]

대인관계나 동아리 등을 불편하게 생각한다고 해서 멀리하는 사람이 소극적이고 자기 관심 영역이 없을 것이라고 판단하는 시각은 편견에 불과하다. 뉴노멀 시대에는 자기 성격유형을 그대로 받아들여 창의적인 것에 더 집중하고 상상하는 시간을 더 많이 할애하는 것이 자기 강점으로 드러나는 시대라고도 할 수 있다. 대인 관계에 불편함을 느끼면서 최대한 사람들을 만나지 않고, 유튜버와 온라인 판매상을 운영하며 행복을 느끼는 사례자들도 매우 많다.[49]

사례 3

사례자 C는 외향형의 사고형 특성을 가진 34세 직장 남성이다. 그는 코로나 19를 경험하면서 너무 많은 스트레스를 경험했다. C는 결혼해서 3명의 자녀와 아내와 함께 살고 있었다. 자녀들의 육아 문제로도 아내와 갈등이 있는 상황이다. 부부 갈등의 이유는 C가 직장에서 동료들과 취미 동

---

47 A. 아들러, 『아들러의 인간 이해』, 207쪽
48 상동, 209쪽
49 김송희, "경제 관련 유튜브 채널, 「삼프로TV」, 「신사임당」과 같은 유튜버가 대표적 사례자다."

아리 활동을 하느라 육아에 참여하는 시간이 적다는 것이다. 그러나 코로나 19로 C는 그런 취미 활동도 못 할뿐더러 집에서 하루 종일 아내와 자녀 문제로 부딪치는 시간이 많아지면서 갈등이 극대화한 사례다. 에스더 M. 스턴버그에 의하면 "결혼생활에서 말다툼이 면역기능을 손상시키는 것으로 나타났다. 특히 말다툼을 할 때 정면으로 맞서는 스타일이 뒤로 물러나는 스타일보다 면역기능 손상이 심했다."라고 한다.[50]

C가 이 상황에서 벗어나는 방법은 어떤 것이 있을까? 통상 대화를 통해 풀어가는 것이 첫 번째 선행되어야 하지만 외부 세계로부터 에너지를 얻는 외향형에게는 쉬운 일이 아니다. 즉 C는 본인 스스로 스트레스를 낮출 수 있거나 조절할 수 있는 방법을 모색해야 하는 것이 첫 번째이다. 그러기 위해 아내와의 대화를 통한 집 안에서의 시간 조율과 역할 조정이 필요하다. 외부로 나가서 에너지를 받는 유형이기 때문에 외부로 나갈 수 있는 여지를 최대한 누릴 필요가 있다. 컴퓨터나 스마트폰과 같은 것은 일체에 유해하다고 하는 청색광이 나온다. 부부가 함께 외부로 나가 햇빛을 쬐고 산책하는 것은 두 사람에게 유익하다. 햇빛은 인간에게 좋은 광선을 준다. 면역 기능을 강화하고 자연에서 주는 청색광을 준다. 이것은 피부의 가장 깊숙한 진피까지 도달하게 해서 진피 속 T세포들을 움직이게 한다.

비대면 상황에서의 소통은 정확하지 않은 면이 있기 때문에 직접 대면할 때보다 더 많은 주의력과 집중력이 필요하다. 소통을 하는 데 있어서 상대의 특성에 맞추어야 하는데 가령 행동 지향적이고 현실주의자인 ES(외향적 감각형) 유형과는 어떻게 하는 것이 좋을까? 생각을 직접 말로 정리할 수 있

50 에스터 M. 스턴버그 저, 서명조 옮김, 『공간이 마음을 살린다』, 더퀘스트, 319쪽

고 빠르게 소통할 수 있는 대면 대화나 전화를 선호한다. 이러한 유형에는 미묘한 부분을 일일이 설명할 수 없는 온라인 채팅이나 AI와의 대화는 답답하게 생각하는 면이 있다. 체계적이고 구체적으로 내용을 전달하고 과거의 경험을 말해 주는 것이 대화에 도움이 될 수 있다.

코로나 19 이후 우울한 사회 배경에서 변화에 적응한다는 것, 시련의 장에서 회복 탄력성을 높인다는 것은 누구에게나 쉬운 일이 아니다. 그러나 목표 지향적인 사람에겐 이 과정이 좀 더 큰 진통으로 와닿을 수 있다.

판단형의 사람들과 인식형의 유형에서도 차이점을 발견할 수 있다. 판단형의 사람들은 계획한 것을 반드시 이루려는 특성이 있기 때문에 코로나 상황으로 인한 자기 자신의 삶과 계획이 변경되는 것에 심한 스트레스를 받게 된다. 반면에 인식형의 사람들은 다양한 선택의 폭을 가지고 있는 편이어서 판단형에 비해 변화에 대해 적응이 쉬울 수 있다.

그러나 인간은 어느 한 가지 유형으로 명확하게 분리시켜 생각할 수 없는, 매우 복잡하고 미묘한 면들이 많다. 또한 사회환경이나 인간관계에 따라서 끊임없이 변화할 수 있는 소지도 많다. 따라서 참고는 하되 너무 획일적으로 선을 그어 생각하는 것은 오히려 비합리적일 수 있다. 그런 맥락에서 필자는 최근 MBTI 유형별로 선을 그어 채용하는 기업의 사례에 대해서 납득할 수도, 동의하기도 어렵다. 물론 MBTI는 대략적으로 한 사람을 이해하는 데 일정 부분 도움이 되고, 실사례로도 인간관계를 맺는 데 매우 유익하다는 반응도 많다. 청년들이 처음 만나면 서로 MBTI를 물어보고 답하는 것도 이와 무관하지 않다.

모든 인간은 태어날 때부터 위기를 극복하려는 힘을 가지고 있다. 동시에 자신의 장·단점을 사회적 학습과 훈련에 따라서 인간성 회복과 협력에 일조할 수 있는 자질을 가지고 있다. 따라서 다소 부족한 성향을 누구나가 극복해 갈 수 있는 여지가 있다는 점을 간과해서는 안 된다. 내향형과 외향형의 성격유형은 각기 장·단점을 가지고 있어 조직 내에 모두 필요한 이유기도 하다.

사례 4

한 소도시에선 5년간 845쌍이 AI의 중매로 결혼에 골인했다. 또 다른 곳에서도 2019년 결혼한 38쌍 중 21쌍이 AI로 인연을 맺었다. 경상남도 하동군에서도 AI 중매 서비스를 도입했다는 놀라운 사실이 언론에 보도되었다. 한국과 일본, 심각한 저출산 문제로 고민하고 있는 두 나라가 고육지책으로 AI 중매를 택한 것이다. 그렇다면 AI의 매칭 기술은 어디까지 와있을까? 초기에는 가입자들이 프로필을 등록하면 원하는 상대방 조건을 스크리닝해서 매칭해 주는 방식이었다. 현재는 직업, 나이 등 객관적 프로필 외에 SNS 계정 내 활동 데이터, 매칭 이력, 이성과 대화 시의 호감도까지 분석해 가입자의 무의식적 성향까지 가려주는 수준이다. 이는 반복된 데이터 학습, 이른바 딥 러닝의 결과다.[51]

이러한 'AI 중매'라고 하는 프로그램은 AI를 통해 결혼 매칭 효율성을 극대화한 신문물이다. AI로 사람을 가려낸다는 것은 어떤 의미가 있을까? 데이터에 저장된 내용에 따른 편견, 판단, 시험에 따라서 인간

---

51 KBS, '미혼 남녀 845쌍 결혼시킨 역대급 마담뚜, 누군가 했더니?', 「KBS News」, 2023년 1월 12일

은 자발적 사고와 사유를 버리고 좇아가게 된다. 효율성 측면에서 빅데이터에 의존하고 당사자의 감성과 느낌, 정서를 배제하여 대상을 찾는 것이다. 비혼주의자가 늘어나고 특히 코로나로 인해 사회가 격리, 차단되었을 때 혼인을 해야 할 사람들에게 고육지책으로 제시된 결과일 수 있다. 그러나 이보다 앞서 데이터의 질과 '딥 러닝' 방식에 대해 고민해야 한다.[52] 개발자는 과학과 기술을 이해하지만, 사람의 삶에 대한 사유와 철학이 배제될 수 있고, 인문학자는 과학과 기술에 대한 속도와 이해가 느린 감이 있다. 사람이 살아가는 세상에 대한 인문학자와 과학자가 함께 깊은 고민을 나누어야 할 시점이다. 그러나 위 사례는 뉴노멀 시대의 두드러진 사례라고 하겠다. 코로나 19로 인한 단절과 차단은 온라인에서의 만남과 교제로 이어졌고, 코로나 해제 이후에도 온택트가 오프라인 교제보다 선호되고 있다.

온라인으로 사람을 만나는 알파·MZ세대, 설혹 진지하게 사귀어도 결혼은 하지 않겠다는 비혼주의의 증가, 자신에게 맞는 사람을 찾아가는 일이 코로나 19 이후 쉽지 않은 상황에서 이 새로운 풍경은 20세기 말 「접속」이라는 영화에서처럼 인터넷으로 대화하고, 그 대화자를 실제로 마주쳐도 낯선 이방인으로만 만나게 되던 정서에 견주어진다고 해도 과언이 아니다. 그러나 21세기 뉴노멀 시대에는 SNS를 통해 자신을 지나치게 과대 포장하고 미화해도 상대가 직접 만나기 전까지는 솔직하고 사실 그대로의 모습을 알아내기란 어려울 수 있다.[53] 코로나로 가속화된 사회혁명은 그 이후 관성의 법칙대로 페달을 밟아가는 것이다. 찰스 다윈(Chals Dawin)의 것으로 잘못 알려진 유명한 문구가 있다.

52 김송희
53 김송희

"가장 강한 종이 살아남는 것도, 가장 똑똑한 종이 살아남는 것도 아니다. 살아남는 것은 변화에 가장 잘 적응하는 종이다[54]". 제레미 리프킨의 말처럼 "과거로 돌아가는 문은 닫혔다". 시스템 변화에 부응하지 않으면 행복도 자유도 느끼기 어려울 일이다.

---

54   요시 셰프 저, 김효석 외 1인 공역, 『뉴 애브노멀』, 두루, 2021년, 387쪽

3) 뉴노멀 시대,
   인간의 대응과 대처

　　제리 카플란은 그의 저서 『인공지능의 미래』에서 "컴퓨터는 과연 생각할 수 있을까?"라는 질문을 던졌다. '생각'이란 기호를 능숙히 처리해서 최초의 추측에서 결론까지 추론하는 능력이라고 해석할 수 있다고 한다.[55] 그렇다면 기기는 감정을 표현할 수 있는가? 도움이 되는가? 이미 많은 프로젝트에서 감정에 대한 연구가 진행되고 있고, 사람들에게 적용시켜 연결하고 있다. 인간의 깊은 내면의 세계를 함께하며 내담자의 영적인 면도 상담할 수 있는가는 또 다른 문제라고 볼 수 있다. 상대가 말한 내용을 '이해'하는 것이 아니라 단순히 상대의 감정적인 상태를 찾는 데 초점을 맞추어서 기쁨·놀람·실망·부끄러움·관심·흥분·두려움 등 여러 가지 감정을 머리·눈·입술·눈썹·귀의 움직임으로 표현하

55　제리 카플란 저, 신동숙 역, 『인공지능의 미래』, 한스미디어, 2017년, 129쪽

게 되었다.[56] 그러나 개개인별로 언어적 표현이 다르고, 특히 비언어적 표현에 의한 미묘하고 섬세한 눈빛, 행동, 말투 등이 완연히 다르다. 기기가 빅데이터에 의해 인간의 섬세한 비언어적 표현을 다룬다는 것은 불가한 일이다. 비언어적 표현의 중요성은 이미 앞에서도 언급했다.

인간관계에 어려움이 있을 때 상담이란 일정 부분 유익함을 준다. 상담이란 관계학이다. 처음부터 끝까지 상담자는 내담자와 관계를 하면서 그가 내적으로나 외적으로 원활해지도록 연습, 훈련시키는 것이다. 그래서 사회와 이웃으로부터 관계가 유연해질 수 있도록 도와주는 것이다. 모든 것이 변화하고 복잡해지는 현대는 어느 때보다 상호 간의 연대감과 공존이 필요한 시점이다. 물리적 시간을 절약하여 많은 사람과 소통할 수 있는 플랫폼이 많다는 것은 4차 산업혁명의 강점이라고 할 수 있다.

한편 디지털에 익숙하지 않은 성격유형의 소유자나 노인세대들은 특히 소외감과 무력감을 느낄 수 있다. 따라서 평생교육적 측면에서 과거의 학습을 내려놓고 천천히 재교육을 받아야 할 필요가 있다. 동시에 기술개발자들 측면에서도 그들이 쉽게 친숙해질 수 있는 새로운 방법이 모색되어야 할 것이다.[57] 또한 비사교적이거나 사람과의 관계가 서툰 사람들은 상담사의 도움을 받는 것이 좋다. 더 이상 심리 상담은 소수의 사람에게 한정되는 것이 아니다. 따라서 우리에게 주어지는 정보에 좀 더 귀를 열고 분별하여 흡수할 수 있는 수용력이 키워져야 할 필요가 있다. 사회적인 적응을 하기 위해서 선행되어야 할 것은 수직적 관계에서 수평적 관계로의 전환이 되어야 한다. 또한 심리학의 이해와 기타 학

---

56 상동, 269쪽

57 김송희

문적 경계가 사라져야 할 필요가 있다. 상담이란 탁상공론이 아니라 삶 자체를 나누는 일이기 때문이다. 따라서 어느 한쪽 학문의 편벽된 학문성으로 삶을 풀이할 수도 없고, 획일적으로 설명할 수도 없다.[58]

성격유형에 따라서 위기가 발생하면 경직되기도 하고 유연성을 가지고 대하기도 한다. 그러나 "위기라는 시련의 장은 확실히 사람과 기업의 회복 탄력성을 높이는 데 도움을 줄 수 있다[59]". 왜냐하면, 서두에서 말한 바와 같이 인간은 위기의 상황에서 비로소 '인생의 의미'를 찾게 되기 때문이다. 여기서 '변화', 즉 인간의 변화가 필요한데 그 내용은 「인공지능 시대, '장자'의 행복론」의 내용을 통해 이해를 돕기로 한다.

인간의 성격은 우리에게 있어서 도덕적인 판단 근거가 될 수 없고, 그 사람이 자신의 주위 환경에 어떤 영향을 미치는가, 또 어떤 연관성 속에 처해 있는가 하는 사회적 인식의 맥락에서 파악되어야 한다.[60]

사회체제의 변화는 개인적 변화를 촉구하고 있다. 최대환 신부는 『철학자의 음악서재 C#』에서는 다음과 같이 말하고 있다. "삶의 모든 사건은 그 본질상 변화 안에 있다. 인생을 피상적이고 관성적으로가 아니라 깊이 있게 살아가며 우리의 존재가 충만해지는 계기는 '변화'와 만나면서 생긴다".[61]

용기 있는 사람은 삶에 대한 자신의 태도를 몸으로 나타낸다. 그의 몸은 다른 식으로 만들어질 수 있다. 근육의 탄력성은 더욱 강해지며, 몸의 동작은 더욱 민첩하게 된다. 삶에 대한 자세는 상당한 정도로 몸의 발달에 영향을 미치며 부분적으로는 근육의 탄력성이 좋아진다.[62]

---

58 김송희
59 김효석 외 1인 공역, 「뉴 애브노멀」, 2021년, 399쪽
60 「아들러의 인간 이해」, 232쪽
61 최대환 신부, 「철학자의 음악서재 C#」, 책밥상, 2020년, 15쪽
62 A.아들러 지음, 김문성 옮김, 「아들러 심리학 입문」, 스타북스, 2014년 번역본 1쇄, 71쪽

두개골의 형태마저 영향을 받기도 한다. 오늘날 심리가 뇌수에 영향을 줄 수 있다는 사실을 부정하기 어렵다.[63]

코로나 19 이후 우울한 사회 배경에서 변화에 적응한다는 것, 시련의 장에서 회복 탄력성을 높인다는 것, 누구에게나 쉬운 일은 아니다. 그러나 목표 지향적인 사람에겐 이 과정이 좀 더 큰 진통으로 와닿을 수 있다.

유연성을 갖추기 위해서 변화하고자 하는 노력은 필수다. 인간은 사회적 동물이기 때문이다. 이런 위기 상황 속에서 적응력이 좀 더 빠른지 그렇지 않은지, 현실적 상황에서 한 개개인의 모든 감정, 내면을 다 살펴볼 수 있을 것을 기대한다는 것은 어려운 일이다. 인간은 상호 의존적으로 의지하면서 살아야 하는 것은 맞다. 따라서 위기가 도래했을 때 자아 안에 갇혀 사는 것은 바람직하지 못하다.[64] 아들러의 말처럼 "사회감정이 완전히 결여된 사람은 결코 있을 수 없기[65]"때문이다. 자신이 느끼는 감정이 어떤 것인지를 잘 구분하고 인지하는 사람일수록 감정조절 능력이 뛰어나다. 감정을 인지하는 것은 결국 내부 감각에서 주어지는 정보를 얼마나 정확하고 효율적으로 능동적 추론을 해내느냐에 달려있다.[66]

사회성이 다소 결여된 사람에게 온라인상 소통은 인간의 소통을 도와주는 면이 있다. 어떤 식으로든 자신이 일어서려는 의지를 가지려는 발버둥은 매우 필요하다. 다만 온라인이라는 매개체는 얼굴을 드러내지도, 자기 신분을 드러내지 않는다는 이유로 자기 불만과 화를 해소하기 위해 누군가를 타깃 삼아 공격하는 비도덕적, 비양심적인 사람들이 날로 늘어나

63 상동
64 김송희
65 A·아들러 지음. 김문성 옮김. 『아들러 심리학 입문』, 스타북스, 2014년 번역본 1쇄, 71쪽
66 김주환 지음, 『내면소통』, 인플루엔설, 2023년, 413쪽

고 있다.[67] 지금과 같은 소셜미디어의 규칙 없는 감정 과잉과 감정 폭력이 지속되면 어떤 형태로든 '감정의 문명화 과정'이 일어날 수밖에 없다. 감정의 근대적 자기 강제가 프랑스 혁명에서 시작되었다면 가상공간과 현실 공간이 융합되는 21세기의 '감정혁명'은 한국에서 가장 먼저 일어나게 되어있다.[68] 문명화 과정이란 감정 규칙의 생성과 내면화 과정으로 설명해야 한다는 뜻이다.[69] 따라서 자기방어와 변화를 위한 노력은 여전히 필수적이고, 이에 부응하는 상식과 윤리를 기준으로 법안 마련도 시급하다.[70]

(1) 열등감을 극복한 자기 '개성화(individuation)'

어떠한 사람도 열등하지 않다. 다름을 인정해야 한다. 그러나 모든 사람은 태어날 때부터 기본적으로 열등감을 갖고 있다. 열등감 (complex)은 복합체라는 뜻으로, 무의식 속에서 연합해 있는 감정·사고·기억의 그룹을 뜻한다. 개인의 억압된 경험에서 발생하고, 대부분 어렸을 때 열등감을 어떻게 발달시키는지에 따라 달라진다. 스스로 자신감을 가질 정도로 발전시키면 사회적 관심을 받을 수 있다. 그러나 부족하면 열등감 자체가 되고, 과잉되면 오히려 우월의식으로 드러나 사람들과 불편한 관계로 이어질 수 있다.

---

67 김송희
68 김정운, 『바닷가 작업실에서는 전혀 다른 시간이 흐른다』, 21세기북스, 2019년, 161쪽
69 상동
70 김송희

자기 자신의 내면을 탐색하고 이해하며 자신의 강점은 무엇이고 보완할 점은 무엇인지를 찾아야 한다. '이해하다(알다).'라고 하는 말에는 여러 가지의 의미가 있다. 머리로 이해하는 것도 있는가 하면, 가슴으로 이해하는 것도 있고, 몸 전체로 이해하는 것도 있다. 인간은 나이가 들어감에 따라서 발달과업[71]을 수행하고 그다음은 자신의 내면세계에 대해 이해하고 만나면서 자기 인식을 하고 자기실현 또는 개성화 과정을 지난다. '개성화(individuation)'[72]는 하나의 치유 과정이며, 건강한 사람을 만들어가는 과정이다.

그래서 공자(孔子)는 "나이 50세가 되어 하늘의 뜻을 알고(知天命), 60세가 되면 귀에 거슬리는 것이 없이 들린다는 이순(耳順)이 된다."라고 말했으며, 나이 70세가 되면 '종심소욕불유거(從心所慾不踰矩)'라고 하여 "하고자 하는 바를 하려고 해도 법도를 넘지 않도록 한다"고 했다. 인간의 행복과 자유의 범주도 방종과는 완연히 다른 차원인 것이어서 결국 사회 안의 질서와 윤리, 상식을 넘지 말아야 한다는 것이다. 그러자면 사람들은 일정 부분 직접 대면과 접촉이 필요하다. 뉴노멀의 시대라고 해도 온택트만으로는 인격적 만남이 어렵기 때문이다. 심리 상담 방향은 결국 인간의 문제로 귀의하고 인문학적 관점을 배제할 수 없다.[73]

---

71 발달과업: 심리학에서 쓰는 용어로 학자에 따라 발달 단계를 구분하는데, 발달 단계에 따라 개인이 해야 할 과제가 있다고 한다.
72 개인은 타인과 구별되는 자신만의 고유한 존재로 성장하는데, 융(Carl Gustav Jung)은 이러한 과정을 '개성화'라고 했다.
73 김송희

(2) 상담자와 내담자의 수평적 관계

상담의 이론이나 기법은 매우 다양하다. 모든 개개인에 대한 이론과 기법 및 전략은 인간의 수만큼 존재하고 있다고 볼 수 있다. 한 인간의 행동 양식을 어떻게 이해하느냐의 관점으로 출발해서 개인의 살아온 역사와 환경 그리고 경험들이 타고난 기질과 상호 영향을 주면서 어떻게 형성되어 왔는지를 충분히 이해하는 것이 무엇보다도 중요하다. 그다음으로 상담자가 자신을 충분히 이해한 후에 상담자의 특성이 내담자에게 어떤 영향을 미치는지를 또한 충분히 인지해야 한다. 즉 상담자의 충분한 이해와 내담자의 충분한 이해가 기본적인 조건인 것이다. 상담자와 내담자 각각의 충분한 이해에는 많은 요소가 담겨있다. 능력, 인성, 기질, 가치관 등인데, 이 요소들에 따라 상담의 방향을 달리해야 하기 때문이다.

따라서 앞에서도 얘기한 바와 같이 현 4차 산업혁명 시대에는 상담자와 내담자의 관계는 수직적인 관계가 아니라 철저히 수평적으로 이루어져야 할 필요가 있다. 그 이유는 살아온 삶의 방향성이 다르고 양질이 다르고 의미와 가치가 다르기 때문에 누가 더 우위에 있다고 볼 수는 없는 문제이고, 조언이란 누구도 함부로 할 수 있는 것은 아니기 때문이다.[74]

---

74 김송희

(3) 감사하는 태도

그러자면 내담자는 어떻게 해야 할까? 우울한 감정에 대해서 오픈 마인드로 열어놓아야 한다. 그래야 빨리 치유될 수 있다. 나쁜 일에 대한 기억이나 미래에 대한 걱정은 편도체의 활성화를 가져온다. 편도체는 온몸에 '위기상황'이 발생했음을 알려주는 일종의 경보 시스템과도 같다. 편도체가 활성화되면 신체 여러 부위가 긴장되고 심장박동은 빨라지며, 근육에 혈액이 모여 에너지를 발휘하여 위기를 돌파할 수 있는 상태가 된다. 이러한 몸의 변화를 뇌가 감지하여 능동적 추론을 통해 '불안감'이나 '두려움'이라는 감정을 느끼게 되는 것이다. 결국 부정적 감정은 몸 상태에 관한 해석의 결과라 할 수 있다.[75]

물론 편도체 활성화가 언제나 부정적 감정을 유발하는 것은 아니다. 강한 쾌감이나 흥미를 느낄 때도 편도체는 활성화된다. 그러나 지속적인 편도체 활성화는 대부분 습관적인 부정적 감정 유발과 관련된다. 편도체의 지속적인 활성화 상태는 전전두피질 신경망의 작용을 억제해서 마음 근력을 약화한다. 마음 근력 강화를 위해서는 우선 편도체를 안정화하는 훈련을 통해서 부정적 감정이 유발되는 습관을 잠재우고, 감정 인지 및 감정 조절 능력을 키워야 한다.[76]

신체의 모든 기능을 통제하고 조절하는 것은 뇌다. 물론 그것이 우리가 의식하거나 의도한다는 의미는 아니다. 중추신경계인 뇌와 몸의 각 부위는 부지런히 정보를 주고받지만, 내 의식은 그런 모든 신체 기능에

---

75 김주환, 『내면소통』, 인플루엔셜, 401쪽

76 상동, 401쪽

일일이 관여하지 않는다. 그러한 세세한 신체 작용에까지 다 관여하는 것은 뇌의 입장에서 과부하가 걸리는 비효율적인 일이다. 뇌는 신체 작용의 다양한 불균형 상태를 감정, 느낌, 기분으로 느낄 수 있을 뿐이다. 다시 말해 몸 전체의 작동과정에서 아직 알로스태시스에 도달하지 못했을 경우에 예측오류 일부가 내 의식에 불편함이나 불쾌감 혹은 고통으로 떠오르게 되는 것이다.[77]

감사하기는 편도체 활성도를 낮추고 편도체 활성화가 가져오는 염증 반응도 완화하는 것으로 나타났다.[78] 아플수록 감사하는 마음이 필요하다. '감사'하는 자세는 항우울 작용을 한다. 머리에서 항우울제가 나온다. 행복을 관장하는 세로토닌이 나오고, 동기부여 효과를 주는 도파민이 나온다. 실제로 의학적 데이터에 의하면 '감사'하는 자세를 보이면 뇌에서 반응이 다르게 나타난다. 따라서 '나는 잘하고 있다', '나는 복 받은 사람이다', '나는 가치 있는 사람이다.'라고 다독여주는 것도 매우 필요하다.[79] 우리는 경쟁에서 이기기 위해 사는 게 아니라 성장하기 위해 사는 것이다. 사랑의 절대적 가치를 바라보아야 할 필요가 있다.[80] 실제로 성장과 성숙이 되지 않은 사람에게 인격적 관계가 맺어지지 않는 이유도 여기에 있다.

---

77 상동, 408쪽

78 Hazlett, L. L., Moieni, M., Irwin, M. R., Haltom, K. E. B., Jevtic, I., Meyer, M. L., ⋯ & Eisenberger, N. I. (2021). Exploring neural mechanisms of the health benefits of gratitude in women: A randomized controlled trial. Brain, Behavior, and Immunity. 95, pp. 444~453

79 지나영, '부정적 생각이 자꾸 들 때 긍정적 태도로 바꿔주는 마법의 주문', 「세바시 인생질문」, 2022년 6월 4일

80 지나영, '우울증 낮는 방법 3가지', 유튜브 「김작가 TV」, 2021년 8월 26일

⑷ 항우울감을 위한 햇빛 쬐임과 봉사 활동

만성 질환처럼 우울증인 경우에는 그 상황에서 헤어나오기가 어렵다. 그러나 우선 그 상황을 받아들이고 운동하거나 걷기를 하기 위해 억지로라도 밖으로 나가려는 노력이 필요하다. 지원하는 서포트 그룹을 형성해서 실제로 한 번 겪어봤던 사람을 통해 듣는 것이 어떤 상담사나 의사에게 듣는 것과는 다른 효과를 불러올 수 있다.[81] 가장 먼 거리는 달과 지구까지의 거리도 아니다. 한 인간의 가슴에서 머리까지, 그리고 가슴으로 느끼고 행동으로 옮기는 것까지의 거리가 가장 멀다. 자기 마음을 다잡고 일어서는 일은 다각적인 노력에 의해 가능한 이유다.

물론 불안장애나 우울증에 시달리는 사람은 약간의 움직임도 버겁게 느껴질 수 있다. 그래도 움직여야 한다. 간단한 스트레칭이라도 시작해야 한다. 내부 감각과 고유 감각에 대한 자각 훈련을 통해서 내 몸의 능동적 추론 시스템이 새로운 방식으로 다양한 감각 신호를 처리할 수 있도록 해야 한다. 마음이 아플 때는 무언가 몸을 통한 해결 방안을 찾아야 한다는 뜻이다. 이것이 마음 근력 훈련의 근본 원칙이자 기본적인 방향이다. 몸의 내부 감각을 처리하는 시스템 자체에 변화를 가져와야 한다.[82] 그런 맥락에서 햇빛을 쬐며 산책하는 것은 매우 유익하다. 햇빛을 쬐면 몸에서 도파민이 나와 항우울증 작용을 하기 때문이다.

필자가 경험한 사례지만 신체적으로 병약한 사람들을 도와준다거나

---

81 상동

82 김주환, 『내면소통』, 인플루엔셜, 425쪽

경제적으로 어려운 사람들을 위한 봉사[83]는 삶 안에서 새로운 시각을 주기 때문에 정신건강에 매우 유익하다. 따라서 사회는 봉사라는 단어를 사용하지만, 거꾸로 봉사자가 따뜻한 마음을 선물로 받게 되는 느낌이다. 심약해진 사람에게 최고의 선물은 친절과 따뜻한 마음이며, 그런 마음은 심약해진 사람을 다시 일으켜 세운다.[84]

(5) 명 상

인간은 공감능력이라는 좋은 자질도 있지만, 자기 욕심이나 미움, 분노, 좌절, 질투 등의 부정적인 생각을 자꾸 개입시켜 자기를 통제하지 못하는 경향도 있다. 명상은 이런 마음을 가라앉혀서 현재에 집중하려는 것이다. 의학계에서는 명상이 매우 활성화되고 있다. 통증을 느끼는 환자들에게도 명상은 일종의 진통제 역할이 된다는 점이다.[85]

일단 마음을 어디엔가 집중해서 마음을 가라앉혀야 한다. 나를 구성하는 것은 몸과 마음이다. 마음이란 너무나 복잡하고 미묘해서 처음부터 마음의 움직임을 살피기는 어렵다. 그래서 몸의 움직임에 집중하는 것이다. 10m 간격을 정해놓고 살살 걸어간다. 발바닥에서 마음이 떠나지 않도록 한다. 다른 생각을 하지 않고 발바닥에 집중한다. 왼발 들어

---

83 2001년 중국의 시안(西安) 나병환자촌에 일주일간 봉사를 간 일이 있다. 팔이나 다리가 없는 환자들의 식사를 챙기고 약을 먹이며 옷을 갈아입히는 등의 일은 그들을 위한 봉사라는 말보다 나 자신의 만족도와 행복도를 높여준다는 것을 명확히 보여준 사례다.

84 김송희, '사랑의 눈높이', 유튜브 「송이송이 라디오」 27, 2021년 2월 16일

85 존 카밧진(John Kabat- Zin)의 연구와 저서에서도 많이 인용되고 있다.

밀고 내려놓고를 놓치지 않고 계속한 다음 10초, 20초 쉰다. 그리고 다시 그 훈련을 한다. 처음 시작 때보다 마음이 상당히 가라앉는다. 다음은 배가 부풀었다 꺼졌다에 집중한다. 어떤 사람은 코에 바람이 들어왔다 나갔다 하는 것에 집중한다. 이것을 한 시간 정도 하면 마음이 매우 고요해진다. 집중력이 세밀해진다. 이때 마음의 움직임에 집중하도록 한다. 마음이 트라우마에 얽매이는 등 매우 산란하게 움직인다. 이것을 한 시간쯤 집중하면 현재에 집중하는 힘이 키워지게 된다.[86] 잔잔한 음악을 듣는 것도 명상 집중에 도움이 된다. 이 호흡 조절과 명상에 집중시키는 훈련은 결국 개인적 삶에 있어서 현재에 집중시키도록 이끈다.

(6) 자연과의 일치

이때 인간은 심리치료, 즉 정신역동치료, 인지행동치료(CBT)를 받게 된다. 정신역동치료는 과거의 인간관계가 현재에 미치는 영향을 통찰해 보려는 것이고, 반면 인지행동치료는 현실을 자신에게 해로운 관점으로 보기 때문에 '지금 이곳에서' 우울해진다고 보고 그런 관점을 개선해 보려는 것이다.[87] 깊은 외로움과 고독감이란 어떤 사람, 어떤 행위로도 극복되지 않을 수도 있다. 성격유형이 어떻든 간에 인간이라면

---

86 장성숙, '고통에서 벗어나는 최적의 방법', 유튜브 「장성숙 정신건강 TV」, 2022년 10월 24일 내용을 김송희가 인용
87 린다 개스크 지음, 홍한결 옮김, 『먼저 우울을 말할 용기』, 윌북, 2023년, 25쪽

좌절감과 상실감이나 패배감 등등으로 인해 깊은 고독감에 들어갈 수 있다. 사실 이런 순간에 이르면 누구의 언어나 해석으로도 위로가 되지 않는다.[88]

이때 결코 아무도 들어올 수 없는 자기만의 방 하나씩은 마음 안에 있어야 한다.[89] 자기만의 방이란 물리적인 공간일 뿐 아니라 심리적 공간, 오직 자기만이 자유롭게 지낼 수 있는 '슈필라움(Spielraum)'을 말한다.[90] 자기만의 '슈필라움'이 있어야 우리는 인간으로서의 자존감과 매력을 만들고 품격을 지키며, 제한된 삶을 창조적으로 재구성할 수 있다. 이는 현대인이 나만의 '케렌시아'[91]를 추구하는 트렌드를 해석하는 중요한 키워드이기도 하다.[92] 이런 순간 자연과의 교감을 선택할 수 있는데, 김송희 박사의 「인공지능 시대, '장자'의 행복론」을 참조하도록 한다.

88 김송희
89 버지니아 울프 저, 이미애 옮김, 『자기만의 방』, 민음사, 2018년, 282쪽
90 김송희
91 에스파냐어로 '투우 경기장에서 소가 잠시 쉬면서 숨을 고르는 장소'라는 뜻으로, 자신만의 안식처 또는 피난처를 이르는 말이다.
92 김정운, 『바닷가 작업실에서는 전혀 다른 시간이 흐른다』, 21세기 북스, 2019년, 6쪽

✖ 나가는 글

　　간단하게 정리한 내용 정도로 결론을 내리는 것은 적절하지 않다. 모든 인간은 매일매일 행복해지려고 살아가고 있다. 이 행복은 변화와 성장을 위한 부단한 노력에 의해 이루어진다. 그런데 인간의 삶을 살펴보면 불행해지려고 노력하는 것처럼 보이기도 한다. 불행을 느끼는 것은 여러 가지 원인이 있지만 자기 자신이 할 수 없는 것을 원하거나 자신의 잘못을 남의 탓으로 돌릴 때도 발생할 수 있다. 남 탓을 하면 성장은 어려워진다. 또한 과거의 일들에 대해 해결하지 못하고 그 부분에 매달려 있으면 현재를 놓치게 되는 것이다. 현 상황에서 주도적인 근원은 결국 자기 자신에게 있다.

　　심리상담의 장성숙 교수는 다음과 같이 말하고 있다. "과거의 트라우마나 자기 가정상황보다는 효율적으로 현 상황에서 어떻게 하면 성장할 수 있을지에 초점을 기울이는 노력이 중요하다. 과거의 상황이 토대가 되는 것은 분명 사실이다. 그러나 현재는 과거가 아니다. 현재에서 어떤 점에 노력해야 하는지 그 초점을 기울여야 한다. 이것도 과거로부터 밖으로 나오는 용기를 가져야 한다".[93]

인간은 관계 속에서 변화한다. 건강한 삶을 살아가기 위해 인간관계를 잘 맺는 방법을 배워야 한다. 관계를 망치는 사람들의 사례를 보면 그 원인이 분노에 있는 경우가 많다. 끊임없이 서로를 탓하고 상대가 변화하기를 바라고 있기 때문에 자신들이 수년간 같은 문제로 싸우고 있다는 사실조차 모르는 경우도 많다. 대부분의 사람들이 고민하고 불행한 것은 과거의 문제들이 해결되지 않은 채 현재에도 그대로 같은 패턴을 유지하기 때문이다. 이러한 점을 방지하기 위해서는 그때그때 관계 안에서 풀어가는 것이 좋고, 친구를 사귀기 어려운 사람들은 상담자를 찾아 자기 표현을 하려는 태도와 노력이 필요하다. AI와의 대화도 일정 부분 도움이 된다.

분노라는 것도 사람에 따라 차별화됨을 발견할 수 있다. 어떤 사람은 그것을 자기 발전을 위한 정화와 승화하지만, 어떤 사람은 자기 한계 안에서 부정적인 마인드와 가치 안에 머물러 몇 년 또는 평생을 그 한계 안에서 벗어나지 않는다. 변화한다는 것은 편하게 가만히 있으면서 절로 이루어지는 것이 아니다.[94] 이때 개인별 성격유형과 기질에 대한 이해는 실제 자기 변화를 주도하는 데 매우 도움이 된다. MBTI 유형별로 획일적으로나 정형화된 틀로 성격유형을 분리하여 생각한다는 것은 일정 부분 이해하는 데 도움을 주는 것은 사실이지만, 매우 제한

---

93 장성숙, '인생이 술술 풀리는 운좋은 사람들의 특징', 유튜브 「놀면서 배우는 심리학」, 2022년 7월 24일 내용을 김송희가 인용

94 김송희, '변화한다는 것은(힐링 Play 섹션)', 유튜브 「LAMI 인문과 예술경영연구소」, 2022년 11월

적이고 한계점이 분명 있다. 인간은 자아나 가정과 사회, 다양한 환경에 따라 변화의 소지가 매우 크다.

변화를 야기하는데, 이것은 심리적 상담을 떠나 인간 본질의 문제를 고민해야 하며, 의학, 인문학, 철학 등 모든 학문의 영역을 통합하여 인문학으로의 귀의에서 답을 구해야 할 것이다. 결국 인간은 행복과 자유를 지향하는 까닭이며, 이것은 끊임없는 자기 변화와 승화 안에서만 가능한 이유다.

참조 문헌과 자료

- 김송희, 『세계를 향한 한국교육』 3판, 생각나눔, 2013년
- 김송희, 『코로나 19 이후 장자에게 묻다』, LAMI 인문과 예술경영 연구소, 2020년
- 김상균, 『AI, 인간지능의 시대』, 메가북스, 2024년
- 김주환, 『내면소통』, 인플루엔설, 2023년
- 김정은, 『바닷가 작업실에서는 전혀 다른 시간이 흐른다』, 21세기북스, 2019년
- 린다 개스크 저, 홍한결 역, 『먼저 우울을 말할 용기』, 윌북, 2023년
- 박종삼 외 1인 공역, 『성격유형과 네 가지 영성』, 2001년, 51쪽 참조
- 버지니아 울프 저, 이미애 역, 『자기만의 방』, 민음사, 2018년
- 심혜숙 외 1인, 『성격유형과 삶의 양식』, 1997년, 12쪽 참조
- A. 아들러 지음, 김문성 옮김, 『아들러 심리학 입문』, 스타북스, 2014년 번역본 1쇄
- 알프레드 아들러 지음, 홍혜경 옮김, 『아들러의 인간 이해』, 을유문화사, 2016년
- 안희경, 『오늘부터의 세계』, 메디치 미디어, 2020년
- 에스더 M. 스턴버그 저, 서영조 역, 『공간이 마음을 살린다』, 더퀘스트, 2013년
- 요시 셰피 저, 김효석 외 1인 공역, 『뉴에브노멀(Newabnormal)』, 두루, 2021년

- 제레미 리프킨 저, 안희경 대담, 『오늘부터의 세계』, 메디치 미디어, 2020년
- 제리 카플란 저, 신동숙 역, 『인공지능의 미래』, 한스미디어, 2017년
- 최대환, 『철학자의 음악서재 C#』, 책밥상, 2020년
- 김송희, '『장자』의 행복론', 부산시민대학 특강, 2022년 11월 8일
- 정강엽 신부, '인공지능 시대, 영성의 역할', LAMI 인문과 예술경영 연구소 강의, 2022년 5월
- 장성숙, '고통에서 벗어나는 최적의 방법', 유튜브 「장성숙 정신건강 TV」, 2022년 10월 24일
- 장성숙, '인생이 술술 풀리는 운 좋은 사람들의 특징', 유튜브 「놀면서 배우는 심리학」, 2022년 7월 24일
- 지나영, '존스 홉킨스 정신과 교수가 알려주는 우울증 낫는 방법 3가지', 유튜브 「김작가 TV」, 2021년 8월 26일
- 지나영, '부정적 생각이 자꾸 들 때 긍정적 태도 바꿔주는 마법의 주문', 『세바시 인생질문』, 2022년 6월 4일

변화란 치열한 고민과 파괴적 혁신을 이루려는 강렬한 의지 안에서만 가능하다. 치열하게 변화하려는 의지와 파괴적 혁신 이후에 무언가 이루어져 가는 뿌듯함과 공로가 인정되어 갈 때 비울 줄 아는 자세 안에서만 가능하다. 그것은 타인의 시선이 두려워서가 아니다.

자신에 대해선 하늘의 마음을 닮아있는 자기 양심(良心)으로 회귀하려는 인간의 본성이 가장 인간적이고 가장 자연스러운 인간의 모습인 까닭이다.

 그리고 그때서야 비로소 인간은 자유로움을 느끼고 행복할 수 있다.

PART 2

인공지능 시대의
철학 및 예술의 이해

In the era of artificial intelligence
Understanding philosophy and art

김송희, 서동희

인공지능의 시대, 『장자』의 행복론

김송희[95]

• • •

들어가는 글

1) 일장춘몽(一場春夢)의 삶, 죽음을 기억하라

2) 인간의 존재적 가치, 생명 의식에 집중하라.

3) 변화를 통한 성장과 승화

4) 경쟁을 거부하고, 자아를 실현하다.

5) 복종을 거부하고, 덕(德)을 실천하라

6) 시비를 내려놓고 자기(自己) 들여다보기

7) 내면을 향한 몰입, 천일합일의 경지

나가는 글

95 베이징대 중국고전문학 박사, LAMI 인문과 예술 경영연구소 소장

✖ 들어가는 글

　　『장자(莊子)』[96]는 생명철학을 기초로 후대 중국의 철학적
영역은 물론 문학과 예술적 영역에도 깊은 영향을 미쳤다. 그 안에 '복
(福)'이란 단어를 사용한 내용은 있어도[97] 행복론 자체에 대한 얘기가
거론되는 것은 아니다. 그럼에도 필자가 『장자』를 통해 본 인간의 행복
에 대해 거론하게 된 이유는 무엇일까? 동서고금 어떤 제도, 체제, 사
상과 신념이 함께하고, 어떤 시대를 살아가든 인간은 행복과 자유를
추구하고 집중한다. 그 행복과 자유란 한 개인의 의지와 철학만으로
누리기는 어려울 수 있다. 시대적 이슈나 체제와 제도, 사상과 이념 등
이 한 개인의 자유를 지배할 수 있는 까닭이다. 물론 행복에 대한 사

---

96 『장자』는 크게 내(內), 외(外), 잡(雜)편 3개의 편으로 나뉜다. 그 가운데 외편과 잡편은 장자의
　　제자들이 편집한 내용이라고 보고 있다. 즉 순수하게 장자, 장주(莊周)가 집필했다고 보는 내용
　　은 『장자 내편』의 내용으로 보고 있다. 필자는 내, 외, 잡편을 모두 다루는 『장자』 전체서의 내
　　용을 언급하고자 한다.
97 「인간세(人間世)」에서 "복은 깃털처럼 가볍지만…."이라고 언급하고 있다.

유 방식은 사람에 따라 다르고 동·서양의 사고가 다른 면이 있다.

그렇다면 필자가 4차 산업혁명 시대에 장자가 살았던 시대와 연결시켜 사고하는 이유는 무엇일까? 춘추전국시대의 혼란스런 모습과 4차 산업혁명의 이 시대는 서로 유사한 부분이 있으며, 또한 『장자』가 보여주었던 삶의 철학은 분명 지금의 디지털 시대에 어떻게 살아야 할 것인지 지표가 되는 부분이 많기 때문이다.

중국 고전, 『장자』의 행복론을 거론하기 전에 그 시대와 사상적 배경에 대해서 먼저 언지할 필요가 있겠다. 첫째, 『장자』는 노자(老子)와 함께 도가사상(道家思想), 도가철학(道家哲學)의 핵심서, 핵심 인물로 거론된다. 그런데 노자는 '어떻게 다스릴 것인가'에 더 집중한 정치가라고 볼 수 있는 데 비해서, 장자는 '인간이 어떻게 살아가야 할 것인가?' 그 철학적 신념에 집중했던 인물이라고 볼 수 있다.

장자는 호의호식하고 세상의 고위관직을 누렸던 인물이 아니다. 말단직을 아주 잠깐 가졌다가 그나마도 일찌감치 물러섰던 인물이다. 공자와는 완연히 다른 성향을 가졌던 인물이다. 그는 군주가 군주답지 못할 때 간신배가 들끓고 시정잡배가 난무한 세상, 그런 세상에 똑같이 섞여서 자신도 그렇게 오염되어서는 안 된다고 생각했던 인물이다. 그래서 벼슬이나 명예, 권력에 초연했다. 즉 무엇을 먹고 입을까, 어떤 곳에서 살 것인가, 어떻게 누릴 것인가에 관심을 가진 인물이 전혀 아니다. 그렇다고 해서 사변적이거나 철학에만 사로잡혀 탁상공론을 일삼았다는 말도 아니다.

그는 철학자였지만 과학자기도 했다. 이것은 그의 상상력이 황당무계한 것만 같아도 과학적 합리성이나 합리적 기대를 근거로 스토리를 풀어갔음을 의미한다.

둘째, 장자가 살았던 시대는 천하태평 시대가 아니다. 사회가 매우 혼란하고 전쟁이 일삼아지는, 바로 옆에서 사람이 죽어가는 시신을 보고 폭군이 난무한 그런 시대였다. 그뿐만이 아니다. 말 한마디 잘못하면 사람의 생명이 한순간에 스러지고 마는 그런 세상이었다. 한없이 우울하고 어둡고 괴롭고 쓸쓸할, 그런 세상을 살았다. 그러니 장자가 살았던 시대는 우리가 행복이란 것을 거론한다는 자체가 어불성설일 수도 있는 시대였다.

셋째, 춘추전국시대는 매우 혼란했고, 나라가 혼란해질수록 다양한 사상이 공존하였던 제자백가의 시대였다. 변화무쌍한 변혁의 시대였고, 혁신의 시대였다. 이 혼란스러운 배경에서 장자는 시대에 대한 관심도, 통찰도 없이 모든 것을 부정하고 살았던 인물일까? 결코 그렇지 않다.

시대적 상황을 정확히 관망하고 있었고, 그런 혹한(酷寒)의 세상에서 인간이 어떻게 살아야 할지 '인간' 자체에 집중했던 인물이다. 지극히 정형화된 사고를 뒤집어버리는 사고에서 출발하고 귀의한다. 장자가 시종일관 『장자』에서 거론한 것은 이 어지럽고 혼란한 세상에서 어떻게 정신적으로 해방되어 살 것인지, 어떤 제도나 체제에 구속되지 않고 자유롭게 살 것인지, 또 우리의 생명이 얼마나 소중한가, 어떤 생명의식으로 살아야 하는가에 집중했던 인물이다. 『장자』를 생명철학이라고 보는 이유도 여기에 있다. 『장자』는 '행복'은 삶의 목표로 제한하는 것이 아니라 삶의 순간순간 누려야 할 본질이라는 것을 강조하고 있다.

넷째, 장자가 사물을 보고 사고하는 근거와 기준이 결코 수직적인 관계로 보지 않았다. 우리 인간 사회는 민주주의든 공산주의든, 혹은 사회주의든 알게 모르게 수직적인 관계로 이어지고, 특히 장자가 살았던 춘추전국시대에는 말할 것도 없다. 수직적 관계처럼 사람을 통제하기 쉬운 관계성이란 것도 없으며, 사람 자체에 집중하기보다 사회적 지위나 권력 구도에 의존하는 것도 없을 것이다. 장자는 이러한 측면에서 수평적인 관계를 중시한다. 장자는 획일화되거나 정형화된 사고와 완연히 다른 가치의 사고를 제시한 인물이다. 따라서 『장자』서에는 잘나가는 사람, 잘생긴 외모, 명예나 권력의 소유자를 앞세우지 않았다. 흉물스러운 외모의 소유자나 장애인과 같이 소외되고 외면받는 사람을 통해 인품과 덕망을 부각시켜 그들을 롤모델처럼 내세운다. 모든 인간에 대해 겸허한 자세를 취했고, 결코 오만하지 않았던 인물이다.

그가 살았던 처절한 세상, 변화무쌍한 시대적 상황 속에서 그는 '인간' 그 자체에 집중할 수 있었고, 그가 사람을 바라보는 시각이 수평적일 수 있었다는 것은 실로 놀라운 일이 아닐 수 없다. 몇천 년이 지난 지금까지도 많은 사람이 읽고, 사랑받는 이유가 바로 여기에 있다.

위 몇 가지 특징으로 미루어보아 도대체 『장자』에서 행복을 발견하기란 어려울 일이다. 그러나 장자는 황당무계하고 무궁무진한 상상력을 도모하고, 기괴한 해학을 펼친다. 그의 필체는 매우 자유로우면서 인간의 정곡을 콕콕 집어낸다. 무엇보다 유머스러움을 잊지 않고 있다. 동시에 그의 언어는 화려하거나 기술적인 기법에 매달리지 않는다. 인간의 내면세계를 가득 채워주는 독특한 화법으로 독자를 매혹시키고 끝까지 몰입시킨다. 그는 광인(狂人)의 상징처럼도 불리지만, 현실을 예리하고 정확하게 보고 그것을 유머와 해학으로 둔갑시켜 그 속에 감추어진 깊은 뜻을 표출하고 있다. 마침내 모든 독자가 두 손을 들고 항복하게 만든 이유다. 이렇게 완전한 문장이 있단 말일까? 이렇게 완전한 인생 철학이 있단 말인가? 이쯤이면 필자가 인공지능의 시대에 왜 『장자』의 행복론을 거론하고자 했는지 독자들의 이해가 충분하리라 생각된다.

1) 일장춘몽(一場春夢)의 삶,
   죽음을 기억하라

『장자』는 한마디로 자유정신의 발현이다. 그 자유정신은 「소요유(逍遙遊)」에 가장 잘 나타나 있다.[98] 장자의 인생 철학의 요지는 이 괴로운 인생의 허덕임 속에서 어떻게 빠져나올 것인가의 문제이며, 인간의 근본적 자유를 어떻게 회복시킬 것인가의 문제였다. 즉 장자가 말하고 있는 핵심은 '인간'의 문제였다. 인간의 몸과 마음에 대한 문제는 결국 인격의식과 정신적 자유의 문제로 돌아가게 되는데, 이것은 장자 철학의 핵심이기도 하다.[99]

『장자』의 제1장인 「소요유(逍遙遊)」는 정신이 해방됨에 따라 자유로운 활동의 상태를 얻게 된다는 사실을 형용하고 있다. 장자는 그 자유로운 해방의 경지를 상징적으로 '노닐 유(遊)' 자를 써서 표현하고 있다. 장자

---

98 김송희, 『박세당 「남화경주해, 소요유(南華經註解. 逍遙遊) 편」 연구』, 숙명여자대학교 대학원 석사학위 논문. 1989년 6월, 23쪽
99 졸고, 「張衡 賦와 '莊子'」, 『중국문화연구』 7집, 2005년 12월

가 바라보는 것은 바로 '홀로 천지정신과 왕래하되 만물을 부정하지 않고 시비(是非)를 가리지 않으면서 세속과 함께하는 것'이다. 이것은 장자가 말하는 절대적 자유임과 동시에 절대적 행복의 경지를 의미한다.

필자는 자유와 행복에 대해 얘기하기 위해서 『장자』가 말하는 '죽음'에 대해 먼저 이해해야 할 필요가 있다고 본다. 최근 우리의 주변을 보아도 불과 2022년 여름 폭우로 인해 사람들이 한순간에 맨홀에 빠져 죽는 사고가 발생하는가 하면, 2022년 10월 핼러윈데이를 즐기려던 청년들이 이태원에서 발생한 압사 사고로 순식간에 사라져 갔다. 찰나의 사건들인 것을 보면 죽음은 삶과 매우 밀착되어 있다는 것을 실감하게 된다. 도대체 우주로 여행을 가는 21세기 최첨단 과학 시대의 일이라고는 믿기지 않는다. 처참한 심경이 드는 사고였지만, 이런 일은 누구든 예외 없이 언제든지 발생할 수 있다는 것을 시사해 주었다.

춘추전국시대에 참혹한 죽음이 삶의 바로 옆에서 일어나는 것을 직면하면서 장자는 인생이란 일장춘몽(一場春夢)[100]이란 것을 직시했다. 한 바탕 봄날의 꿈처럼 사라지고 마는 것이 인생이라는 것이다. 그뿐만이 아니다. 그는 삶과 죽음을 한 점 선상에 놓고 사유한다. 살펴보자. "장자의 아내가 죽었다. 장자는 동이를 치고 노래를 부른다. 장자의 친구가 말한다. '어떻게 자네는 이 순간에 이럴 수가 있단 말인가?' 장자가 말한다. '슬프지 않은 것이 아니라 죽음은 봄이 오면 여름이 오고 여름이 지나고 나면 가을이 오고 가을이 가고 나면 겨울이 오는 것과 같은 것일세'".[101]

---

100 일장춘몽(一場春夢): 봄날의 꿈처럼 짧은 인생을 표현하는 말인데, 『장자』에서 처음 나온 말이다.
101 『장자·지락(莊子·至樂) 편』

장자는 죽음과 관련하여 두 가지를 시사하고 있다. 하나는 인생을 한바탕 봄날의 꿈처럼 짧다는 '일장춘몽(一場春夢)'이며, 또 다른 하나는 죽음을 자연 순리에 비견하는 것이다. 장자가 말한 내용 중 "슬프지 않은 것이 아니라"는 말과 4계절이라는 자연 순리를 따라야 함에 대해서 생각해 볼 필요가 있다. 전쟁 중에 시체가 난무하던 세상을 살아내고 바라보고 견뎌내야 했던 장자, 아니 하소연조차 할 수 없는 참혹한 시대에 오히려 처연해야 했던 장자. 그는 삶과 죽음의 문제에 대해서 끊임없이 사고하고 사유하고 침묵해야 했을 것이다. 특히 사람이 태어나서 자연의 순리처럼 사라지고 소멸하는 것이 아니라, 어느 날 멀쩡히 살아있던 사람이 굶어서 죽거나 예리한 칼날에 찔려서 죽는 모습을 바라봐야 할 시대다. 이때 인간의 존엄성을 생각한다는 것이 가능하기나 한 일일까? 오히려 하찮고 보잘것없는 미물로 사라져 가는 것을 바라보는 상태다. 이루 말할 수 없는 고통으로 바라보고 인내해야 했던 세상, 『장자』는 오히려 자연의 순리, 순명을 얘기하고 있다. "슬프지 않은 것이 아니라"라는 말과 함께 말이다.

따라서 장자가 말하는 '정(情)'은 확실히 자신에게 던져진 상황과 현실들을 순순히 받아들이고 따른다는 것에 의미 부여를 한다. 타이완(臺灣) 학자 황진홍(黃錦鋐)은 『장자와 문학』 중에서 "장자는 감정을 초월하였는데, 감정을 초월한다는 것은 무정(無情)하다는 것을 의미하지 않는다. 또한 어떠한 개인의 감정에 묶이는 것이 아니라, 오히려 천지간의 지극한 정, 곧 지정(至情)을 말하는 것이다. 그는 천지간의 각종 물체에 대해서, 생명이 있든 생명이 없든 모든 것에 감정을 일으켰다. 무정한 것처럼 보이지만 사실은, 지극한 정이 있는 것이다."

라고 서술하고 있는데, 이것은 곧 장자가 바라보는 '정(情)'에 관한 핵심이라고 본다.[102]

『성서』에서 예수님이 십자가에 매달려 죽기까지 성모님이 동행했던 사건과 연결시켜 생각해 보자. 채찍질 당하며 골고타 언덕에 오르고 십자가에 못 박혀 매달리기까지 예수의 어머니 성모님께서는 동행하였다. 그 심경이 어떠했을지 그 처절함은 이미 말로 표현이 불가하다. 영화 「패션 오브 더 크라이스트(Passion of the Christ)」를 보면 예수가 십자가에서 못 박히는 고통으로 절규할 때 그 어머니는 안간힘 쓰며 흙을 움켜쥐며 그 처절함을 함께한다. 그런 심경은 '아픈 것일까? 쓰라린 것일까?'를 묻는 모성(母性)이란 있을 수 없다. 그런 성모님이 아들의 죽음을 마주하고 홀로 자신의 어두운 방에 쪼그리고 앉아있는 모습을 상상할 수 있겠는가? 가톨릭교에서 성모마리아를 신앙의 롤모델로 삼고 있는 이유가 아들의 죽음 앞에서 그 애끓는 어미의 심경을 침묵으로 일관했다는 데 있을 것이다.[103] 장자가 말하는 '무정(無情)'이란 정을 느낄 수 없는 것이 아니라 '지정(至情)'을 말하는 것인데, 성모님의 심경, 그 경지와 유사하다고 할 것이다.

그런데 죽음이란 것이 늘상 삶의 곁에서 일어나고 있는 피비린내 나는 전쟁터에서라면 인간의 심경은 어떠했을까? 장자가 살아낸 시대가 그랬다. 삶과 죽음이 늘 함께하고 있었다. 『장자』에서 말하는 순응, 수용, 자연스러운 흐름을 좇는 것은 순순하고 편안하게 몸과 맘을 맡기는 것이라고 한다. 과연 그 시대에 그런 순응과 수용에 이르는 것이 순순하고 편

---

102 졸고, 「張衡 賦와 '莊子'」, 『중국문화연구』 7집, 2005년 12월
103 Michael Ivans S·J, 『Understang the Spritual Exercise』, Gracewing, 1998년

안하기만 한 일이었을까? 우울함의 극치였을 것이다. 처절한 내면적 전쟁이 있었을 것이다. 심장이 파괴될 것만 같은 극도의 아픔을 견디고 견디다 결국 마모되어 처연해질 수밖에 없는 경지일 것이다. 순응, 수용이란 긍정적으로만 보이지만 그것은 몸부림치도록 괴롭고 통절한 부정과 아픔, 고통이 수반되는 과정을 거치고 나서야 가능한 것을 의미한다.

그렇다면 『장자』는 어떻게 죽음에 대해서 자연스럽게 받아들이고 수용할 수 있었을까? 또 어떻게 긍정적으로 승화시킬 수 있었을까? 『장자·지락(莊子·至樂) 편』에서는 "사람의 삶과 죽음은 한 점 선상에 놓여있으며, 죽는다는 것은 휴식과 같다"고 말하고 있다. 필자가 행복에 대해 언급하기 전에 죽음을 먼저 거론한 이유는 무엇일까? 죽음에 대해 철저히 사고하고 나면 인간은 너무나 절박하게 삶에서 가장 중요한 것이 무엇인지 그 자세가 비로소 달라진다는 점 때문일 것이다.

사람들은 삶의 한가운데서 사물이든 사람이든 마음을 담는다. 그리고 소유하려고 한다. 소유욕이 지나치면 집착하고 움켜쥐려 한다. 욕망과 집착이 사람들의 영혼과 육체를 얼마나 힘들고 지치게 만드는가? 죽음에 이르고 나면 이 세상이란 무대에서 움켜쥐던 모든 감정은 아무 것도 아니지 않은가? 장자철학은 이 세상 안에서 무엇을 얻고 얻지 못하는 것에 매여 자기 영혼을 노예화할 필요가 없다고 제시한다.[104] 겉치장이나 과욕에 매몰되어 살 필요가 없으며 간결하고 소박한 삶의 여유, 그것이 행복의 기초라는 것이다.

장자는 이런 세상을 향해 「제물론(齊物論) 편」에서 다음과 같이 말하고 있다. "평생을 고생만 해도 그 성공을 보지 못하고, 지치고 시달려

---

104 졸고, 『세계를 향한 한국교육』, 294쪽

서 어디로 돌아갈 바를 모르고 있으니, 슬픈 일이 아닌가". 장자는 우리의 삶이 얼마나 고단한가에 대해서 동정과 연민을 깊이 드러낸다. 필자는 앞서 장자가 그의 아내의 죽음에 직면하여서 "슬프지 않은 것이 아니라"라는 심리적 상태에 대해서 설명하였다. 이 구절은 바로 장자가 인생 자체의 무게와 아픔을 통절히 느끼고 있고, 그 삶의 무게와 고통은 너나 구별이 없이 누구에게나 오는 것이어서 내 인생과 삶에 대해서만이 아니라 모든 인간의 삶에 대해서 연민을 느끼고 있다. 측은지심(惻隱之心)이라고도 볼 수 있는데, 이것이야말로 사람과 사람 간의 경계와 차별을 드러내지 않는 출발점이고, 인간의 단절과 고립을 해방시켜주는 정서적 표현이라고 할 수 있다. 인간이 인공지능과 차별화되는 이유고, 자신보다 열등하다고 생각되는 인간의 인격을 쉽게 무시하고 사는 사람들과도 차별화되는 이유다.

그렇다면 『장자』나 장자는 죽음을 찬미했던 것일까? 다 비우고 가만히 정체되어 매사에 소극적으로 멍하니 그렇게 사는 삶을 말했던 것인가? 결코 그렇지 않다. 『장자』를 읽어보면 구석구석 아주 깊은 내공을 갖기까지의 처절한 몸부림이 동반되었다는 것을 느낄 수가 있다. 장자는 죽음을 부정적으로만 바라보지 말고 긍정적인 시선으로 보고 순리로 보자는 것이다. 오히려 인간의 유한적인 삶을 살면서 부질없는 것들에 너무 마음을 빼앗기지 말자는 것이다. 그렇다고 현대인들이 행복을 지나치게 강조하면서 행복을 강요하는 것처럼 보이는 삶의 태도를 말하지도 않는다.

2) 인간의 존재적 가치,
생명의식에 집중하라

　　　　그렇다면 도대체 왜 살아야 하는 것일까? 전쟁의 혼란 속에서도 지도자들의 노예 취급 속에서도 인간은 살아야 했다. 마치 하루아침에 벌레만도 못하게 스러지고 마는 세상에서 인간이 어떻게 존재적 가치를 느끼면서 살아야 한단 말일까? 삶의 이유는 무엇인가? 신을 믿는 이들에게 던져지는 가장 큰 질문 중 하나를 다시 던져보자. 도대체 신은 존재하기나 하는 것일까? 하버드대 심리학 교수 고든 W·올포트는 말했다. "만약 삶에 목적이 있다면 시련과 죽음에도 반드시 목적이 있을 것이다. 하지만 어느 누구도 그 목적이 무엇인지 말해 줄 수 없다. 각자가 스스로 찾아야 한다".

　아인슈비츠 수용소에서 생사의 위기 속에서 끝내 살아낸 빅터 프랭클(Victor E. Frankl)은 이렇게 말했다. "수용소 밖에 있던 사람들은 당시 수감자 사이에서 벌어졌던 생존을 위한 치열한 싸움이 무엇을 의미하는지 전혀 모른다. 그것은 일용할 양식과 목숨 자체를 위한 투쟁이자 자기 자신과 사랑하는 친구를 구하려는 피비린내 나는 투쟁이었다".
장자가 생명의식에 집중했던 이유도 여기에 있을 것이다.

또 하나, 우리는 행복하기를 바란다. 자유를 갈망한다. 선과 악을 구별하는 정의로움을 희구한다. 우리의 행복을 보증하는 무언가를 가지기 위해서 우리는 삶의 목표를 세운다. 매우 긍정적이고 당연한 일이다. 사회적인 지위, 명예, 부와 권력, 외적으로 내세울 만한 많은 것들이 곧 행복의 조건이라고 생각한다. 일정 부분 틀린 말은 아니다. '만일 우리가 그것을 소유할 수 없다면 어떻게 삶을 즐길 수 있겠나?'라고 생각하기도 한다.

그러나 쾌락은 어떤 행위의 부산물이자 파생물로 얻어지는 것이고, 또 그렇게 얻어져야만 한다. 그것 자체가 목적이 되면, 그것은 파괴되고 망가진다.[105] 인간의 주된 관심이 쾌락을 얻거나 고통을 피하는 데 있는 것이 아니라 삶에서 어떤 의미를 찾는 데 있다는 것은 로고테라피의 기본 신조 중 하나다. 도저히 피할 수 없는 운명과 마주쳤을 때도 삶의 의미를 찾을 수 있다는 사실을 잊어서는 안 된다. 왜일까? 유일한 인간의 잠재력이 최고조에 달하는 것을 볼 수 있기 때문이다. 잠재력은 한 개인의 비극을 승리로 만들고, 곤경을 인간적 성취로 바꾸어 놓는다.[106]

'인간이 인간의 형체만 갖추었다고 해서' 인간으로 살았다고 할 수 있을까? 『21세기 세계 전략』에서는 "인간은 아직도 인간인가?"라는 질문

---

105 빅터 프랭클 지음. 이시형 옮김. 『빅터 프랭클의 죽음의 수용소에서』, 181쪽
106 상동, 168쪽

을 던지고 있는데, 우리는 이 질문의 의미를 깊이 새겨볼 필요가 있다.

　장자는 "물고기는 물고기처럼, 새는 날아다니는 새처럼" 사는 것이 자연의 순응이라고 말한다. 우리 인간의 시선은 어항 안에 있는 물고기도 물고기고, 새장 안에 갇혀있는 새도 새라고 인지하고 있다. 즉 형체만 그 모양을 하고 있다는 것도 생명체라는 의미에선 매우 소중하다. 그러나 영적으로 피폐해진 채 그 형체만을 갖추었다고 해서 새가 새답고, 물고기가 물고기답다고 볼 수 있는 것은 아니다. 인간의 행복이란 단순히 쾌락과 즐거움에 있지 않고 성장과 성숙을 기반으로 했을 때 완전해 가는 것이며, 그것은 반드시 영성과 감성을 동반하지 않을 수 없는 문제다. 4차 산업혁명 시대인 지금 인공지능과 인간의 지능을 차별화시켜 생각할 수 있는 문제가 바로 여기에 있다고 할 것이다.

　언젠가부터 법망에만 부합시켜 사고하는 인식, 그리고 공무에 대해 말실수라도 하면 큰일 난다는 생각으로 메뉴얼대로 혹은 기본 원칙대로만 말하며 사람들의 생각을 주고받는다면 그것이 인간적인 모습을 담았다고 할 수 있는가? 이런 메뉴얼대로의 대화라면 오히려 인공지능이 대행하는 것이 맞다. 챗 GPT가 풀어내는 지적 능력의 뛰어남이 인간적 매력을 느끼는 문제와 별개가 아니던가? 깊은 내면적 소통은 피하고 오로지 골격과 핵심 몇 가지만 나누어 산다면 다른 문제지만 말이다. 그러나 인간은 감정과 감성, 영성을 매우 중시한다. 그것이 채워지지 않았을 때 동물적 본성으로 돌변하기도 하는 것이 또 인간의 무섭고 섬뜩한 날카로움이기도 하다. 21세기 신자유주의를 넘어 4차 산업혁명 시대에 자주 드러나는 문제이고, 그래서 20세기를 살았던 사람들이 그 시대 그 시절을 그리워하는 이유다.

『장자』는 생명의 가치를 사회가 주는 관념과 도덕적 가치 기준보다 우위에 두고 중시한다. 생명철학이란 단순히 삶과 죽음에 대한 중요성만을 제시하는 것이 아니라, 인간이 살아가는 인생 여정에 있어서 어떻게 해야 삶의 구속도 받지 않고 인간의 내면이 자유로울 수 있는지를 제시하는 학설이다. 그 자유로움이란 긍정적이고 수용적인 사고를 포함하는 것을 의미한다.

살아있다는 것은 생명이란 단어와 통한다. 살아있는 한 자유롭고 행복하게 살고자 하는 것은 인간의 가장 기본적인 욕망이다. 중국의 철학은 오랜 역사를 거쳐 오면서 다양한 사상과 신념, 가치를 제시하고 있다. 인간의 절대적 자유를 말했던 장자에게서 생명의식을 살펴보자. "생명의식이란 현실생활 중에 느끼는 고민이나 우울한 비애감 안에 갇혀있는 심적 상태를 말하는 것이 아니다. 삶과 죽음을 체험해야 하는 가운데 인간의 존엄성과 가치 그 특별한 심적 상태로 승화하는 것을 의미한다[107]". 이러한 맥락에서 살펴보면 장자의 행복론은 생명의식을 반드시 내재시켜야 함을 말한다고 할 것이다.

좀 더 설명해 보자. 인간이 세속을 떠나 살 수는 없다. 세상의 즐거움과 쾌락, 슬픔과 외로움을 떠날 수도 없다. 그러나 장자는 성장과 성숙을 외면한 쾌락과 즐거움을 행복이라고 말하지 않는다. 서복관(徐復觀)의 『중국예술정신(中國藝術精神)』에서는 다음과 같이 말하고 있다. "노자와 장자는 당시 귀족 문화의 부패로부터 나온 허위, 사치, 가식의 폐단을 바로잡고, 세속의 경박한 미(美)를 부정하고, 세속의 감각적 즐거

---

107 졸고, 「'莊子'與漢代文學」, 北京大學博士學位論文, 2003년 6월, 47쪽의 내용을 졸고, 「'장자'의 리더십으로 통찰하는 21세기 세계화와 다문화의 이슈」, 『중국문화연구』 34집, 2016년 11월, 173쪽 재인용

움을 부정하였다"[108]. 하늘의 섭리를 따르고 순명하자는 이유도 여기에 있을 것이다.

「양생주(養生主) 편」에서는 "나의 삶에는 끝이 있으나 앎에는 끝이 없다. 끝이 있는 것으로써 끝이 없는 것을 좇음은 위태롭다. … 좋은 일을 하더라도 명예를 가까이하지 말고, 악한 일을 하더라도 형벌을 가까이하지 마라. 어느 쪽에도 치우치지 않고, 그로써 상도(常道)로 삼도록 하라."라고 하였는데, 목숨이 위태로울 수 있던 시대에 자기 생명을 보존하는 일이 얼마나 중요한 것인지 강조하고 있다. 이때 생명이란 명예나 권력, 사사로운 감정보다 우위에 두어야 함을 동시에 강조한 것이다.

---

108 徐復觀, 『중국예술정신(中國藝術精神)』, 『徐復觀先生全集』 4, 臺灣學生書局, 1984년

3) '변화'를 통한
성장과 승화

       인간이 자유를 얻고 행복을 얻으려면 필연적 과정이 '변화'다. 『장자·소요유(莊子·逍遙游) 편』에서는 변화의 과정을 다음과 같이 설명하고 있다. 이 뜻을 풀이하면 "북명(北溟)이란 곳에 물고기가 있다. 그 이름을 곤(鯤)이라고 한다. 곤의 크기가 몇천 리나 되는지 알지 못하는데, 그것이 변해서 새가 된다. 그 이름은 붕이라고 한다. 붕(鵬)의 등이 몇천 리인지 알지 못하는데, 노하여 날면 그 날개가 마치 하늘의 구름을 드리운 것만 같다".

  여기서 변화 '화(化)' 자에 주목할 필요가 있다. '곤(鯤)'이라는 물고기가 변하여 붕새가 되었다는 것에 매우 큰 의미를 부여한다. 이 '화(化)' 자는 변화한다는 의미 이외에 승화의 의미가 있다. 변화는 평면적인 전환, 수평적인 전환이지만, 승화는 위를 향해 끌어올리는 성장을 의미한다. 형이하의 어류로부터 탈바꿈해서 하늘을 나는 조류가 되는 이 완전함은 곧 승화작용이다. 곤이 붕새로 변화한다는 말은 물리적 현상으로는 그런 사례가 없다. 이것은 단지 우언(寓言)이지만, 이 스토리텔링에 담긴 뜻은 자유의 세계에 도달하기 위해서 인간은 엄청난 변신을 시도해야 한다는 것을 의미한다. 장자는 이 '변화 화' 자의 의미를 통해서 딱딱하게 굳거나 정형화된 틀을 탈피하고 정신적 해방을 말하고 있다.[109]

헤르만 헷세의 『데미안』에도 이와 유사한 글이 보인다. 고민과 번뇌하는 인간이 성장하는 진통과 통증의 과정을 "새는 투쟁해서 싸워서 알을 까고 나온다. 태어나려는 자는 먼저 한 세계를 파괴해야 한다. 새는 신에게로 날아간다."라는 말로 대신하는 구절이 곧 그렇다.[110]

그렇다면 변화란 저절로 찾아오는 것인가? 변화는 통상 위기 속에서 특히 가능하며 처절하게 전쟁 같은 위기와 어려움, 결핍을 동반하는 고통과 더불어 오는 경우가 많다. 변화를 위해 도전할 때 나는 '어떻게 그것이 가능한가?'라는 정형화된 사고의 틀을 깨야 한다. 이미 정해진 사회적 중력을 견뎌내야 한다는 것은 결코 만만한 일이 아니다. 변화는 다수의 편벽된 사고와 시각에 둘러싸여 있기 때문이다. 따라서 이러한 사고는 인간의 도전을 한계 짓게 하거나 움츠러들게 한다. 만일 편벽된 사고와 정형화된 틀에 갇혀있었다면 일론 머스크가 우주 항공을 꿈꾸고 실현하는 일은 불가능했을 것이다.

일론 머스크(Elon Musk)에게 최악의 해였던 2008년은 그의 후퇴 없는 결연함을 보여주는 대표적인 사례다. 그 해 스페이스 엑스 펠컨 1호 로켓은 세 번 연속으로 발사에 실패했다. 테슬라는 매일 10만 달러

---

109 졸고, 『박세당 「남화경주해·소요유편」』연구, 19쪽의 내용을 졸고, 『코로나 19 이후 「장자」에게 묻다』, 129쪽에 재인용

110 김송희, '변화한다는 것은(힐링 play 섹션), 유튜브 「LAMI 인문과예술경영연구소」, 2022년 12월

의 손실이 나 거의 파산 직전이었다. 1,000대나 로드스터의 예약이 밀려있었지만, 생산과 품질 문제로 고객에 인도되는 차량은 고작 50대에 불과했다. 하지만 머스크는 그해 12월 23일에 NASA(미항공우주국)와 2016년까지 국제우주정거장에 12번의 화물 수송을 수송해 주고 16억 달러를 지원받는 계약을 체결해 극적으로 생존에 성공했다. 그 계약이 없었다면 지금의 머스크는 없었을 것이다. 하지만 그때부터 머스크와 스페이스 엑스는 심각한 기술 차질을 반복하면서도 거친 모험을 멈추지 않았다.[111] 그는 헛된 꿈을 꾸는 사기꾼이라는 말을 수없이 들어가며 단계별로 혁신을 이루어 갔고, 결과물을 하나하나 성과로 보여주었다. 「소요유(逍遙遊) 편」에서 참새들이 붕새를 비웃는 사례도 우물 안의 개구리, 정중지와(井中之蛙)와 같이 살아가는 사람들의 언어와 모순을 지적하기 위한 것이다. 일론 머스크는 요즘 기업 경영자 가운데 MBA 출신이 너무 많다고 비판했다. 제품과 서비스 자체에 더 비중을 높이고, 이사회 미팅이나 재무에 들이는 시간을 줄여야 한다고 강조한 것도 4차 산업혁명 시대의 기업 코드다.

새 중에서 최고로 권위를 가진 독수리를 살펴보자. 그 독수리는 다른 종류의 새들과 완연히 다른 점이 있다. 독수리가 40년을 살고 나면 자기 온몸을 벼랑, 절벽 끝에 사력을 다해 부딪친다. 그뿐만이 아니라 자기 온몸의 털을 스스로 다 뜯어낸다고 한다. 피투성이가 된다. 이때의 통증, 고통이 어땠을까? 일부의 독수리는 이 과정 중에 죽지만, 이 고통을 다 하고 난 독수리는 새살이 돋고 새 생명으로 태어나 40년을 꼬박 더 살게 된다. 일부의 독수리는 이 과정에서 죽기도 한다. 우리가 새롭게 태어난

---

111 조진래 기자, 「창업 성공 CEO에게 배운다 – 혁신의 아이콘 일론 머스크」, 「브릿지 경제」, 2023년 7월 3일

다는 것은 그만큼 치열하고 아프고 고통을 견디고 이겨냈을 때 비로소 '변화'라는 것에 이르는 사례고, 절대적 권위를 누릴 수 있는 이유다.[112]

필자는 위에서 '변화'란 승화적 의미와 연결된다고 하였다. 변화가 필요한 이유는 다양하다. 실제로 사람도 어떤 지독한 불행, 지독한 결핍, 처절한 아픔이 있었을 때 그 위기의 순간 두 부류의 인간 형상으로 나타난다. 매우 부정적이고 한탄과 분노로 상처를 안고 사는 사람, 그리고 자신이 품은 상처로 또 다른 사람을 찌르는 유형이 있고, 그 분노로 인해 죽음도 생각하지만 결국은 승화시키는 유형이 곧 그렇다. 이때의 한 사람은 매우 부정적인 모습으로 변한 것이고, 한 사람은 승화된 인물인 것이다.[113]

사람이 불행에서 행복으로 터닝 포인트를 가지려면 또는 어떤 자기 자신이 새로운 도전을 하려고 하면 변화하고자 하는 생각, 가슴 안의 꿈 틀거림, 그리고 움직임이 필요하다. 그러나 실천에 이르기까지 쉬운 일일까? 세상에서 가장 먼 것이 지구에서 우주도 아니고, 중국과 미국까지도 아니고, 자기 머리에서부터 가슴까지이고, 가슴에서 몸으로 움직여 실천하기까지다.[114] 장자는 어떠한 인간적 어려움이나 고통을 극복하고 성장과 성숙을 기초로 한 수용, 그 수용을 기반으로 한 행복을 추구한다.

다양한 산업 분야에서 기존과 전혀 다른 방식으로 수용에 응하고, 전통적인 가치 사슬을 파괴하는 수많은 혁신 기술이 도입되고 있다. 파괴적인 혁신으로 민첩하고 혁신적인 역량을 갖춘 기업은 연구, 개발, 마케팅 판매, 유통 부문에서 글로벌 디지털 플랫폼을 활용하고 있다.

---

112 졸고, 『세계를 향한 한국교육』, 126쪽
113 김송희, 『『장자』의 행복론』, 부산시민대 특강, 2022년 11월 8일
114 김송희, '변화한다는 것은(힐링 play 섹션)', 유튜브 「LAMI인문과예술경영연구소」, 2022년 12월에 재인용

속도 그리고 가격 개선을 통해 그 어느 때보다 빠르게 기존의 거대 기업을 추월하는 사례도 속출하고 있다. 파괴적 혁신은 민첩하고 혁신적인 경쟁력을 갖춘 기업에서 나온다. 이런 이유도 경쟁자로 간주하지 않았던 기업을 오히려 가장 큰 위협으로 느끼고 있다.[115]

새로운 세계로 향하기 위해 변화된 삶을 살아가려면 파괴적인 혁신이 필요하다고 할 것이다. 이제 모든 지식은 새로움이란 없다. 기존 지식의 연계 속에서 재창조가 이루어질 뿐이다. 4차 산업혁명의 시대에는 새로운 창의로서도 인간의 편리함을 제공하지만, 새롭고 혁신적인 것이라기보다는 이미 기존의 하고 있던 방식에서 약간의 아이디어만으로도 새로운 삶의 터전을 마련하는 아이러니가 있다. 장자는 「인간세(人間世)」를 통해서 다음과 같이 말하고 있다. "사람들은 쓸모있는 것을 쓸 줄만 알지, 쓸모없는 것의 쓰임새는 알지 못하는구나."라고 하였다. 인간의 시각과 잣대가 새로운 시각으로 패러다임을 전환하기가 얼마나 어려운지 시사한 말이다.[116]

심리학 교수였던 이디스 와이스코프 조웰슨은 로고테라피에 관한 논문을 통해 이렇게 주장했다. "오늘날 정신 건강 철학은 인간은 반드시 행복해야 하며, 불행은 부적응의 징후라는 생각을 강조하고 있다. 이런 가치 체계가 불행하다는 생각 때문에 점점 더 불행해지면서 피할 수 없는 불행의 짐이 더욱 가중되는 상황을 만들어 온 것이다". 그녀는 이어서 "피할 수 없는 시련을 겪고 있는 사람이 자신의 시련에 수치심보다는 자부심을 느끼고, 그것을 품위 있는 것으로 여길 수 있는 기회

---

115 클라우스 슈밥 지음. 송경진 옮김. 「4차 산업혁명」. 메가스터디북스, 2016년. 88쪽
116 졸고. 「코로나 19 이후 「장자」에게 묻다」. 126, 127쪽

를 조금도 주지 않고 있는 미국 문화의 잘못된 풍토를 바로잡는 데 로고테라피가 크게 기여할 수 있을 것이라는 희망을 피력한 바 있다.[117]

어찌 보면 행복을 강요받는 세상이다. SNS에 나타나는 찰나의 즐거움과 기쁨, 행복해 보이는 모습과 자신의 어려운 현실과 늘 비교하며 사는 세상이다. 그러나 위에서 설명한 바와 같이 인고(忍苦)를 거치지 않는 행복이란 없다. 이와 같은 시각에서 살펴보면 시련을 접하는 사람들의 태도와 불행을 대하는 사람들의 훈련이 필요하다. 그것은 수용의 미덕이라고 할 것이다. 많은 어려움을 극복하고 난 사람들은 한결같이 이렇게 말한다. 그 고통과 시련이 축복이었다고.

마더 데레사 수녀는 "저는 하느님의 일이라고 생각하며 신앙심으로 60년을 가난과 환우와 범죄로 가득한 곳에서 봉사하며 살았습니다. 그러나 하느님의 일을 하는 내내 기쁨과 즐거움을 느끼는 일은 거의 없고 깊은 우울감에 시달렸습니다."라고 말했다.[118] 너무나 정직하고 솔직한 말 아닌가? 평생 그렇게만 살았을 여인이 남들의 박수와 트로피에 관심이나 있었을까? 그렇다고 해서 그녀가 충실히 맡아온 일과 일상에 대해 행복하지 않다고 할 수 있을까? 불행의 깊이만큼 행복을 느낄 수 있다는 말이 있다. 곤두박질치는 고통과 시련은 인간으로 하여금 오히려 수직 상승하는 삶의 간절한 욕구가 생겨나는 동기부여가 된다. 잔잔한 물결 같은 삶은 그저 딱 거기만큼의 삶에 대한 이해로 제한되는 이유다.

---

117 빅터 프랭클 지음, 이시형 옮김, 「죽음의 수용소에서」, 21세기 북스, 2020년, 170~171쪽
로고테라피: 삶의 가치를 깨닫고 목표를 설정하도록 하는 것에 목적을 둔 실존적 심리치료기법으로, 빅터 프랭클에 의해 만들어졌다.
118 올리비아 핫세 주연, 영화 「마더 데레사 수녀」, 2005년 1월

4) 경쟁을 거부하고,
   자아를 실현하다

　　　　　경쟁을 거부하라. 그렇다면 구체적으로 정화시키고, 승화시키기 위해 어떻게 노력해야 할까? 여기서 우리는 『장자』가 오로지 한 방향으로만 사물을 바라보는 우리의 태도를 전환시키는 데 한몫을 했다는 사실에 주목할 필요가 있다. 경쟁의 규칙에만 매이다 보면 정통성만 강조하게 되고, 인성을 속박할 수 있다는 것이다. 정작 자신이 좋아하는 것이 무엇인지, 무엇이 인간답게 사는 길인지를 배우는 것이 아니라, 사회가 원하고 주변의 사람들이 환호하는 것에 온 삶을 소모하도록 교육받게 된다. 지극히 수직적이고 획일화되고 정형화되어 있다는 것이다. 이러한 사고는 세 가지 측면으로 연결된다고 본다.

　　그 첫째는 창의적이고 융합적인 사고를 통해 새로운 아이디어를 개발하는 것을 방해한다. 둘째, 상대의 입장에서 생각해 보는 역지사지(易地思之)를 차단할 수 있다는 것이다. 셋째, 만물의 고유성과 특성을 외면하고 지극히 외적인 기준으로만 판단하는 편견을 보일 수 있다. 한국의 고등학생들이 공부 잘하면 전부 의대만 진학하려고 한다는 것은 이런 사회적 단편을 충분히 시사한다고 할 것이다. AI와 로봇에 의해 의사를 대체하려는 4차 산업혁명 시대에 이런 사고는 무엇을 의미하는가? 인공지능 시대, 획일화된 사고는 거부한다. 경쟁 자체를 거부하고 상호보완과 협력을 특히 강조한다는 점에서 장자가 지향하는 패러다임과 매우 유사하다. 그렇다면 어떻게 정화시키고 어떻게 승화시킬 것인가?

『장자』에서는 경쟁에 치우치지 않는 자세, 합리적 기대를 화공의 모습을 통해 보여주고 있다. 「지락(至樂) 편」을 보면 다음과 같은 얘기가 나온다. "송(宋)나라의 원군이 그림을 그리게 하였을 때 많은 화공이 모이게 된다. 그들은 명령을 받자 절하고 일어나 곧 붓을 핥고 먹을 가는데, 사람들이 너무 많아 방에 들어가지 못한 자도 반이나 되었다. 한 화공이 늦게 도착했으나 유유히 전혀 서둘지 않고 영을 받자 절하고는 그대로 자기 숙소로 돌아가 버린다. 원군이 사람을 시켜 그를 살펴보게 했더니 그는 옷을 벗고 두 다리를 내 뻗은 채 벌거숭이인 상태로 쉬고 있었던 것이다. 이 말을 전해 들은 원군은 '그야말로 참된 화공이구나.'라고 말했다"는 내용이다.

이 내용에서 말하는 의미는 무엇일까? 화가들이 서로 권력의 시선을 받기 위해 경쟁하기 위해 모인 자리인데, 한 화공은 그에 전혀 연연하지 않았다. 경쟁이란 감시와 권력의 시선이 서로 연결된다. 일단 자유롭지 못한 제한적 구도와 구성을 의미한다. 옥죄는 구조 속에서 자유로운 예술정신의 발현은 어렵다. 누군가 평가하는 심사 기준에 들기 위해 그림을 그리는 사람들의 정신도 일정 부분 훌륭할 수 있을 것이다.

그러나 그런 평가란 지극히 제한적인 것이다. 더러는 극소수 누군가의 눈에 든다는 것에 불과한 일이다.

적절한 경쟁은 뛰어난 능력과 재능을 지닌 인재를 발굴하는 데 일정 부분 기여하고 있다. 그러나 지나친 경쟁이 늘 뛰어난 인재를 발굴해내는 데 기여했다고 할 수 있는가? 오히려 이런 시선을 거부하는 순수 예술을 강조하는 집단지성도 많다. 즉 예술은 예술이지 권력의 시선을 받은 것만 혹은 평가를 통과해야만 예술이라고 생각하는 자체를 거부하는 경지 말이다. 예술은 틀 지워진 사회구조에 숨통을 만들어주는 역할과 철학을 담고 있다. 사회적 시선이 중요한 게 아니라 감성과 영성으로 이어지는 통로 역할을 중시한다. 이런 맥락에서 최근 NFT를 통한 순수 예술의 판매, 전시, 경매란 매우 평등한 조건에서 고객과 예술가가 자연스럽게 만나고 지적재산도 보호받을 수 있다는 강점이 부각되며 인기 플랫폼이 되고 있다. 매우 긍정적으로 검토되며, 지적재산을 보호받는 것에 있어서 지속적인 방어와 법적 규준이 필요할 것이다.

『장자』에서 지나친 경쟁의 장소를 떠났던 이유에 대해서, 경제학 책 마지막 부분에 나오는 '합리적 기대'와 연결시켜 생각할 필요가 있겠다. "교통방송에 의해 가령, '경부고속도로 막히고 수서 쪽이 좋습니다.'라고 안내하면 내곡동 쪽이나 경부고속도로로 가야 할 것이다. 왜냐하면, 사람들은 그 교통방송을 듣고 다 수서로 가서 길이 막힐 테니까 말이다"[119]. 합리적 기대에 의한 상상이 필요한 것, 『장자』가 추구하는 고유한 삶을 찾아가는 모습이라고 할 것이다. 그런데 우리 삶은 매우 합리적 기대에 있지 않고 군중심리에 편승하는 사례가 많다. 군중심리

---

119 주식 분석가 강영현 강의. 유튜브 「삼프로 TV」, 2022년 11월

에 편승하다 보면 정작 자신이 원하는 것을 놓치게 될 것이다.

그러나 종종 오해를 한다. 자기만의 좋아하는 길을 간다는 게 하고 싶은 한 가지만 한다는 말일까? 아니다. 정작 자신이 하고 싶은 한 가지를 하려면 하기 싫은 10가지를 해야 한다. 그뿐일까? 혹독한 우울감과 긴장, 불안감과도 싸워야 한다. 자기가 좋아하는 길을 가는 사람은 기꺼이 이 길을 걷는 데서 자기 성취감을 직면하며, 경쟁의 이유를 모르는 일에 집착하지 않는다. 4차 산업혁명 시대에는 경쟁이 치열한 그곳을 기어이 뚫고 지나갈 이유가 없다. 내가 좋아하는 그것에 집중과 몰입 안에서 성장할 수 있는 기회가 부여된다고 해도 과언이 아니다.

또 장자의 사고는 절대로 우열이라는 이분법으로 나누지 않았다. 만물을 다 하나로 획일적으로 보는 시선에 대해서는 물론이고 오히려 우열 이분법으로 나누는 시선을 조롱한다. "어떤 사람도 우열이란 이분법으로 나뉠 만큼 유능하기만 한 사람도, 무능하기만 한 사람도 없다. 인간은 각자마다 다른 성향과 특징을 가지고 있다. 아무리 잘 달리던 야생마도 얼음 위에선 무능하다. 반면에 아무리 뒤뚱거리던 펭귄도 얼음 썰매 하나만 잘 만나면 정말 빠르게 달린다. 동물이든 인간이든 '다르다'는 사실을 인정하지 않고 획일적으로 서열화시키는 것은 매우 위험한 사고방식이다[120]". 지나친 경쟁심은 욕망과 탐욕으로 만들고 종종 인간의 본성을 망가뜨린다.

그렇다면 장자의 사고가 획일화되지 않았다는 것, 시각 자체가 달랐던 것은 어떤 점을 근거로 하는 걸까? 살펴보기로 하자. 『장자』에서는 핸섬하고 훤칠하고 아름답고 예쁘고 뭐 그런 화려한 외모의 소유자는

---

120 졸고, 『세계를 향한 한국교육』, 127쪽

전혀 등장하지 않는다. 물고기가 서시(西施)를 보고도 아름답다고 생각할까? 오히려 서시를 보고 놀라 도망갈 수 있다고 역설적 표현을 하고 있다. 사회에서 명성을 드러낸 사람, 권력자, 그런 사람들에게 권위를 싣는 것이 아니라 오히려 소외된 사람, 외모가 흉한 사람, 신분이 누추한 사람, 가난한 사람들에게 권위를 준다. 그 권위란 인품과 덕(德)에 의해 흠모의 대상으로 나타난다. 흉물스러운 얼굴과 외모의 꼽추, 귀머거리, 혁대고리 만드는 사람 등이 그렇다. 그 어떤 자기 성취와 자유함을 누렸다고 하더라도 정직과 덕이라고는 살필 수 없는 사람, 즉 성장과 성숙을 기초로 한 인품이 없는 사람을 행복하다고 볼 수 없는 이유도 여기에 있다. 『장자』가 말하는 자유와 행복이란 결국 타인에 대한 배려와 겸손을 기초로 한다는 것을 살펴볼 수 있다. 4차 산업혁명 시대에는 외모 지상보다는 그냥 평범하지만 솔직한 인간 그 자체의 소박한 모습에 대중이 집중한다. '내가 그 영상 안에 있다.'라는 마음으로 상호 교감을 나눈다. 평범한 유튜버가 인플루언서로 등장하는 이유다.

그래서일까? 장자는 욕망과 탐욕은 인간 본성을 망가뜨린다고 자주 얘기한다. 「거협(胠篋) 편」의 말을 살펴보자. "인위적인 일에 힘쓰고, 궤변을 조롱하고, 슬기를 자랑하는 사람이 많을수록 사람들은 본래의 자기를 잃고 만다". 욕심에 브레이크가 없으면 탐욕을 부리게 된다. 자기 잇속과 이해에만 얽매인다. 인간이 살아가면서 지켜야 할 윤리, 상식, 책임의식이 무너지는 것은 브레이크를 밟지 않기 때문에 생기는 현상이다. 자기 잇속에 집중하다 보면 상대가 보이지 않는다. '조삼모사(朝三暮四)'와 같은 방식에도 스스럼이 없어진다. 과연 그것을 알아채지 못할 사람들이 있을까? 단시간 내에 파악하기 어려울 수 있어도 일정 시간이 지나면 사람들은 바로 알아차릴 수 있다. 그런 편법과 술수는 인간을 기만하는 것이고, 인간의 마음을 움직일 수 없다. 이런 사례는 데이터로 만들어진 AI에게도 마찬가지인데, 인간에게 유독 따뜻한 정서의 AI가 인기인 이유다.

남의 시선을 지나치게 의식하고 살아서 뭐든 빛나고 화려하고 과시하는 모습으로 보이는 것에만 치중하는 삶은 타인의 시선으로도 부담되고 불편하다. 영혼이 피폐해지는 것은 일반적인 사람들의 시선으로도 한눈에 식별이 가능한 까닭이다. 디지털 시대, 인간의 감성과 영성이 더 간절해지는 이유기도 하다.

그럼에도 『장자』가 이런 것으로부터 자제와 무심의 경지를 거론했던 이유는 무엇일까? 『노자(老子)』의 얘기로 대신하는 것이 적절할 것이다. "화려한 색깔은 눈을 어지럽게 하고, 화려한 음은 귀를 멀게 하며, 다채로운 맛은 미각을 잃게 하고, 마음대로 사냥하는 것은 사람의 마음을 방탕하게 한다 (12장)". 인간의 욕망과 탐욕이 어떻게 인간을 망가뜨릴 수 있는지, 그래서 많은 욕망 속에서도 청정한 마음을 가지라고 조언하고 있다. 내면을 충실하게 한 자는 평가란 것을 받기 위해 기교적인 문제에 마음을 쓰지 않는다.

5) 복종을 거부하고,
덕(德)을 실천하다

그래서일까? 장자는 유교적인 복종에 대해 결코 긍정적이지 않았다. 『장자』는 이러한 유교적 오류, 맹목적 복종을 부정하기도 했고, 반항하기도 했다. 유가 학설과 순종 자체를 부정한 것은 아니다. 즉 권력의 시선을 받는 것에 대한 무조건적 거부를 하는 것이 아니라, 그 지위에 합당하지 못한 행위나 태도, 한마디로 그릇이 되지 못하는 형편없는 위치의 사람에 대해서까지 존중하거나 순종할 필요는 없다고 생각했던 것이다.

지위에 따르는 권위는 인정하지만, 무조건적이어서는 안 된다는 것이 그것이다. 민심을 버리고 자기 사리사욕만 밝히는 통치자의 관점이 아니라 서민의 입장에 서고, 승자의 편이 아니라 약자나 소외된 사람의 편이 되어 자기 의사표시를 했다. 수직적 위계질서나 일방적인 복종을 거부하고, 평등과 자유의사를 존중하는 수평적 인간질서를 존중하는 장자의 마인드를 살펴볼 수 있다. 4차 산업혁명에서는 기존의 사회 질서를 파괴하는 면이 분명 있다. 4차 산업혁명 시대는 공존, 공유, 협업을 중시하기 때문에 과거처럼 특정인에게 모든 권위가 주어지긴 어려울 것이다.[121] 일론 머스크(Elon Musk)가 MBA에만 집중하여 탁상공론의 이사회나 결제를 기다리며 보다 더 큰 발전과 도약을 차단하는 것은 시대에 역행이라고 말했던 사고도 이와 무관하지 않다.

춘추전국시대, 공자(孔子)는 신하가 군주에게 부드럽게 의견을 제시하라고 가르친다. 그래도 듣지 않으면 다시 누차 완곡하게 간(諫)하라고 하였다. 그렇지 않으면 떠나라고 했다. 『논어·미자(論語·微子篇) 편』에 나오는 얘기다. 그러나 장자는 폭군에게 다가가는 자체를 거부했다. 말 한마디 잘못하면 목숨이 위태롭던 세상에서, 자기에게 부여된 목숨을 함부로 아무에게나 내어주지 말라는 의미였다. 의로움을 위해서 또는 어떤 올곧음을 위한다는 명분 자체보다 생명 자체를 소중히 여겨야 한다는 것이 장자가 강조했던 핵심이다.

성인은 명리를 추구하는 마음이 없는데, 장자 본인도 명리를 초탈하였기 때문에 "차라리 더러운 도랑에서 놀더라도 스스로 즐거워하였고(寧遊戱汚瀆之中自快)(『사기(史記)』「노자한비열전(老子韓非列傳)」)", 또 초(楚) 나라 왕이 후한 보수와 높은 지위로 모셔도 응하지 않았다.

여기서 설명을 덧붙이자면 지혜와 시비를 가리는 것 자체를 장자가 거부했던 것은 결코 아니다. 그 시대적 상황이 탐욕과 비리로 가득한 고위관직들이 판치는 세상에 들어가 봐야 목숨만 잃게 되는 그 자체를 염려했던 것이다. 즉 인간의 생명과 생명의식을 잘 지켜나가는 것이 얼

---

121 졸고, 『코로나 19 이후 「장자」에게 묻다』, 87~88쪽

마나 중요한 것인지, 장자는 이런 면에 더 집중했던 것이다.

장자는 왜 그랬던 것일까? 「인간세(人間世)」에서는 지식인과 권력자 간의 긴장 관계를 전형적으로 잘 묘사하고 있다. "스스로 자신의 능력을 드러내어 그 능력 때문에 세속의 공격을 자초한다."라고 한 말을 생각해 보라. 또 초(楚)나라의 미치광이 접여가 지식인의 처지를 아주 생동감 있게 묘사한 글을 보라. "천하에 도(道)가 없으면 성인은 생명을 간신히 보전할 수 있을 뿐이다. 오늘의 이 시대에서는 형벌만 당하지 않으면 된다. 행복은 깃털보다 가벼운데 붙잡을 줄 모르고, 재화(災禍)는 땅보다 무거우나 피할 줄을 모른다".

흔히 세상을 제대로 다스려보겠다던 인물들도 초심은 금방 사라지고, 주변이 오물(汚物)이면 자신도 오물을 뒤집어쓰게 되는 이치다. 권위를 인정받고 존경받음에만 익숙해져 가면 겉 무늬와 포장에 급급하여 내실에 충실하기 어려워질 수 있다. 그래서 세상은 너무나도 자주 초심으로 돌아가야 함을 강조하는 것이다. 그만큼 변화, 변혁, 혁신을 한다는 것은 쉬운 일이 아니다. 하물며 장자가 살았던 그 시대를 본다면 왜 장자가 그런 세상에서 출세 욕구를 내려놓았는지 충분히 실감될 일이다. 바른 목소리를 내야 할 때 시비에 얽히거나 구설에 오르다가 공연히 명예에 손상을 끼치게 될까 봐 일체의 목소리를 내지 않는 사례는 비일비재하다. 그러나 인간 깊은 내면에서 움츠리는 '양심(良心)'의 소리는 눈감고 귀를 막는다고 들리지 않는 것이 아니다. 그래서 그 소리가 한 번씩 가슴을 후벼 파면 자기 용서가 어려워지고 행복해질 수 없는 이유도 여기에 있다.

4차 산업혁명 시대는 위계질서의 파괴를 의미하는 것이기도 하다.

따라서 수직적 개념과 질서는 파괴되어가고, 수평적 관계로 이어진다고 할 수 있다. 챗 GPT의 세상에 전문가와 비전문가의 경계가 사라지고, 교사와 학생의 경계가 사라지는 것도 이와 무관하지 않다.

2015년경 구찌는 매출이 떨어지면서 경영 위기에 맞닥뜨렸다. 변화가 필요했던 시점이다. 어떤 선택을 했을까? 우선, 수석 디자이너를 모두가 반대하는 알렉산드로 미켈레(Alexander Milkkeller)로 교체했다. 아무에게도 알려지지 않은 무명 디자이너를 발탁하는 것은 매우 무모하고 파격적이라고 생각했던 것이다. 그러나 경험이 많은 선배들보다 경험이 적은 후배들의 의견을 수용한 결과 고객들의 마음을 사로잡을 수 있었다. 수직적인 관계, 복종의 관계였다면 가능할 수 있었을까?[122]

---

122 졸고, 「코로나 19 이후 「장자」에게 묻다」, 90쪽

6) 시비를 내려놓고,
자기(自己) 들여다보기

        그렇다면 장자는 구체적으로 이런 편치 않은 세상에서 어떻게 그렇게 여유롭고 자유롭게 살아갈 수 있었을까? 장자는 시시비비를 초월하는 사고에 집중했다. 이때 철저한 침묵을 제시한다. 인간은 언어로 교감하는 동물이지만, 너무 많은 언어 때문에 고통스러워지기도 하는 까닭이다. 그래서 장자는 말하고 있다. "자네가 내게 이기고 내가 자네에게 진다면 과연 자네는 옳고 나는 그른 것이 될까? 또 나는 옳고 자네는 그른 것이 되는가?[123]" 지나치게 시시비비를 따지고 드는 것은 결국 자기 고집에서 헤어나오기 어려움을 의미한다. 지나치게 함부로 시시비비를 따지지 말고 판단하지 말라고 말이다. 어떤 결정을 내리든 내가 틀릴 수도 있다는 생각으로 반성할 수 있어야 한다는 것이다. 사실 침묵만큼 많은 언어가 담고 있는 것도 없지 않은가?

---

123 『장자·제물론(莊子·齊物論) 편』

논쟁은 필요하다. 그러나 정작 자기 논리에 대한 모순이 무엇인지 깊이 성찰하는 과정이 필요할 것이며, 성찰에 의한 논쟁은 결코 감정을 자극한다거나 시끄러울 수 없다고 본다. 성숙해진다는 것은 바로 이런 생각의 차이에 간극이 생겼을 때 어떻게 대처하는지에서 나타나는 일이다. 역지사지(易地思之)하는 자세가 필요할 일이다. 『장자·천도(莊子·天道) 편』을 보면 "서불진언, 언불진의(書不盡言, 言不盡意)."라는 말이 있다. 언어의 한계를 언급한 말이다. 인간의 언어로 시시비비를 다 표현하는 것은 불가능하다는 의미이기도 하다. 무엇보다 인간은 언어적 표현만 알아듣는 것이 아니라 비언어적 표현에 대해서도 감정을 갖고 대하기 때문이다. "동물들은 눈빛과 몸짓으로 교감하면서 질서를 잡아간다. 그러나 인간은 동물과는 달라 언어적인 표현에 의해 교감을 원한다[124]". 단어 하나하나에 얽매이다 보면 인간의 진솔한 고백과 소통이 어려워질 수 있다.

나이 60, 이순(耳順)이 되면 귀에 거슬리는 말 없이 술술 들려서 귀에 턱턱 걸리는 것이 없어지고, '아, 그렇구나.'라고 그냥 절로 수용하고 받아들일 수 있다고 한다. 받아들임의 자세는 곧 상대를 존중하고 배려하는 모습인 것 같지만, 그건 어찌 보면 내 마음의 평안을 위해서도 필요한 자세다. 사람들과의 소통과 교감이 무난해질 때 인간의 행복지수도 동시에 상승할 것이다.

우리는 밖을 내다보는 데 정신이 팔려 우리 내면을 들여다보는 것을 거의 잃어버렸다. 특히 남의 마음속보다 자기 마음속을 들여다보는 일은 매우 어려울 수 있다. 그래서일까? 우리는 오히려 마음속 들여다보기를 두려워한다. 왜냐면, 들여다보는 시간 동안 삶 안에서 일어난 상

---

124 졸고, 『세계를 향한 한국교육』 3판, 생각나눔, 2013년, 72쪽

처도 분노도 미움도 아픔도 슬픔도 실망감도 허전함과 쓸쓸함, 우울함, 미련스러움과 자책 그 모든 감정을 살펴보게 되는데, 이는 결코 쉬운 일이 아니기 때문이다.

더군다나 굳이 자신을 들여다보기를 해야 하는지에 사람들은 의문을 던진다. 그것이 돈이 되는 것도 아니고, 스펙이 되는 것도 아닌 까닭이다. 경쟁, 정보, 지식, 지위, 풍요로움을 누리기 위한 전략에 열정을 쏟는 법은 배웠을지언정 자아 들여다보기에는 인색했고, 그래야 할 필요성에 대해서도 잘 모른다. 그러나 『장자』에서 말했던 것처럼, "자기 영혼이 마른 나뭇잎처럼" 퇴색된다는 것은 깊이 인지해야 할 필요가 있다. 이것은 영혼이 피폐해진다는 의미로 숨을 쉬고 있지 못하다는 것을 말하며, 생명력을 상실한 상태를 의미한다. 삶을 진지하게도 삶을 긍정적이고 순응적으로 살아야 할 필요성을 배제한 채 오로지 자기 우울감과 무력감으로 자신을 늪에 빠뜨리기 때문이다. 이런 심경으로는 결코 행복할 수 없다.

어떤 훌륭한 성취를 이루어낸 사람도 반드시 해야 할 일은 회고와 반성이다. 그리고 무언가를 선택하려고 할 때도 반드시 거쳐야 할 작업이 사색의 시간이다. 그렇다면 도대체 어떻게 사색해야 하는가? 여기서 장자의 재계(齋戒)를 생각해 볼 필요가 있다. 『장자·인간세(莊子·人間世)』에는 다음과 같은 말이 나온다. "마음의 재계란, 마음을 한 곳으로 모으는 것이다. 그래서 귀로 듣는 것이 아니라 마음으로 듣는 것이며, 또한 마음으로 듣는 것이 아니라 기로써 듣는 것이다. 귀는 소리를 듣는 것에 그치고, 마음은 일에 부합시키는 것에 불과하다. 그러나 기(氣)란, 다르다. 기로써 듣는다는 것은 모든 사상을 있는 그대로 무심히 받아들인다는 것이다".

그 뜻은 마음을 한 곳에 전념한다는 것이며, 자기 존재를 완전히 잊고 나서야 비로소 천지의 경계로 돌아가게 된다는 좌망(坐忘)을 일컬음이다. 이 시대로 말하자면 남의 말이나 인터넷 혹은 언론이 주도하는 생각을 좇는 것이 아니라, 고요한 시간에 머무르는 것이다. 남의 말을 듣는 것이 아니라, 내 깊은 내면의 소리를 듣기 위해 귀를 기울이는 것이다. 그럴 때야 비로소 그 고요함과 평온함 안에서 자연과 완연한 일체감을 이룰 수 있기 때문이다. 이 깊은 사색의 단계는 지도자들에겐 필수적인 단계이며, 이 단계를 거쳐야만 비로소 통찰력과 분별력, 올바른 판단력과 추진력이 나올 수 있으며, 그것은 곧 천인합일(天人合一), 하늘의 도리와 사람의 도리가 완전히 일치하는 데로 실천하게 된다.[125]

꽃을 보면 힐링이 되고, 바다나 산과 강을 바라보면 힐링이 되고 치유가 된다. 그것이 곧 자연과의 혼연일체라고 볼 수 있다. 일종의 '물화(物化)'되는 과정이라고 볼 수 있는데, 장자가 설명하는 '물화'의 완전한 정신경계에 이르려면 어떻게 해야 할까? 만물과 일치를 이루는 자유로움을 얻으려면 내면에서 장애가 되고 있는 사사로운 감정이나 욕심과 집착, 그리고 생각의 일체를 비워내야 한다. 이것은 욕심 자체를 버린다는 의미보다는 지나친 탐욕과 욕심이 집착과 번민을 낳을 때 그 욕구에 대한 브레이크가 필요하다는 것을 의미한다.

그러자면 어떻게 해야 하는 걸까? 『티베트의 지혜』라는 책에서는 다음과 같은 말이 나온다. "마음을 안쪽으로 되돌려 마음의 본성에서 쉬게 하는 것이 중요하다. 이것은 그 자체만으로도 수준 높은 명상이다"[126].

---

125 졸고, 『세계를 향한 한국교육』, 298쪽
126 소갈 린포체 지음, 『티베트의 지혜』, 민음사, 115쪽

어떻게 들여다보는가? 장자는 텅 비고 고요하여 내면의 바닥 깊이를 비추어 볼 수 있는 '허정(虛靜)'의 정신 경계를 통해야 한다고 말한다. '허정'의 정신 경계에 도달하려면 '심재(心齋)', '좌망(坐忘)'의 체득 과정을 반드시 거쳐야만 하는데, 이때는 이미 주체적인 존재를 전혀 느낄 수가 없다.[127] 그럼 무엇을 좌망이라고 하는가? 이 물음에 장자는 「대종사(大宗師) 편」에서 "자신의 몸을 잊고, 자신의 총명함을 버리고, 본체를 떠나며 지식을 잊는 것(墮肢體, 黜聰明, 離形去知)."이라고 말하고 있다. 인간의 이성에 의해 만들어진 속임수를 내던지라는 말인데, 탐욕과 지략에 브레이크가 없으면 수단과 방법을 가리지 않고 그 목표에만 초점을 기울이기 때문에 마음을 어지럽히게 된다는 것이다. 이러한 상태를 배제하는 경지, 그 경계가 장자가 말하는 '물화(物化)'의 경지임을 말한다.

승승장구한 삶이 자기로서는 한없이 뿌듯하고 행복한 것 같아도 도저히 봐줄 수 없는 괴물이 되어있는 경우를 우리는 종종 발견하지 않는가? 『벌거벗은 임금님』이라는 어린 시절의 동화에서처럼 모든 사람이 거짓 앞에서도 그 임금님을 찬미하지만, 맑고 순수한 영혼을 가진 어린아이의 동심으로만 보이는 대로 보고 진실을 말한다. '당신은 옷을 입고 있지 않다.'라고 말이다. 자신의 출세를 위해서 흉물스러운 지도자를 번드르르한 기름진 말로 아첨하는 아첨꾼에 익숙해지고, 더 많은 것을 가지기에만 급급한 사례는 사회 안에서 종종 발견된다. 노장사상에서는 바로 자기 들여다보기를 통해서 동심과 같은 순수한 마음을 지켜가는 것을 강조하고 있다.

---

127 졸고, 『세계를 향한 한국교육』, 304쪽

7) 내면을 향한 몰입,
   천인합일(天人合一)

　　이 과정을 통해서 물아일체(物我一體)의 경지에 이르고, 천인합일(天人合一)의 경지에 이른다. 이것이 무슨 의미인지 살펴보자. 『장자·양생주(莊子·養生主) 편』을 살펴보면 다음과 같은 내용이 나온다.

　"언젠가 소를 잘 잡기로 유명한 포정(庖丁)이 문혜군(文惠君) 앞에서 소를 한 마리 갈라 보였다. 포정이 소 몸뚱이에 손을 대고 어깨에 힘을 주며 발의 위치를 정하고 무릎으로 소를 누르는 순간, 고기가 뼈에서 떨어져 나왔다. … 문혜군은 감탄의 소리를 질렀다. '과연 훌륭하구나! 참으로 귀신과 같은 솜씨다.'

　포정은 왕의 그 같은 칭찬을 듣자 칼을 놓고 문혜군에게 말했다. '방금 보신 것은 솜씨가 아닙니다. 솜씨의 극치로서 도(道)라고 해야 마땅합니다. 이 일을 처음 시작하였을 때는 소의 바깥 모습만이 눈에 보였습니다. 3년이 지나는 동안 바깥 모습은 사라지고 뼈와 힘줄이 보이게

끔 되었습니다. 이제는 육안에 의지하는 일이 없이 마음으로 소를 대할 뿐입니다. 감각의 활동이 그치고 마음만이 활발히 움직입니다. 그 다음은 자연의 섭리에 따라 소의 몸뚱이에 절로 갖추어져 있는 틈바구니를 끊어서 벌리고 들어가기 때문에, 큰 뼈는 물론이고 힘줄과 살이 뼈와 서로 맞붙어 있는 부분이라도 칼날이 부딪치는 일이 없습니다."

이 이야기의 핵심은 온전한 몰입의 경지, 집중의 힘에 있다. 집중력과 몰입의 경지는 소의 외관에만 집중하는 것이 아니다. 그 속, 소의 안쪽 모습까지도 모두 들여다보는 힘을 발휘하는 것을 말한다. 온전히 몰입하는 경지, 절대적 집중에 이르는 것은 결코 쉬운 일이 아니다. 노련해지기까지 매우 어려운 훈련이 필요한 일이다. 어떤 산만한 정보나 산만하게 만드는 것들을 망각하고 오로지 한곳에만 마음을 싣는 일인데, 자기 목표나 자기 목적에 중심을 두고 자기 일을 묵묵히 진행한다는 측면에서 행복의 절정에 이를 수 있다.

왜일까? 4차 산업혁명 시대는 초연결 시대다. 챗-GPT로 모든 정보를 알아낼 수 있다. 그러나 거짓된 정보도 그에 상응하여 엄청나다. 한마디로 피곤한 사회고, 소음의 사회다. 상대적 빈곤감이 생기는 문화이고, 자기 박탈감을 극복하기 어려운 우울감의 시대다. 자기 자신에게 집중하기 어렵다. 자기 삶과 자기 내면을 보지 않고 계속 밖을 본다는 것은 결코 행복으로의 초대에 집중되기 어렵다.

장자는 상황이 좋지 않은 것을 결코 비관적으로 바라보지도 않고, 있는 그대로를 수용한다. 「양생주(養生主) 편」을 보면 '우사의 이야기'가 나온다. 이 얘기인즉 다음과 같다.

"우사가 형벌을 받아 한쪽 발을 잃게 됩니다. 우사를 여러 해 만에 만난 공문헌이 놀라서 묻습니다. '어찌 된 일인가? 그 발은 잘리지 않을 도리가 없었단 말인가? 하늘의 뜻인가 사람의 뜻인가?' 우사가 답합니다. '놀라지 말게, 나는 형벌을 받았으나 그것은 사람의 힘이 한 일은 아니고 하늘이 나를 한쪽 발만 가지고 태어나게 했을 뿐이라네. 사람은 자신이 원해서 한쪽 발만 가지고 태어나는 것은 아니지. 그러니 내가 한쪽 발을 잃게 된 것은 하늘의 뜻이지 사람의 뜻은 아닐세. 자네는 들꿩의 기분을 아는가? 그들은 먹이와 물을 찾아온 들판을 헤매고 다니지. 고생스러우나 새장 속에서 편안히 길들여 살지 않는다네. 배부르게 먹는 것보다 자유를 원하기 때문일세. 나는 한쪽 발을 잃은 뒤에야 참다운 자유를 알게 되었다네.'"

이 말에서 선뜻 이해가 되지 않을 것이다. 「인간세(人間世)」에서 이미 말하고 있다. "오늘의 이 시대에서는 형벌만 당하지 않으면 된다. 행복은 깃털보다 가벼운데 붙잡을 줄 모르고, 재화(災禍)는 땅보다 무거우나 피할 줄을 모른다". 고통을 당하여 통절히 아프면서, 주변의 곱지 않은 시선을 받으면서도 그것을 인간사의 속성에 의한 일로 받아들이지 않고 마치 하늘의 섭리처럼 받아들이는 삶의 자세를 말하고 있다. 억울하게 형벌을 받아서 한쪽 발을 잃었는데, 그것이 하늘의 섭리라니 말이 되는 소리인가? 이 부분에서 앞에서 거론한 "슬프지 않은 것이 아니라" 이 말의 의미를 다시 새겨볼 필요가 있다.

받아들이고 수용한다는 것은 반드시 인내를 전제로 한다. 통절한 고통을 수반하고 일차적으로는 정신적 피폐를 가져올 수 있는 일이다. 그러나 말은 쉬운데, 이 과정이 얼마나 참혹할까? 필자는 이때 이 순간에 '참을 인(忍)' 자에 대해서 생각해 볼 필요성을 언급하고 싶다. 참을

인(忍) 자는 한자로 심장을 칼로 꽉 누르고 있는 과정을 표현한 말이다. 죽음에 직면하게 된 참혹한 상태다. 말로는 도저히 표현이 안 되는 참혹함 말이다. 그러나 『장자』의 문장 구석구석에서는 일일이 표현되어 있지 않아도 '참을 인' 자를 전제로 한 자유와 수용, 그리고 행복에 대한 논리가 상당히 많다. 그리고 이런 삶의 여정은 지극히 외롭고 고독하고 쓸쓸할 것이기에 그는 "인생이란 고단한 것"이라고 했던 것이다.

빅터 프랭클은 "최선이란 라틴어로 '옵티멈(optimum)'이라고 하는데, 내가 '비극 속에서의 낙관(optimism)'이라고 말을 사용"하는데, 여기서 말하는 낙관은 비극에 직면했을 때 인간의 잠재력이 첫째, 고통을 인간적인 성취와 실현으로 바꾸어놓고 둘째, 죄로부터 자기 자신을 발전적으로 변화시킬 수 있는 계기를 마련하며 셋째, 일회적인 삶에서 책임감을 가질 수 있는 동기를 끌어낸다는 의미를 갖고 있다.[128] 인간은 행복을 찾는 존재가 아니라 주어진 상황에 내재해 있는 잠재적인 의미를 실현함으로써 행복할 이유를 찾는 존재라고 할 수 있다.[129]

『장자』에 서술된 문장에서는 계속 자연의 순리대로 살아가라는 말을 하고 있다. '순리대로'라는 것은 멍 때리고, 생각 없이 사는 것을 의미하지 않는다. 모든 사람이 열심히, 더러는 치열하게 삶을 살아냈을 때 비로소 그 절묘한 자연의 순리대로 사는 것이 무엇인지 깨닫게 될 것이다. 완연한 이입의 경지다. 「제물론」을 보면 장자가 분명히 장주가 꿈에 나비가 되었다. 그런데 장주가 꿈에 나비가 된 것인지 아니면 나비가 꿈에 장주가 된 것인지를 모른다고 말한다. 사람과 나비에는 반드시 구별

---

128 빅터 프랭클 지음, 이시형 옮김, 『죽음의 수용소에서』, 청아출판사, 2020년, 199,200쪽
129 상동, 200쪽

이 있지만 오히려 누가 깨어있고 누가 꿈을 꾸는지 분명치 않은데, 그 원인을 따져보면 '물화'에 이르렀다는 것을 의미한다. 장자는 「제물론(齊物論)」에서 말하기를 "천지와 내가 함께 살고, 만물과 내가 하나가 된다."라고 하였는데, 장자는 외적인 자연현상과 자아의 정감을 부정하는 것을 출발점으로 삼아 천인(天人)정신을 추구해 가는 것을 목적으로 삼고, 자연과 사람이 온전히 하나를 이루는 것을 추구해 나간다.

혼연일체의 경지. 『장자』에 나오는 많은 내용 중, 필자는 '행복론'을 언급하는 데 있어서는 이 부분을 클라이맥스, 절정이라고 말하고 싶다. 「호접몽(胡蝶夢)」의 '나비가 나인지 내가 나비인지 모르겠다'고 하는 장자의 정신 경계는 자신과 타인의 온전한 일체감이고 감정이입의 단계라고 본다. 연민이란 결코 심정적인 데서 그치는 것이 아니다. 이것은 타인과의 단절과 외면을 의미하는 것이 아니라 화합을 의미하며, 이런 화합의 단계는 인간에 대한 사랑으로 이어짐을 의미한다. 이것이야말로 사람과 사람의 경계와 차별을 드러내지 않는 완전함이라고 할 수 있을 것이다. 사랑이 실천으로 이어질 수밖에 없는 이유다.[130]

그 사랑의 마음으로 회귀하는데 장자가 말하는 자연과의 혼연일체는 그 사랑을 실현하고 실천하는 데 매우 유익하다. 수채화 같은 자연 앞에 서게 되면 자연은 묻지도 따지지도 않는다. 살면서 종교적으로나 철학적으로 분리하고 나누고 따지던 수많은 사랑의 의미, 사랑의 정의는 수면 아래로 가라앉는다. 사랑은 사랑 자체라는 것을 발견하게 된다. 내가 어떤 사람인지 신분의 고하에 연연하지도 않는다. 사랑에 대한 의미로 사람 간에 따져지던 갈등과 슬픔, 아픔, 기쁨 그 모든 것이

---

130 졸고, '4차 산업혁명 시대, 『장자』의 통찰력으로 보는 복음화', 『가톨릭신문』, 2020년 2월 25일

그저 침묵으로 수용되고 포용된다. 장자는 「지락(至樂) 편」에서 "생사여일(生死如一)"이라고 말하지 않던가. 필자가 장자의 생사관에서 스토리텔링을 풀었던 이유도 이와 무관하지 않다.

⊠ 나가는 말

　　4차 산업혁명 시대에 인간지능과 인공지능의 차별화는 물론 인공지능이 인간의 지배를 염려하고 있다. 그러나 우리는 지금 인간 그 자체가 지녀야 할 인격과 인간지능 자체에 대해 주목할 필요가 있다. 인공지능이 등장하기 직전까지를 거론하더라도 인간은 과연 인간의 모습을 유지하고 있었을까? 인간이 지녀야 할 따뜻한 감성과 이성, 지성과 영성이 경쟁이라는 이름으로 고갈되어 가고 있었다. 세상이 말하는 승자와 패자는 존재했고, 성공과 실패는 존재했다. 지극히 수직적인 인간관계도 존재했다.

　그러나 정말 멋지게 환호했던 인생들이 어느 날 나이가 들어, 마지막 보고 느끼게 되는 감정은 무엇일까? 그 사람의 인생이 아무리 화려했다고 한들 마지막 보여주는 사람의 인품과 덕, 정직함이 보이지 않으면 그 사람에 대해 사람들은 고개를 절레절레 흔든다. 그 사람에게 절대로 다가가지도 않고 환호하지도 않는다. 정직과 덕(德), 『장자』가 강조하는 키워드이다. 장자가 환호하던 인격미이고 인격의식이다. 이것은 4차 산업혁명 시대에 오히려 강조되고 있다고 볼 수 있는데, 수직적인 관계성보다 수평적 관계성 안에서 사물을 보는 의미가 강조되는 까닭이다.

「경상초(庚桑楚) 편」에서 "도(道)는 덕이 받드는 것이다. 생(生)은 덕의 빛이고 성(性)은 생의 본질이다."라고 했다. 그래서 『장자』에서는 핸섬하고 훤칠하고 아름답고 예쁘고 뭐 그런 화려한 외모의 소유자는 전혀 등장하지 않는다. 물고기가 서시를 보고도 아름답다고 생각할까? 오히려 서시를 보고 놀라 도망갈 수 있다고 역설적 표현을 하고 있다. 사회에서 명성을 드러낸 사람, 권력자, 그런 사람들에게 권위를 싣는 것이 아니라 오히려 소외된 사람, 외모가 흉한 사람, 신분이 낮거나 가난한 사람들에게 권위를 준다.

한때 승승장구하던 사람이 어느 날 추문에 의해 한순간 명예를 잃기도 하고, 한동안 어깨에 엄청 힘주던 권력자가 하루아침에 비리 고발로 뉴스를 메우기도 한다. 외적으로는 다방면으로 대단해 보였는데, 뒷날 알고 보니 말버릇이 고약하고, 행동이 거칠고, 이타심이란 전혀 없고 이기심으로 가득하다면 그 근처에 자리 하나 얻자고 머리를 조아리는 사람들이 아니라면 모두 기피하게 될 것이다. 그것이 대중의 의사 표현이다. 인간은 절로 인간다운 사람, 즉 덕과 정직을 가지고 있는 사람과 가까이 지내고 싶은 내재적 열망이 있기 때문이다.

인공지능과 인간의 차이란 이와 같은 것이다. 감성과 영성이 살아있는 힘을 발휘하는 인간의 본성 그 자체가 동심처럼 살아있는 것 말이다. 「인간세(人間世)」를 살펴보면 다음과 같은 말이 나온다. "무릇 마음이 곧은 사람은 하늘과 벗이 된다고 합니다. 하늘과 짝이 되는 이라면 천자와 자기 자신이 다 같은 아들임을 알 테니, 어찌 자기의 말을 임금이 옳다고 하든 옳지 않다고 하든 상관이 있겠습니까?" 그런 이를 일러 천진한 아이와 같다고 하고, 또 하늘과 벗이 된 사람이라고 한다.

총괄적으로 정리해 보기로 하자. 『장자』의 행복론을 거론하려면 인간의 죽음을 받아들이고 수용하는 데서 출발한다. 아주 작은 먼지로 돌아가는 일에서부터 출발한다. 수용의 미덕, 유유자적하는 행복, 변화, 복종과 순종, 개성적인 삶, 장자가 어떤 생사관을 가졌는지에 대해서 먼저 살펴볼 필요가 있다. 행복하게 산다는 것은 『장자』 전체서의 핵심인 「소요유 편」 그대로 '노닐 듯이 유유자적하며 살다.'로 설명될 수 있을 것이다. 삶과 죽음은 동전의 앞면과 뒷면처럼 동일한 한 점 선상에 있는 것이라고 했다. 죽음은 자연의 순리, 봄·여름·가을·겨울과 같은 순리라는 것이지만, 전쟁이 난무하고 말 한마디 잘못하면 목숨이 위태롭던 시기에는 순리대로 인간이 죽고 살았던 것만은 아니다. 이런 논제가 더 맞을 것이다. 인간은 언제 어느 때 어떤 일로 소멸될지 아무도 알 수가 없다. 이런 측면에서 본다면 인간은 매우 존엄한 존재이긴 하지만, 매우 하찮은 미물에 불과해지기도 한다. 그렇다면 현재 지금 우리는 어떻게 살아야 할까?

살아있는 동안 자기 삶을 성실히 욕심도 내면서 살아야 하는 것은 맞다. 인간의 본성이고 인간의 기본적 욕구다. 그러나 인간이란 정직과 덕, 이타심을 가지고, 곁에 있는 사람을 사랑하기 위해 이 땅에 온 것이라는 사실을 망각해서도 안 될 것이다. 또 욕망에 대해 인지하더라도 사람의 마음 터 밭에는 끊임없이 탐욕을 향해 집착할 수 있기 때문에 그래서 삶이 무질서해질 수가 있다. 수단과 방법을 가리지 않다 보면 타인에 대한 사랑은 잊고 자기중심적으로 사물을 보기 때문에 마침내 무질서로 이탈해 버리는 것이다. 이런 순간을 막기 위해 마음의 재계를 하고 내적 마음을 끊임없이 거울 들여다보듯 해야 한다.

인간은 자기 표정과 자기 동작, 행위, 언어적 표현은 객관화시켜 바라보기 어렵다. 따라서 인공지능과 메타버스 시대, 그 안에서 아바타를 통해 객관화시킨 자신을 투영해 보거나 인식하는 구조는 새로운 혜안을 열어줄 수가 있다. 그것은 CCTV를 통해 자신의 일거수일투족을 살펴보는 것과 유사하다.

자연 안에 있는 수많은 생명과 혼연일체, 일체감을 가지고 어떤 것에도 구속되지 않는 인간 본연의 모습으로 살아가려는 노력은 결국 '끊임없는 변화'에 있을 것이다. 변화란 치열한 고민과 파괴적 혁신을 이루려는 강렬한 의지 안에서만 가능하다. 아무리 승승장구하고 권력, 명예, 대단한 무언가로 치장이 되어있던 사람도 정직과 덕이라는 인품이 없으면 그에 대한 선망, 동경, 흠모 이런 것이 있을 수가 없다. 치열하게 변화하려는 의지와 파괴적 혁신 이후에 무언가 이루어져 가는 뿌듯함과 공로가 인정되어 갈 때 비울 줄 아는 자세 안에서만 가능하다. 그것은 타인의 시선이 두려워서가 아니다. 자신에 대해선 하늘의 마음을 닮아있는 자기 양심(良心)으로 회귀하려는 인간의 본성이 가장 인간적이고, 가장 자연스러운 인간의 모습인 까닭이다. 그리고 그때서야 비로소 인간은 자유로움을 느끼고 행복할 수 있다.

독일 작가 괴테의 『파우스트』를 기억할 것이다. 정말 최고의 학자로서 존경을 받던 파우스트가 메피스토펠레스가 내민 유혹에 완전히 사로잡혀 그 모든 명예를 추락시킨다. 정말 한순간의 일이었다. 그런 그는 종말에 이렇게 절규한다. "예수가 인류를 구원하기 위해 그 많은 피를 흘렸는데, 나를 위해 단 한 방울만이라도 좋으니 그 한 방울의 피만으로 나를 이 죄악의 사슬에서 구해달라"고 말이다. 인간은 본성처럼 유혹에도 시달리지만, 회귀본능처럼 가장 선하고 가장 아름다운 어떤 숭고함으로 돌아가고자 하는 욕구가 있는 것일까? 여기서 자유와 방종을 분별할 필요가 있고, 쾌락과 즐거움의 나락에 빠졌을 때와 다시 행복으로 회귀하고자 했을 때의 극명한 차이를 이 한 줄의 문장을 통해서도 알 수 있는 일이다. 인간은 즐거움과 쾌락 그 자체만의 행복을 추구하는 것이 아니라 성장과 성숙을 기반으로 한 행복을 추구하는 동물인 까닭이다. 장자가 왜 그렇게 덕(德)에 집중했는지 우리는 그 이유가 여기에 있다고 할 것이며, 행복은 달콤한 유혹이 아니라 깊은 내면적 충족에 의해 비로소 실현된다는 것을 알게 되는 이유다.

참고 문헌

- 김송희, 『세계를 향한 한국교육』, 생각나눔, 2012년 3판

- 김송희, 『코로나 19 이후 장자에게 묻다』, LAMI 인문과 예술경영 연구소, 2020년

- 김대식, 「생명에 대한 존재론적 인식과 생명미학적 정치」, 『철학탐구』 36집, 2014년

- 김충열, 『노장철학강의』, 예문서원, 1993년

- 고산, 4차 산업혁명과 신제조업의 시대, 2017년 10월 20일 공덕 롯데시키호텔에서 강연

- 김송희, 「'장자'의 리더십으로 통찰하는 21세기 세계화와 다문화의 이슈」, 『중국문화 연구』 34집, 2016년 11월

- 김송희, 「도연명(陶淵明) 시를 통해 본 장자(莊子)의 생명의식」, 『중국문화연구 4』, 중국문화연구학회, 2004년

- 김송희, 4차 산업혁명과 인문학적 리더십–'장자'에게 묻다, 한국중어중문학회 국제학술회의, 연세대학교, 2017년 11월 12일

- 김송희, 4차 산업혁명과 '장자'의 리더십, 혁신리더포럼, 기업인 대상 강의, 2018년 1월

- 김송희, 4차 산업혁명 시대, '장자'의 생명의식 재해석, 한국중어중문학회 국제학술회의, 이화여대, 2018년 11월 17일

- 김송희, 4차 산업혁명과 '장자'의 리더십, 대한중국학회 국제학술회의, 부산외국어대학교, 2018년 11월 24일

- 김송희, 「4차 산업혁명시대 '장자'의 통찰력으로 보는 복음화」, 『가톨

릭 신문』, 2020년 3월 1일

- 김진호·최용주 지음, 『빅데이터 리더십』, 북카라반, 2018년

- 리우샤오간 지음, 최진석 옮김, 『장자철학(莊子哲學)』, 소나무, 2000년

- 비트뱅크 지음, 김용수·이두원 옮김, 『블록체인의 충격』, 북스타, 2016년

- 빅터 프랭클 지음, 이시형 옮김, 『빅터 프랭클의 죽음의 수용소에
  서』, 청아출판사, 2020년

- 제러드 다이아몬드 지음, 강주헌 옮김, 『대변동 위기, 선택, 변화』,
  김영사, 2019년

- 제리 카플린 지음, 신동숙 옮김, 『인공지능의 미래』, 한스미디어, 2017년

- 천구잉 지음, 최진석 옮김, 『노장신론(老壯新論)』, 소나무, 1997년

- 한국포스트휴먼연구소·한국포스트휴먼학회 편저, 『인공지능과 새
  로운 규범』, 아카넷, 2018년

- 徐復觀, 「중국예술정신(中國藝術精神)」『徐復觀先生全集』 4, 臺灣學生
  書局, 1984년

- Michael Ivans, S·J, 『Understanding the Spritual Exercise』,
  Gracewing, 1998년

AI 시대, 예술의 변화와 미래
- 유럽의 미술을 중심으로

서동희[131]

새로운 세상을 맞이하며

1) 코로나 19와 예술

2) 예술과 기술의 미술사

3) 4차 산업혁명과 예술

예술과 일상의 벽을 넘어서

---

[131] 파리 4대학(파리 소르본대) 미술사 박사 수료, 루브르 박물관 해설사, LAMI 인문과 예술경영 연구소 이사

⊠ 새로운 세상을 맞이하며

　　미국의 과학자이자 미래학자인 레이 커즈와일(Ray Kurzweil, 1948~)은 2005년의 저서, 『특이점이 온다』에서 다가올 미래 과학의 유토피아를 다음과 같이 말했다. "미래는 유전공학, 나노기술, 몰입형 가상현실의 발달 등으로 인간과 기계가 하나가 되는 시점이 도래한다"며 이를 2045년으로 보았다. 그는 2020년 후반이 되면 가상현실을 실제의 삶에 적용한 재택근무가 널리 퍼질 것으로 보았고, 가상 세계 속에서 놀이를 즐기는 사람들의 모습을 상상했다.[132] 그의 미래 예측과 기술적 예언은 20년 전의 일이고 놀랍도록 정확히 적중했다.

　　코로나는 일상의 삶과 패러다임을 바꾸는 혁신적 기술의 발전과 4차 산업혁명의 가속화를 불러왔다. 지금과 같은 편리한 일상을 가능케 한 새로운 아이디어, 그리고 그 아이디어를 구현하는 기술의 속도는 개인

132　레이 커즈와일 저, 김명남·장시형 옮김, 『특이점이 온다』, 김영사, 2005년, 465~471쪽

의 완벽을 능가한다. 우리는 코로나 시대를 살아가기 위한 사회적·문화적·기술적 변화를 이해하고, 과거의 역사와 현재의 트렌드를 통해 인간의 미래를 투영할 수 있어야 한다. 그렇다면 시각예술의 영역에서 존재하는 기술은 어떨까? 카메라의 발명과 더불어 시작된 기술복제 시대와 다양한 미디어 기반의 디지털 시대를 거쳐 온 미술계가 어느덧 4차 산업혁명 시대를 맞이했다. 인공지능(Artificial Intelligence, AI)이 그림을 그리고 작품을 비평하며, 로봇이 도자기를 만들고 박물관에서는 전시 해설을 한다. 인간만의 영역이라 여겨지던 창조적 문화 예술 분야, 특히 시각예술에 인공지능이 어떻게 활용되고 어떤 방식으로 살아남을 것인가? 그리고 디지털과 정보화, 과학이 삶과 결합하는 현재, 예술은 어떻게 그 변화와 미래를 받아들일 것인가? 예술품은 단지 아름다운 작품이라는 개념을 넘어 문화와 사회 전반을 이해하는 척도가 된다. 우리는 이제 4차 산업혁명의 소용돌이 속 현재의 예술 현상을 진단하고, 미술을 통해 역사적 변화와 미래, 그 안에서 인간의 역할과 미래에 대해 살펴보고자 한다.

1) 코로나 19와
   예술

코로나바이러스가 급속히 전 세계에 확산된 배경에는 나라 간 이동 시간의 단축과 세계화라는 문명의 도약이 있었다. 1990년대 후반 인터넷이 대중화되면서부터 전 세계 지구인이 실시간으로 접촉되어 있는 초연결사회가 도래했다. 이로써 세계 곳곳의 물리적 연결성은 물론이고, 공간과 시간을 뛰어넘은 소통이 가능해졌다. 특히 모바일과 인간의 연결은 자동차나 전화기의 발명만큼 획기적인 사건이었다.[133] 그 안에서 인간관계와 각종 놀이를 하고, 비즈니스 업무를 실행한다.

코로나 이후 집단이 아닌 개인과 일상의 중요성을 깨닫게 되고, 각

---

133 최재천 외, 『코로나 사피엔스』, 인플루엔셜(주), 2020년, 76쪽
    최재붕은 스마트폰을 사용하는 현대인을 '포노 사피엔스'라 부르며 코로나 19 이후 '포노족'에
    의한 문명의 변화가 가속화되어 디지털 문명으로 교체될 것이라 주장한다. 전화기를 뜻하는
    '포노'와 '호모 사피엔스'를 합성한 용어인 포노 사피엔스는 영국의 경제 주간지 『이코노미스트』
    의 2015년 3월 표지 기사에서 지혜가 있는 폰을 쓰는 인간이라는 의미로 처음 사용됐다.

자의 취향을 존중하는 디지털 세상에 개인화가 일상 속으로 들어왔다. 사회적 네트워크와 개인 방송을 통해 내가 생각한 것, 먹은 것, 구입한 것, 본 것을 나만의 디지털 공간에 남긴다. 이런 현상은 평범한 사람을 일상의 주인공으로 부각시켰다. 그리고 문화 예술적 취향을 드러내고 타인과 공유하고 교감하는 것을 즐긴다. 가상박물관의 아카이브(archives)[134]에서 작품을 관람하고, 자신만의 갤러리를 만들거나 예술 활동을 공유하며 세계인들과 상호 교류하는 새로운 예술의 시대가 도래했다.

(1) 팬데믹이 몰고 온 변화

코로나 19는 인류역사상 최악의 사망률을 기록한 전염병이었던 중세의 흑사병을 연상시킨다. 14세기 초반에 단테(Dante Alighieri, 1265~1321)가 쓴 『신곡(神曲, La Divina Commedia)』[135]은 당시 유럽인들의 사고에 엄청난 영향을 주었다. 단테는 인간이 겪는 병을 하느님이 내린 징계로 묘사했다. 1347년 유럽에서 처음 발견된 지 2년 만에 2천5백만 명이 희생된 흑사병 역시 하느님의 심판으로 인간에게 내려진 형벌로 여겼다.

---

134 영구적으로 보존할 가치가 있는 기록물을 보관하는 장소나 보존 기록물, 기록물의 수집 및 관리 기관을 지칭한다. 박물관 아카이브는 박물관의 운영 과정에서 생산된 기록물과 소장품 자료, 학술 자료를 수집, 분류, 보존하는 기관 또는 기록 그 자체를 뜻한다.

135 이탈리아의 시인 단테 알리기에리(Dante Alighieri, 1265~1321)가 죽기 전까지 집필했던 대서사시 『신곡』은 그가 마음속 스승인 베르길리우스, 베아트리체, 베르나르두스와 함께 지옥과 연옥, 천국을 여행하는 이야기이다. 기독교 신앙에 바탕을 둔 중세 시대의 세계관과 철학을 드러냈다.

병을 거두어달라는 간절한 기도에도 중세인들은 하느님의 응답을 받지 못했고, 교회와 교리에 대한 회의가 생겨나기 시작했다. 질병에 대한 공포는 전염병이라는 재앙을 더욱 참혹하게 받아들이게 되었다. 사람들은 기도와 고행, 금식을 행했고, 미신이나 주술, 가짜 약도 활개를 쳤다. 엎친 데 덮친 격으로 당시 유럽에 흉작이 불어닥쳤는데, 기아 속에서 병마와 싸우기는 매우 어려운 상황이었다. 일부 고위 성직자는 불안한 시대적 분위기와 인간의 두려움을 이용하여 재산을 축적하며 타락해 갔다. 청빈한 삶을 신과 약속했던 고위성직자들이 토지와 재산에 대한 탐욕을 드러내며 정치를 이용했다. 결국 그리스도교의 권위는 땅에 떨어지고 교회 시스템이 붕괴하기에 이르렀다.

도덕과 종교, 법과 사회질서가 무너지며 중세는 막을 내렸다. 더는 교회를 신뢰하지 못하는 사람들이 과학과 이성에 기대게 되면서 인본주의를 바탕으로 하는 르네상스가 탄생했다. 흑사병의 창궐은 이렇듯 봉건 질서를 기반으로 하는 사회 구조와 종교관에 크나큰 변혁을 몰고 왔고, 당시 유럽 중심으로 이루어지던 세계 역사를 바꾸어놓았다. 흑사병이 끝난 후의 인구 감소와 노동력 부족으로 기술이 발전하게 되는데, 기계문명의 시대로 전환하면서 유럽의 제국주의로 이어졌다.

미술사에서 중세는 흔히 암흑기로 부른다. 중세의 미술은 성경의 내용을 시각화하는 데에 목적이 있었고, 인간의 미적 경험과 사상을 표현하는 데에는 관심이 적었던 이유다. 중세인들은 보이는 대상보다는 만물을 창조하고 다스리는 신의 세계를 그리는 데 치중했다. 교회는 신의 집 그 자체였고, 내부를 장식하는 그림은 성경의 내용, 교회 안을 비추는 빛은 그리스도 자신을 상징했다. 그러나 유럽 인구의 절반의 목숨을 앗아간 흑사병의 여파로 사람들은 신보다 중요한 인간의 가치에 대해 깨닫기 시작했다. 엄격히 말해서 교회가 말하는 신성(神性)이란 사람들의 인성(人性)으로 재발견되어야 옳을 일이었다. 그러나 실제 인간의 삶 안에서 그렇게 수용되기란 매우 어려웠던 시기다. 한마디로 신에게 모든 것을 바치던 중세적 세계관이 인간을 중시하는 인본주의로 바뀌게 된 계기가 된 것이다. 경직된 중세의 미술 스타일에서 인간의 감정과 표정을 생생하게 표현하는 양식으로 발전한 것도 이런 배경에서 나왔다. 조토 디 본도네(Giotto di Bondone, 1267?~1337)는 이탈리아 피렌체에서 주로 활동한 화가다. 중세의 경직성에서 탈피해 인간의 모습을 현실적으로 묘사하는 르네상스적 사고를 보여준 최초의 화가다. 그의 작품에는 신들의 세상이 아닌 인간의 세상에 실제로 존재할 법한 인물들이 주인공으로 등장한다.

흑사병이 중세 유럽인들을 죽음으로 몰아넣은 상황에서 미술 작품 속의 죽음에 대한 인식도 변화했다. 중세 시대의 예술이 죽음 이후의 삶에 집착했다면, 르네상스 이후로는 죽음 역시 삶과 분리될 수 없는 자연스러운 것으로 인식하게 되었다. 많은 이가 전염병과 전쟁으로 인한 주변인의 죽음을 목격하면서 인생의 덧없음과 허무를 절감했다. '죽음을 기억하라'는 라틴어 경구인 '메멘토 모리(Memento mori)'는 인간의 짧고 유한한 삶, 그렇기에 더욱 아름다운 생을 받아들이려는 예술의 대표적인 주제로 유행했다. 결국 흑사병은 인간을 중세의 엄격한 종교적 틀을 벗어난 인간 중심의 새로운 삶으로 되돌려 놓게 된다. 신을 향한 믿음은 결국 인간이 어떻게 행복하고 자유롭게 살아야 할 것인가의 문제를 살피기보다는 탐욕으로 흘러갔다. 그 시기 탐욕적 신앙을 거부하고 인간 그 자체에 집중하는 계기가 마련된 것이다.

흑사병은 전염 속도가 빠르고 치사율도 높아서 1347년부터 1352년 사이 거의 2억 명, 즉 지역에 따라 유럽 인구 3분의 1에서 절반이 사망했다. 흑사병이 중국에서 유럽으로 퍼져 엄청난 수의 사망자가 발생하는 데 몇 년의 시간이 걸렸다면 1차 세계대전 중 발병한 스페인 독감의 경우 더 빨리 전파되었다. 2천만 명에서 1억 명에 이르는 사망자 대부분이 1918년과 1919년 사이에 나왔다. 코로나 바이러스는 단 몇 주만에 전 세계에 퍼졌다. 21세기에 들어서만 사스, 신종플루, 메르스, 코로나 19 같은 많은 감염병이 발생했다. 최근 수십 년간 전염병의 유행으로 인류는 의학적 해결책 없이 질병에 직면해야 하는 어려운 상황에 맞닥뜨렸다.

누구도 코로나 19 같은 바이러스가 지구상에서 완전히 없애는 것이 불가능하다면 함께 공존하는 법을 익혀야 했다. 그 결과 비대면으로 일하거나 서비스를 제공하는 산업이 급속도로 발달했다. 같은 시각 온라인으로 접속하여 원격으로 수업이나 화상 세미나를 진행하는가 하면, 가상박물관과 가상현실 (Virtual Reality, VR)[136] 전시회에서 작품을 감상한다.

생활하거나 일하는 데 물리적 이동 시간이 줄어들고, 온라인 수업과 재택근무가 활성화되면서 성인들의 여유 시간이 증가했다. 노동 시간의 단축도 여가 시간의 확대에 한몫을 했다.[137] 그렇다면 이렇게 늘어

---

136 가상현실이라는 용어는 프랑스의 시인이자 극작가인 앙토냉 아르토(Antonin Artaud, 1896~1948)가 1938년 그의 저서 『연극과 그 이중(Theatre et son Double)』에서 관객을 몰입시키는 극장을 묘사한 'la réalitévirtuelle'에서 왔다. 가상현실은 1940년대 미국 비행 시뮬레이션에서 시작되어, 컴퓨터로 특정한 상황이나 환경을 만들어 사용자가 마치 실제처럼 경험하게 하는 기술이다.

137 최재천 외, 『코로나 사피엔스』, 93쪽

난 시간을 어떻게 효율적으로 활용할 것인가? 2019년 12월 코로나가 최초로 보고되고, 2020년 이후로 사람들의 일상생활과 사고에 변화가 생기기 시작했다. 여가를 즐기기 위한 문화 예술 향유 욕구가 커지고, 개인의 행복과 즐거운 삶을 추구하는 분위기를 엿볼 수 있다. 조반니 보카치오(Giovanni Boccaccio, 1313~1375)가 쓴 『데카메론(Decameron)』은 흑사병이 창궐한 중세 이탈리아를 배경으로, 전염병을 피해 피렌체 언덕에 모인 열 명의 남녀 젊은이가 남긴 백 개의 이야기다. 비극적인 감염병은 염세주의와 동시에 '지금 이 순간을 즐기자'는 사고의 전환을 가져와 이 책에 반영됐다. 코로나라는 파도가 휩쓸고 간 세상에서도 이러한 삶의 태도를 목격할 수 있다. 그러나 『데카메론』 속에 나타난 피렌체 언덕은 당시 부유층들만 누릴 수 있는 호화스러운 장소였다.

이전과 같은 평범한 일상을 누릴 수 없게 된 사람들이 가장 먼저 느낀 것은 일상의 소중함이었다. 경쟁에서 뒤처지면 불행을 느끼게 되는 자본주의 사회의 이데올로기에서 벗어나, 개개인의 소소한 일상과 건강이 더 중요하다는 것을 알게 됐다. 인간의 욕망을 충족시키기 위한 돈 벌기, 경쟁하는 삶에서 탈피해 오로지 개인의 경험과 즐거움이 우선이라는 생각을 하게 된 것이다. 인간의 이기심으로 인해 자연이 고통받고 결국에는 그것이 전 세계를 신음하게 한 바이러스의 재앙으로 되돌아왔다는 사실에 대한 성찰이 필요했다. 더불어 사람들 각자의 취향과 철학으로 삶의 기쁨을 찾으려는 전환점이 되었다. 그러자면 자기 자신에 대한 발견이 중요해짐은 물론이다. 약 3여 년간의 코로나 19로 인해 미술에 대한 관심과 열정이 폭발적이다. 이것은 인간에 대한 발견과 관심, 억눌려 있던 자아의 분노와 우울함을 분출시키려는 인간의 의지라고 해야 할까? 이러한 관심은 자아의 힐링과 치유, 그리고 새로운 흥분과 에너지를 심어주는 의미로 보아도 과언이 아닐 듯하다.

(2) 코로나 시대의 미술계

사람들은 격리되어 서로 접촉하지 못하는 상황에서 감염병의 불안과 우울을 극복하고 재미있게 예술 활동을 하면서 이 시대의 이야기를 하고 싶어 했다. 집에 머무는 시간이 길어지면서 온라인 콘텐츠에 관한 관심이 증가했고, 엄중한 코로나 시국에도 일상 속에서 즐거움을 찾으려는 시도가 두드러졌다. 몇 가지의 사례를 살펴보자.

집 안의 물건 세 가지를 활용해 명작을 패러디하는 아트 챌린지가 있다. '미술과 격리 사이에서'라는 뜻을 가진 인스타그램 계정 네덜란드 투센 쿤스트&쿠아란타인(@tussenkunstenquarantaine)의 제안으로 시작됐다. 고전 명화에서부터 현대미술까지 시대를 넘나드는 작품을 기반으로 풍자와 해학이 넘치는 게시물이 700건 넘게 게시됐다. 미국 LA의 게티 미술관(Getty Museum)과 우크라이나의 키예프에 있는 핀추크 아트 센터(Pinchuk Art Center) 역시 사람들에게 명화 패러디를 요청했다. 미술관 방문이나 관람이 어려워지면서, 작품을 즐기는 다양한 방법을 개발해낸 것이다. 대부분 조악하고 유머러스하게 패러디한 것들이지만, 놀랄만한 수준으로 만든 것도 보인다. 재미로 시작된 도전에 예술가들도 참여하면서 창의적이고 경이로운 작품들이 나왔다. 쉽고 친근하게 명화의 이미지를 재생산하는 패러디는 원본의 권위를 강화하고 미술에 대한 관심을 불러일으켰다. 전 세계 미술관의 유명한 그림 속 인물을 코로나 시대의 상징물과 합성한 작품들도 흥미를 더해준다. 명화 속 인물들은 마스크를 착용하거나 손 소독제를 들고 있다. 코로나 19를 주제로 작업하는 작가들의 작품을 소개하는 코비드 아트 뮤지엄(@covidartmuseum)처럼 코로나와 예술을 다루는 인스타그램 계정만 60개가 넘고, 해시태그 등과 관련된 이미지가 29만 개 이상 검색된다.

온라인 미술관도 활성화됐다. 미술관에서는 페이스북, 인스타그램, 트위터 등의 소셜미디어를 통해 소장작품을 이미지 데이터로 업로드하고 팔로워에게 실시간으로 소식을 전달한다. 그런데 코로나로 대부분의 미술관이 문을 닫고 새 소식을 전하지 못하게 되자, 고해상도 이미지와 작품 해설, 동영상을 보여주는 가상현실 전시 투어를 개발했다. 디지털 아카이빙 작업을 기반으로 프랑스 파리의 루브르 박물관(Musée du Louvre), 영국 런던의 대영 박물관(The British Museum), 미국 뉴욕의 메트로폴리탄 박물관(Metropolitan Museum of Art), 피렌체의 우피치 미술관(Uffizi Gallery) 등 세계의 유명 미술관이 인터넷 속 가상 공간으로 관객을 불러들였다. 러시아 상트페테르부르크(Saint Pestersburg)에 있는 에르미타주 미술관(Hermitage Museum)은 5시간이 넘는 분량의 롱테이크로 45개 홀 전체를 촬영했다. 소장품을 라르고(largo) 형식으로 찬찬히 살펴볼 수 있는 묘미를 제공했다. 한국의 국립중앙박물관도 온라인 전시관을 개관하여 360도 자세하게 유물을 관람할 수 있다. 아무도 없는 공간에서 홀로 조용히 작품을 바라볼 수 있는 나만의 박물관을 제공받는 셈이다.

코로나는 예정대로 진행되지 못하게 된 많은 미술 행사와 전시를 온라인으로 확장시켰다. 부산 비엔날레가 온라인으로 개막했고, 세계적 미술 시장인 아트 바젤(Art Basel)과 한국의 키아프(KIAF) 역시 홈페이지와 애플리케이션을 통해 작품을 보고 구입할 수 있도록 관객을 매료시켰다. 프랑스의 연례 미술 시장 살롱 드 뎃상(Salon du Dessin)은 비디오로 촬영한 가상 전시로 대체됐고, 취소되었던 아트 파리(Art Paris)가 디지털 판매와 라이브 방송으로 진행됐다. 경매 분야의 온라인 진출도 활발했다. 프랑스의 드루오(Drouot)는 온라인 경매, 가상 전시 투어, 뉴스레터 방송 등으로 수집가들을 놓치지 않기 위해 노력했다. 한국의 미술 경매시장 케이옥션(K Auction)은 무관객 비대면 경매를 진행하면서 기존의 서면, 전화 응찰과 더불어 경매 라이브 방송을 통해 응찰에 참여할 수 있도록 했다.

그뿐만이 아니다. 케이옥션은 자회사 투게더아트를 통해 STO(Securiety Token offering) 사업을 추진하고 있다. 메타버스, NFT(대체 불가능 토큰) 열풍에 이어진 이 사업은 주식, 부동산보다 새롭고 혁신적이다. STO는 블록체인 기술 기반으로 토큰(가상자산) 형태의 증권을 발행하는 것인데, 실물자산을 기반으로 소액의 '조각투자'를 할 수 있다는 게 장점으로, MZ세대 및 소자본 투자자에게 뜨거운 기대를 모았다. 독일 출신 예술가 팀 아이텔(Tim Eitel, 1971~)은 파리에서의 이동 제한 기간 동안 작품을 제작하고, 완성된 작품들을 대구 미술관에서 전시했다. 사회적 거리 두기의 실천을 위해 작품 설치를 원격 화상회의로 실행하여 큐레이터와 성공적인 협업을 이끌어냈다.

구글은 2011년부터 구글 아트 앤 컬쳐(Google Art &Culture) 프로젝트를 통해 스트리트 뷰 기술을 이용한 가상 미술관 투어를 시작했다. 2015년 6월부터는 미술관에 보존되는 예술품뿐 아니라 거리에서 쉽게 사라질 수도 있는 거리의 벽화를 추가했다. 온라인 관객은 세계 곳곳의 거리 축제와 예술 마을, 그래피티, 조각, 모자이크 등 다양한 스타일의 예술을 집 안에서 볼 수 있다. 격리와 이동 제한으로 여행을 떠날 수 없게 된 상황에서도 해외의 명소나 거리 곳곳을 가이드의 설명이 곁들여진 스트리트 뷰로 감상한다. 영국의 거리 화가 뱅크시(Banksy), 프랑스에서 활동하는 쥐 에흐(JR, 1983~)와 라틀라스(L'Atlas, 1978~)의 야외 작품도 웹상에서 볼 수 있다.

많은 벽화 예술가의 작품은 온라인 디지털 전시회와 병행하여 몰입도를 높였다. 벽화를 촬영한 뒤 이어 붙이고 애니메이션 형식으로 제작한 작품은 GIF Art[138]라 명명하여 가상 전시로 공개했다. 그래피티 예술들은 그림이 쉽게 지워지는 것을 막기 위해 아주 높은 벽이나 닿기 어려운 곳에 그리는 경우가 많은데, 그렇게 접근이 힘든 곳에 있는 작품에도 별문제 없이 다가간다. 그래피티[139]는 대중문화, 혹은 종종 하급 문화라 여겨졌던 부분이 일상 속에서 자연스럽게 생존한 예다. 그래피티는 원칙적으로 범죄행위가 될 수 있는 데서 기인했으나 중립적 의미로는 '무단으로, 벽에 글자를 적는 예술성을 지닌 행동양식'이라고 하겠다.

19세기까지의 예술에서 리얼리티는 자연과 인물, 정물이었으나 20세

---

138 Graphics Interchange Format Art
139 그래피티는 '긁다. 긁어서 새기다.'라는 뜻의 이탈리어로, 현대적 의미의 그래피티는 1960년대 후반 인종차별에 저항하는 미국의 흑인 젊은이들이 뉴욕 건물 벽이 지하철에 스프레이 페인트로 구호와 그림을 그리면서 시작되었다.

기 이후의 예술적 리얼리티는 자연이 아닌 도시적, 일상적, 상업적 이미지였다. 고급 예술과 고급 취향이 이 시대 예술을 지배하는 것이 아니라, 대중문화와의 경계를 넘나드는 대중이 끌고 가고 있다. 그리고 코로나 시대 예술에 접근하는 문화 향유 방식 자체가 변화하고 있다.

2) 예술과 기술의
   미술사

'아르스(ars)'라는 라틴어 단어에서 유래한 예술(art)과 기술 (technique)의 어원은 고대의 '테크네(techne)'에서 왔다. 고대 그리스의 테크네 는 집 선박, 가구, 그릇, 옷 같은 것들을 만드는 기술뿐 아니라 군대를 통 솔하고, 토지를 측량하며, 관중을 사로잡는 데 요구되는 기술도 포함됐다.

중세 때는 보다 광범위하고 자율적인 예술로서 '아르스'가 이해되었 다. 그리고 문법, 수사학, 논리학, 산술학, 기하학, 천문학, 그리고 음악 등 과학에 해당하는 일곱 가지를 아르스의 영역에 넣었다. 고대에 성립 된 예술 개념들의 체계는 르네상스 때까지 통용되고, 근대에 이르러 공 예와 과학을 예술의 범위에 포함시켰다. 이후 공예와 과학이 떨어져 나 감에 따라 순수 예술만이 남게 된다. 고대의 예술과 기술은 하나로 취 급되다가 나중에 아트(art)와 테크놀로지(technology)로 분리된 것이다. 19세기에 이르러 순수예술을 뜻하는 파인아트(fine art)라는 현대적인 개념의 용어를 완전히 수용하며 '아트'라는 말의 의미도 변화한다. 예술의 범위는 좁아져서 공예와 과학을 배제하고 오로지 시각예술 분야를 이르는 순수 미술만을 받아들이게 된다.[140]

예술은 인간이 가진 기술에서 비롯됐다. 인간만이 도구를 사용하고, 손의 재주에서 나온 기술로 문명을 발달시켰다. 예술가는 사물을 실제처럼 똑같이 재현하는 기술을 가진 이들이었다. 자연을 묘사하는 탁월한 재주가 있었던 원시인들은 들소를 사냥하고자 하는 염원을 담아 동굴벽화를 남겼다. 문명이 시작되자 메소포타미아 지역의 수메르인들은 글자를 흙판에 기록했고, 바빌로니아 왕국의 함무라비 왕은 법전을 만들어 돌에 새겼다. 사후세계의 존재를 믿은 고대 이집트인들은 무덤 속에 벽화를 그려넣었다. 고대 그리스인들이 신들의 집을 짓고, 신의 모습을 이상향의 아름다운 인물로 조각했다면, 고대 로마인들은 실제 사람의 모습을 형상화하기 시작했다. 중세인들은 하나님의 세계를, 르네상스 화가들은 인간 세상을 그렸다. 왕과 귀족, 높은 지위의 사람뿐 아니라 점차 보통 사람들까지 그림 속의 주인공이 되어갔다. 화가들은 계절의 변화와 장엄한 자연 풍경을 기록했고, 이내 사그라지는 생을 찬미하는 정물화를 화폭에 박제시켰으며, 우리가 살고 있는 현실의 모습을 담았다. 그리고 1839년 '다게레오 타입(Daguerre type)'[141]의 카메라가 발명되었다. 현실을 재현하는 뛰어난 기술을 가졌던 화가들은 인간의 재현 능력을 능가하는 기계의 기술에 밀려 새로운 표현법을 모색해야 할 숙명에 처했다.

---

140 W. 타타르키비츠저, 김채현 옮김, 『예술개념의 역사』, 열화당, 1986년, 25~41쪽
141 다게레오 타입: 루이스 다게레오(Louis Daguerre)에 의해 발명된 은판 또는 은도금 동판에 포착한 최초의 사진을 뜻한다.

(1) 기술복제 시대의 예술

인상주의는 카메라, 튜브물감, 증기기관차라는 기술의 발전을 배경으로 싹튼 사조다. 첫 전시가 열렸던 1874년을 그 시작점으로 본다. 서구 미술의 근원, 즉 자연의 모방이라는 고대 그리스 미술 중심의 미적 원리가 무너지고 현대미술이 시작되는 시점이다. 화가들은 폐쇄된 아틀리에를 떠나 빛과 색채의 권위를 발견했고, 다채로운 색감이 인상주의자들의 화폭을 지배했다. 카메라의 발명으로 더 이상 현실을 똑같이 재현하는 것은 의미가 없어졌다. 미디어 이론가이자 문화비평가인 마샬 맥루한(Herbert Marshall McLuhan, 1911~1980)의 지적처럼, 예술은 '외부세계를 모사하는 것에서 창조의 내적 과정을 표현하는 것으로 방향을 돌렸다.'[142] 사진은 곧바로 시각예술 전반에서 무시할 수 없는 영향력을 차지하게 된다. 그리고 20세기 초반 막강한 표현의 한 형태로 자리 잡았다. 이후 야수파, 큐비즘, 미래주의, 표현주의, 구성주의, 초현실주의, 추상, 액션페인팅, 신사실주의, 팝아트, 개념미술로 이어지는 다양한 장르가 모던 아트의 큰 흐름을 이루게 된다. 그리고 현대미술은 테크놀로지와 아트의 접목이라는 미학적 변화를 가져왔다. 19세기 사진의 등장으로 시작하여, 21세기에 발달한 기술로 레이저, 비디오, 디지털 이미지가 미술계를 장악했다.

사진은 예술에서 탄생했다기보다는 과학기술의 맥락에서 바라보아야 한다. 인류의 과학 문명 발달과 미술의 원리가 카메라의 발명을 가져왔다. 레오나르도 다빈치(Leonardo di ser Piero da Vinci, 1452~1519)

---

142 허버트 마셜 매클루언 저, 김상호 역, 『미디어의 이해- 인간의 확장』, 커뮤니케이션북스, 2011년, 344쪽

는 인간의 시각에 절대적인 신뢰감을 가지고 아름다운 자연과 인간을 탐구하고 관찰하며 작품을 제작했다. 르네상스 시기에는 창조적 능력을 갖춘 예술가를 신이 내린 재능의 소유자로 여겼다. 다빈치는 과학과 의술 의학 모든 분야에서 천재적인 재능을 지닌 인물이었고, 인간의 상상력이 어떻게 예술과 과학에서 역량을 발휘하는지 여실히 보여주었다. 즉 과학과 기술, 기술과 예술을 접목시키려는 아이디어에 초점을 기울이는 4차 산업혁명 시대의 롤모델이 바로 레오나르도 다빈치라고 해도 과언이 아니다. 그는 탐구 정신과 상상력을 동원해 기발한 기계들을 발명했다.

다빈치의 투시 원근법과 알브레히트 뒤러(Albrecht Dürer, 1471~1528)가 사용한 원근법 기계는 사물을 사실적으로 그리기 위한 도구였다. '어두운 방'이라는 뜻의 라틴어에서 온 '카메라 옵스큐라(Camera obscura)'는 검은 상자에 작은 구멍을 뚫어 바깥 풍경이나 사람을 거꾸로 투사하는 장치다. 바늘구멍 사진기의 시초이면서 화가들이 그림을 그리기 위해 사용했다. 선 원근법과 대기 원근법, 눈속임 기법을 기반으로 한 명암체계가 생기면서 2차원의 평면에 3차원을 표현한다는 회화의 기본적 전제에 충실한 기법이 르네상스 때 완성되었다. 이때 정립된 원근법이 없었다면 사진기의 출현도 더 늦어졌을 것이다.

중세의 그림에는 원근법이나 거리의 개념이 없었다. 시선의 주체가 신이기 때문이다. 절대적이고 초월적인 존재인 신처럼, 미(beauty) 자체와 아름다운 것 모두가 신을 위해 바쳐져야 하는 것으로 생각되던 시대였다. 르네상스 시대가 도래하자 화가는 신이 아닌 인간 중심적인 시선으로 세상을 바라보기 시작했다. 평면적이던 성상화(聖象畵)에서 탈피한 입체적인 인물이 그림에 등장하고, 부피와 공간이 느껴지는 풍부한 표현이 발전했다. 종교가 문화를 지배하던 시대에서 벗어나 시선의 주체가 화가가 되면서, 내가 보는 대로 세상을 묘사할 수 있게 된 것이다. 또한 경험에 의거하는 과학의 영향으로 자신이 직접 본 경험과 체험의 문제를 중시했다. 1점 시점, 즉 소실점의 원리[143]를 이용해 내가 보는 세상을 사실적이고 객관적으로 그리려 했다.

카메라의 발명 이후, 이 새로운 기계는 이전까지 회화가 맡고 있던 이미지의 재현 방식에 변화의 계기를 가져왔다. 이미지의 재현을 주도하던 화가의 그림은 생산성이 매우 낮았다. 일일이 손으로 작업하는 동안 회화적 묘사에는 엄청난 시간이 축적된다. 그러나 기계적인 기록을 하는 사진의 경우, 셔터를 누르는 순간 이미지가 완성된다. 사진이 야기한 가장 큰 변화는 과학기술이 달성한 실제의 재현이라는 점 이외에도, 효과적으로 이미지를 보급할 수 있게 되었다는 점을 들 수 있다. 독일의 철학자 발터 벤야민(Walter Bendix Schönflies Benjamin, 1892~1940)은 낙관적인 시선으로 과학기술을 바라보았다. 사진의 등장으로 회화가 지닌 원본성의 개념은 철저하게 해체되고 유일성의 신화에서 벗어나 무수한 복제가 가능해졌다. 예술을 감싸던 아우라는 사진기의 발명 이후 전시 가치로 전락하여 사라지고 만다.[144] 이전까지는 여러 장으로 복제된 것이 예술품이 되리라는 가능성을 받아들이지 못했다. 그러나 사진기를 이용하는 예술가는 창조자가 아닌 생산자가 되고 그들에 의

---

143 소실점의 원리: 길 위에 철도가 있다고 가정하자. 그 철도는 엄청나게 길어서 보이지 않는 지점 저 멀리까지 있다. 그렇다면 집중 현상이 일어나 두 레일은 만나 지평선 위의 한 점이 된 것처럼 보이게 된다.
144 발터 벤야민, 「기술복제시대의 예술 작품 사진의 작은 역사」 외, 최성만 역, 길, 2007년, 58~59쪽

해 이미지는 기계화된다. 마음만 먹으면 누구라도 세기의 명작을 카피하여 나누어 가지고, 심지어 상품화시킬 수도 있다.

　예술의 유일무이한 현존성 개념을 완전히 파괴하는 사건이 1917년 일어난다. 프랑스의 예술가 마르셀 뒤샹(Marcel Duchamp, 1887~1968)은 도자기로 된 남성 소변기에 가짜 서명 R.mutt를 적어넣고 '샘(Fontaine)'[145] 이라는 제목을 붙였다. 그리고 미국의 독립미술가협회의 전시회에 출품했다가 거부당한다. 뒤샹의 「샘」은 이미 만들어진 기성품인 「레디 메이드(Ready-made)」를 예술가의 손을 거치지 않은 상태에서 예술의 형태로 발표한 최초의 작품이다. 이 작품은 예술가가 어떠한 오브제를 선택하여 특정한 맥락, 즉 미술관에 놓는 것만으로도 작품이 될 수 있다는 생각의 전환을 가져온 것이다. 대중에게 큰 충격을 주었지만, 예술의 새로운 시각과 메시지를 던지는 변곡점을 마련했다. 예술가가 떠올린 아이디어가 미술 그 자체가 되는 개념미술의 원형이자 팝아트와 퍼포먼스, 플럭서스 등의 많은 현대미술이 뒤샹에게 빚을 지고 있다.

　사실 「샘」은 일상의 지저분한 변기가 미술관 안에 관중을 향해 그 형체를 드러냈을 때 관중은 충격을 받았다. 그러나 뒤샹 덕분에 물질로 남지 않는 비물질적인 것까지도 작품이 될 수 있었다. 당시 출품했던 원본은 분실되어, 그의 승인 아래 재제작된 복제품만으로 「샘」이 남아있다는 점도 상징적이다. 물론 뒤샹 이후로도 여전히 '무엇이 예술인가?'가 아닌, '언제 어디서 누가 예술로 만든 것인가?'를 논의하게 되었다. 지금까지의 예술에 대한 인식과 미술 작품의 본질을 완전히 뒤바꾸어 놓은 새로운 예술 개념이 탄생한 것만은 사실이다.

145　우리나라에서는 뒤샹의 이 작품이 「샘」으로 번역되어 통용되지만, 원래의 불어 제목은 Fontaine, 영어 제목 역시 Fountain으로 '샘'보다는 '분수'라는 의미가 맞다.

예술 작품은 물질과 형태가 결합한 결과다. 프랑스의 기호학자 롤랑 바르트(Roland Barthes, 1915~1980)는 미술사를 작품과 예술가의 역사가 아닌 재료와 도구의 역사라고 이야기했다.[146] 예술 작업에서 쓸 수 있는 재료가 많아지면 화가들은 작품에서 개성을 드러내기가 어려워진다. 이러한 위기에 다다를 때마다 도구가 발달하고 재료 역시 다양화했다. 예술에서 물질과 재료 사용의 변화 과정을 살펴보면 인상주의 이후의 미술, 특히 1920년대 유럽의 아방가르드 이후 작품에 사용되는 재료가 풍성해지고 다양해졌다. 나무, 돌, 브론즈 등 전통적인 재료를 사용하는 예술가가 여전히 존재하긴 하지만, 조금씩 물질과 재료의 개념에 대해 생각하고 다양한 재료를 예술에 끌어들이기 시작했다. 많은 예술가가 어떻게 물질이 재료가 되는지, 물질이 예술적 생산품으로 어떻게 완성되는가를 고민했다. 미술을 전문적으로 배우지 않은 아마추어에 의한 아트 브뤼(Art Brut)나 일상 오브제를 이용하는 아르테 포베라(Arte Povera) 미술가는 초라한 재료나 주변에서 쉽게 발견되는 재료로 예술품을 만들었다. 대지미술은 자연을 그대로 이용하거나 재활용하고, 신사실주의 미술은 산업 오브제를 사용했다. 신체 예술은 인간의 몸을, 아트 앤 랭귀지 그룹(Art andLanguage Group)은 언어를, 개념미술은 작품 구상을 위한 순수한 아이디어 그 자체를 재료로 사용한다. 현대미술에서는 그야말로 어떤 물질이나 어떤 재료로든 작품을 제작할 수 있게 되었다.[147]

---

146 Barthes, Roland, 「l'Obvie et l'obtus」, Editépar Seuil, 1992, p.11.

147 Mèredieu, Florence de, 「Histoire matérielle et immatérielle de l'art moderne」, Paris : Bordas, 1994, pp.27~28.

(2) 미디어아트, 디지털 세상 속으로

카메라의 발명으로 예술가는 기계가 아닌 인간만이 할 수 있는 재현 방식을 탐구하게 되고, 예술은 점차 순수성을 향해 간다. 회화만이 할 수 있었던 '재현'의 기능을 사진기에 넘겨주게 되자, 회화가 추구할 수 있는 것은 회화라는 그 순수한 매체적 속성인 캔버스와 물감 그 자체, 그리고 2차원적 평면성이었다. 회화의 평면성은 곧 순수한 회화만의 특성이었고, '예술을 위한 예술'을 부르짖는 유미주의는 모더니즘에 와서 극에 이른다. 결국 눈에 보이지 않는 것을 그리는 추상의 시대가 오게 된다. 모더니즘 이후의 순수 예술이 궁극적으로 도달한 곳은 새로운 추상이었다. 캔버스와 종이, 물감, 돌, 나무와 같은 물질로 되어있던 예술품은 점차 소리와 빛처럼 비물질적인 요소까지 포괄한다. 카메라, 비디오, 다양한 미디어와 디지털 기술까지, 인간은 발전하는 테크놀로지를 자유자재로 다루며 예술은 점차 비물질의 영역 속으로 깊숙이 들어간다.

사진기가 흘러가는 시간을 정지시킬 수 있게 되자, 인간은 움직이는 이미지를 영상 신호로 기록하는 장치를 고안해냈다. 이것이 1960년대에 등장한 비디오다. 비디오 아트는 텔레비전과 비디오 영상 매체를 활용하는 예술로, 1950년대 말에 대중화된 TV와 대중매체의 출현이라는 문화적 배경에서 태어났다. 비디오는 대량 복제가 가능하다는 점에서 기술 복제 시대의 사진과 같은 맥락에 있다. 무한정 프린트되는 사진, TV 영상의 송·수신, 그리고 모니터에서 동영상으로 재생되는 비디오 아트는 사진과 마찬가지로 원본성이 무의미하다. 1984년 1월 1일 정오, 백남준(Nam June Paik, 1932~2006)은 인공위성으로 생중계되는 TV 프로그램『굿모닝 미스터 오웰』을 송출했다. 그는 뉴욕과 파리를 실시간으로 연결, 100여 명의 아티스트와 협업하여 음악, 무용, 미술, 퍼포먼스, 코미디를 선보였다. 한국과 미국, 독일, 프랑스 등지에 방영된 TV 영상은 원본이자 동시에 복제품이었고, 많은 사람이 이 현란한 쇼를 지켜봤다. 예술가가 기획한 작품을 미술관이 아닌 안방에서 전 세계인이 실시간으로 감상한, 코로나 시대의 예술 원조라 할 만하다.

과학기술은 예술가에게 점점 더 많은 재료를 제공해, 작품을 풍부하고 복잡하게 해주었다. 20세기 후반 디지털카메라의 출현은 카메라 옵스큐라라는 사진적 빛의 메커니즘을 또 한 번 뒤집는다. 디지털 사진은 TV나 비디오보다 대량 복제와 보급이 더 쉽다. 이미지의 정보화는 재현의 개념까지도 전복시켰다. 아날로그 사진이 실제와 이미지의 동일함을 전제로 한다면, 디지털 사진은 실제를 넘어서는 이미지를 창조해냈다. 디지털 이미지로 세상에 존재하지 않는 것까지 실제처럼 현실적이고 리얼하게 만들어낼 수 있게 되었다.

1990년대 이후 디지털 정보화 시대가 도래하고 포스트 모더니즘과 디지털이 조우하면서 미디어아트의 전성기가 열렸다. 1995년부터 컴퓨터와 디지털카메라, 영상기기, 인터넷 플랫폼같이 완전히 새로운 도구가 폭발적으로 등장했다. 미디어아트란 좁은 의미로 컴퓨터를 기반으로 하는 예술 현상이다. 넓은 의미의 미디어아트는 사진의 출현 이래 모든 기술 매체를 포함하는 것이다. 현대 작가의 작업 안에 사진, 비디오, 그리고 게임, 인터넷 등 고도화된 컴퓨터의 문화적 속성이 복합적으로 혼재되어 있기 때문이다. 다양한 매체와 기술이 예술과 결합하면서 회화, 조각, 사진, 건축 등으로 엄격히 분리되었던 예술은 점차 모든 장르를 혼합하는 총체 예술이 된다. 전통적인 조형예술은 움직이는 이미지를 포착하는 사진, 영화, 비디오 아트, 컴퓨터 아트, 홀로그램까지 새로운 형태로 발전한다. 이제 예술은 추상적 규모로 정의되기 시작해서, 심지어는 언어와 개념, 시간, 속도, 소리, 에너지 등 보이지 않는 것까지 모든 것이 예술의 재료가 되었다.

프랑스의 컬쳐스페이스(Culturespace) 사가 개발한 아미엑스(AMIEX: Art&Music Immersive Experience)는 어두운 공간 안에 투사하는 빛과 소리, 영상 설치로 몰입 경험을 이끄는 미디어아트 프로그램이다. 전시장은 버려진 광산이나 공장을 리노베이션하여 영상 설치가 가능한 공간으로 재탄생시킨 곳이다. 프랑스 남부의 폐채석장을 재활용한 빛의 채석장(Carrière des lumières)을 시작으로, 파리 11구에 버려져 있던 철제 주조공장에 만든 빛의 아틀리에(Atelier des Lumières)도 2018년 문을 열었다. 이어서 한국에도 제주도의 옛 통신 시설이었던 곳을 리노베이션하여 빛의 벙커(Bunker de lumières)라는 이름으로 개관했다. 거대한 전시 공간에는 반 고흐(Vincent van Gogh, 1853~1890), 클림트(Gustav Klimt, 1862~1918), 모네(Claude Monet, 1840~1926), 르누와르(Auguste Renoir, 1841~1919) 같은 미술사 속 거장의 그림을 재해석해 보여준다. 디지털 쇼로 설계된 전시회는 수천 개의 HD 이미지와 첨단 장비, 최신 소프트웨어 및 기술 자료를 사용한다. 화가의 실제 작품을 영상으로 재구성하고 음악을 넣어 제작하며, 원본 작품의 단순한 복제를 뛰어넘는 감각적이고 대중적인 전시회로 큰 호응을 이끌어냈다. 관람객은 수십 대의 빔프로젝터와 스피커에 둘러싸여 내부 공간의 천장과 벽, 바닥, 전체에 프로젝션 되는 영상을 보고 느끼며 다양한 감각을 체험한다. 이미지, 음향, 진동을 통한 시청각과 촉각 자극은 예술 감상에 대한 접근 방식을 바꾸었다.

디지털 콘텐츠를 모은 페스티벌 '센느의 미래(Futur en Seine)'는 파리의 중심을 가로지르는 강인 센느 강의 미래를 노래했다. 즉 파리라는 도시의 디지털 라이프를 그리고 있는 대형 축제다. 2009년부터 시작되어 비엔날레의 형식으로 2년에 한 번씩 열려 우리 삶 속의 디지털 문화와 그 창조적 가능성을 되짚어 본다. 프랑스의 디지털 관련 산업 클러스터 (industrial cluster)[148]인 캡 디지털(Cap Digital)이 조직하고, 파리시의 후원으로 운영된다. 로봇이 박람회장 입구에서 길을 안내하고, 관객과 작품이 교류하는 다양한 인터랙티브 아트(interactive art)[149]와 비디오 게임, 디지털 체험을 할 수 있는 곳이다. 예를 들어, 양팔을 벌려 동작을 인식시키면 사용자의 몸짓에 따라 그림이 자유자재로 변형되는 작품, 배경 원본은 칸딘스키(Wassily Kandinsky, 1866~1944)[150]의 회화다. 행사는 가까운 미래에 곧 실현될 첨단의 테크놀로지를 경험하게 해준다. 그러나 우리가 공상 과학 소설이나 영화 속에서나 상상하던 세상은 이미 실현되었거나 현재 우리의 삶 속에 깊이 들어와 있다. 인간의 상상력은 무궁무진해지고, 미래 세계에 대한 상상은 언제나 현실이 되고 있다. 코로나 19 이후 메타버스를 통한 자아와 제2의 자아가 교감을 하고 VR을 통해 교감을 나눈다.

148　산업 클러스터(industrial cluster): 여러 기업과 이와 연관된 각종 기관이 일정 지역에 모여있는 일종의 신산업지구를 의미한다.

149　인터랙티브 아트를 직역하면 '상호 작용 예술'로, 컴퓨터나 인터넷 등의 디지털 기술과 매체를 이용하여 관람객과 작품이 쌍방향으로 소통하는 예술을 뜻한다.

150　칸딘스키: '현대 추상회화의 선구자'로 잘 알려져 있듯이 그림에서 마치 음악이 들리는 것 같이 음악적이고 역동적인 추상표현을 추구했다.

3) 4차 산업혁명과
예술

　　코로나 19는 전 세계의 연결과 더불어 과학기술의 발전을 더욱 앞당겼다. 여러 분야에서 최첨단 기술이 활용되어 효용성을 극대화하고 기계와 인간, 사물과 인간의 관계 혹은 협업에 대해 긍정적으로 전망할 수 있게 됐다. 인공지능의 발전으로 모든 학문과 지식, 기술, 예술이 융합하고, 컴퓨터와 알고리즘을 이용한 AI 예술까지 등장했다. 20세기까지의 예술은 창조성을 기본으로 하는 인간만의 고유 영역으로 여겨져 왔다. 인간이 기술을 지배할 수 있다는 인식은 기술이나 기계를 표현 도구로 활용하는 것으로만 간주했다. 그러나 이제 AI는 창작의 주체로, 인간 예술가들은 첨단의 기술을 어떤 방식으로 더 효율적으로 쓸 수 있을지 고민하기에 이르렀다. 그리고 우리는 인공지능과 빅데이터가 어떻게 예술에 파고들어 작품을 만드는지, 또 어떤 새로운 개념의 예술을 탄생시킬지 주시하고 있다. 모더니즘 이후의 미술은 예술이 끝났다는 비관과 작가의 죽음으로 그 위기를 진단했다. 이제 AI 시대 예술의 죽음이 아닌 새로운 예술의 재창조를 이야기해야 할 때이다. 이것은 AI가 곧 감정이나 감성조차 똑같이 인간을 흉내 낸 다면 그 위기와 새로운 재해석이 필요하다는 의미다.

(1) 기술과 기계, 인간의 소통

1965년 뉴욕의 현대미술관에서 열린 '감응하는 눈(the Responsive Eye)'은 옵아트(Optical art)[151]를 최초로 알린 전시이자, 미술의 주요 감각인 시각에 대한 경의다. 4차 산업혁명 시대의 구글 글래스(google glass)는 인간의 눈과 시야가 인터넷 기기와 연동될 수 있는 다양한 가능성을 불러왔다. 2015년 마이크로소프트는 양쪽 눈에 3D 이미지가 투사되는 증강현실(Augmented Reality, AR)[152] 헤드셋 홀로렌즈(Hololens)

---

151 옵아트(Optical art)는 인간의 시각과 관람 태도, 즉 관람자의 위치에 따라 마치 색과 형이 움직이는 것처럼 착시를 유도하는 1960~70년대의 미술사조다. 20세기 초반부터 서구의 예술가들은 빛과 시각, 그것을 둘러싼 공간을 다루면서 움직임을 포착하는 데 관심을 가져왔다. 예술은 모방과 재현의 역사이므로 움직임까지도 모방해야 한다고 여겼다. 이러한 관심은 색채와 선의 상호작용을 통해 그림 속의 선들이 움직이는 듯한 착시를 일으키는 광학적 환영을 탐구한 옵아트로 발현된다. 옵아트 미술가들은 1960년대 파리의 시각예술 연구 그룹 그라브(GRAVE: Groupe de Recherche d'Art Visuelle)를 결성해 활동한다. 그들은 조형 단위를 무수하게 반복하여 선과 선이 겹쳐져서 나타나는 므와레(moiré) 효과를 이용하여 실제로는 움직이지 않는 고정된 그림이지만 파도가 치는 듯 일렁이는 느낌과 진동을 표현했다.

152 증강현실(Augmented Reality, AR)은 실제의 공간에 3차원의 가상 이미지를 증강시키는 기술이다. 우리가 흔히 말하는 가상현실(Virtual Reality, VR)이란 컴퓨터에서 합성된 이미지 속에서 일종의 가짜 경험을 하는 것이다. 이러한 가상의 경험 중 가장 간단한 것이 컴퓨터 속에서의 오락이나 3D 영화 같은 시청각적 경험이다. 가상현실이 현실과는 다른 공간에 몰입하는 것과는 달리, 증강현실은 현실의 인터페이스 속에서 실제 환경을 볼 수 있는 가상의 경험이 추가된다. 현실과 가상 세계의 구분을 완화한다는 점에서 혼합현실이라고도 부른다.

를 공개했다. 옵아트의 21세기 스타일이자 디지털 연동 버전이랄까? 시각이 인터넷 애플리케이션과 데이터에 바로 접근, 인간의 눈이 정보를 주고받고 그에 반응하는 원천이 된다. 스마트 안경과 렌즈, 아이웨어 헤드셋은 새로운 인터페이스로서의 시각과 기계의 상호작용을 유도했다. 인터넷과 연결된 의류와 장신구를 착용하는 웨어러블 인터넷도 마찬가지다. 2015년 개발된 애플워치는 몸에 가까이 접촉한 상태로 인간과 하나가 된다.[153] 마셜 맥루한은 인간의 오감을 미디어로 규정하며, 기술의 발전이 인간 감각기관과 신체의 확장을 가져왔다고 했다. '중추신경 체계는 감각들에 관계된 다양한 미디어를 통합하는 전자 네트워크 같은 것'이고, '전기 기술 시대의 도래와 함께, 인간은 중추신경 체계 그 자체를 하나의 살아있는 모델로 확장'한다는 것이다.[154] 의복은 피부, 자동차는 발, 전화기는 귀, 컴퓨터는 두뇌, 망원경이나 카메라는 인간의 눈을 연장한 셈이다. 구글 글래스와 홀로렌즈, 웨어러블 인터넷은 신경 체계와 육체적 한계를 넘어 더 원활하게 몸의 능력을 확장시킨다.

과학기술과 예술의 상호작용

21세기의 미술계는 디지털 가상 공간이 중요한 무대가 된다. 구글은 80개 이상의 국가, 1,800여 개의 미술관과 협력하여 웹사이트나 앱으로 관람하는 가상미술관을 열어놓았다. 작가, 시대, 주제, 재료, 색상별 등 여러 카테고리를 선택하여 기가픽셀의 고해상도로 재현된 작품

---

153 클라우스 슈밥 저, 송경진 옮김, 『제4차 산업혁명』, 새로운 현재, 2016년, 180~183쪽
154 허버트 마셜 매클루언 저, W. 테런스 고든 편, 『미디어의 이해- 인간의 확장』, 100쪽

을 체험하는 것이 가능하다. 실제가 아닌 영상으로 미술관을 관람하는 것에는 장·단점이 동시에 존재한다. 눈으로 직접 보는 현장성을 완벽하게 구현하기는 어렵지만, 인간의 시각으로는 포착할 수 없는 세밀한 부분까지 확대해서 볼 수 있다는 장점도 있다. 디지털 세상의 저장 능력은 혁명적이어서, 물리적 공간적 한계를 벗어난 가상 공간에 방대한 양의 데이터를 저장할 수 있게 된다. 클라우스 슈밥에 따르면 "디지털 시대의 많은 기업이 사실상 저장, 운송, 복제에 드는 비용이 거의 없는 '정보재(information goods)'를 제공한다".[155] 따라서 모든 문화유산을 정보재로 만들면 온라인상의 문화자원으로 활용하여 지식산업에 큰 역할을 할 수 있으리라는 주장도 제기된다.[156]

디지털 정보화와 4차 산업혁명의 시대에 행해지는 예술의 특징은 상호작용성으로 나타난다. 프랑스의 철학자이자 미술사학자인 플로랑스 드 뫼르디외(Florence de Mèredieu, 1944~)는 현대 예술을 요약하는 핵심어를 '가상성'과 '쌍방향성'으로 보고, 인간과 기계가 결합하여 작품을 창작할 것으로 예측한 바 있다.[157] 새로운 기술을 사용한 미디어 활용 예술은 인터넷 네트워크, 기계와 기술, 사람과 기계, 사람과 사람 사이의 연결과 융합을 특징으로 한다. 일반인이 예술가 역할을 하기도 하고, 인공지능과 공동창작자가 되거나 사물인터넷이 예술 작품을 구현한다.

---

155 클라우스 슈밥, 『제4차 산업혁명』, 30쪽

156 박신의, 「문화유산 활용과 가치 제고 전략」, 『문화예술경영학연구』, 제9권 2호, 통권 16호, 한국문화예술경영학회, 2016년
박신의는 여태까지 보존과 관리 중심으로 경영되어 온 문화유산의 활용을 위해 문화유산을 문화자원의 의미로 확장할 것을 제안한다. 문화유산 경영(Cultural Heritage Management)을 통해 물리적 차원의 문화유산을 넘어서는 콘텐츠의 기능에 주목, 기록 및 활용을 위한 정보관리체계를 구축하는 것이다.

157 Mèredieu, Florence de, 『Arts et nouvelles technologies: art vidéo, art numérique』, Paris : Larousse, 2005, pp.155~157.

구글 아트 앤 컬쳐(Google art & culture) 프로젝트는 다양한 예술 제작 콘텐츠로 관객의 참여를 유도하여 창작의 주체가 아닌 소비자 중심의 예술 활동을 가능하게 한다. 사용자는 온라인 게임으로 퍼즐을 만들거나 아트 컬러링 북(Art coloring book)에 색칠을 한다. 유명한 명화 스케치를 선택하고 원하는 색을 입히면 원작을 재해석한 멋진 그림 한 점이 순식간에 탄생한다. 이용 방법은 30초짜리 짧은 동영상 안에 담아 놓아 쉽고 직관적으로 예술 창작에 접근하게 했다. 사물인터넷 기술 역시 기계와 인간과의 상호작용성을 극대화한다. 소셜미디어에 올려진 수많은 개인의 정체성과 감정을 데이터화하는 '미미(MIMMI)', 전 세계 날씨의 데이터에 의해 변화하는 미국 산호세(San Jose) 공항의 조형물 '이클라우드(eCLOUD)'가 대표적인 작품들이다. 많은 예술가가 인터넷 기반의 미디어아트와 인공지능의 기술을 적극적으로 수용하고, 창조와 관람 활동을 하나의 놀이처럼 인식하면서 관객과 작품이 교감하도록 돕는다.

미술관에서는 관람객 개발과 편의를 위한 사물인터넷 디바이스를 적극적으로 활용한다. 소장품 감상을 능동적으로 할 수 있게 해주는 전시 해설 매체를 그 예로 들 수 있다. 블루투스 기술을 기반으로 한 근거리 무선통신 장치인 비콘(Beacon)은 사용자의 스마트폰을 인식하여 데이터를 전송한다. 작품 앞에 다가가면 자동으로 설명을 들을 수 있어 계획적인 관람이 가능하다. 가상현실 전시회도 보편화됐다. 2019년 루브르 박물관에서 개최된 레오나르도 다빈치의 특별전에 가보자. 다빈치의 대표작인 「모나리자(Mona Lisa)」는 루브르의 기존 전시실에 여전히 걸려있다. 대신 특수안경을 쓰고 가상현실 전시장으로 입장해 3D로 구현된 「모나리자」를 만난다. 다빈치가 생전에 제작한 가상의 비행선을 타고 그림 속 여인이 앉아있던 500년 전 이탈리아 뒷배경의 풍경 속을 날아다닌다. 관람객은 전후좌우, 위아래 고개를 돌려 입체적인 배경을 감상하며 몰입 경험을 할 수 있다. 르네상스 시기까지의 회화 역사는 3차원의 사물이나 풍경을 어떻게 2차원의 평면 속에 실제처럼 보이게 하느냐에 달렸다. 즉 '트롱프 뢰이으(trompe-l'oeil)', 눈속임 기법에 의해 발전되어 왔다. 이는 3차원 세계를 가장 효과적으로 묘사하는 원근법으로 완결됐다. VR 기술은 눈속임 기법의 현대적 형태라 할 만하다.

인간의 상상력과 결합한 기술

현대미술 작가에게 첨단 테크놀로지는 창작에 빼놓을 수 없는 재료다. 프랑스의 미디어 아티스트 피에릭 소랑(Pierrick Sorin, 1960~)은 실제와 가상적 영상이 혼합된 형태의 새로운 시각 환경을 보여준다. 그는 벽에 프로젝터를 쏘아 3차원의 형태가 컴퓨터의 공간이 아닌 현실 세계에서 살아나게 하는 증강현실 기술을 이용한다. 초기에는 영화로 작품 활동을 시작해 비디오 화면을 조각적인 설치로 확장한 비디오 설치 작업으로 발전시켰다. 2000년 이후로는 실제 사물과 3차원의 입체 데이터를 추가한 홀로그램을 결합하는 방식으로 작업한다. 그는 현실의 사물이나 공간에 홀로그램으로 투사된 3D 버추얼 이미지를 중첩해 증강현실을 구현했다. 연극 무대 같은 연출이 돋보이는 실제의 사물 위에 연기자들의 입체 영상을 홀로그램으로 투사하여 음악에 맞춰 춤을 추고, 움직이고, 말하고 연기하게 한다. 잡힐 듯이 공중에 투사된 이미지와 실제 오브제가 교묘하게 혼합된다.

앞으로 사진 및 영상, 조각의 경우 특히 4차 산업혁명 기술에 많은 부분 도움을 받을 수 있을 것으로 보인다. 구글 딥러닝 방식으로 만든 사진이 실제와 현실을 교란하는 이미지를 생성하는가 하면, 드론은 인간이 가지 못하는 위험한 곳까지 도달해 영상을 촬영한다. 2016년에는 IBM의 인공지능 왓슨(Watson)이 공포영화 예고편 100편과 수만 개의 장면을 분석, 학습한 후 SF 영화 「모건(Morgan)」의 예고편을 편집했다.[158] 3D 프린팅은 원래 자동차나 항공, 의료, 제작 산업에서 주로 이용되지만, 순수 예술 분야에서도 폭넓게 활용될 수 있다. 기존 산업 생산품의 가공은 3차원의 부피를 가진 재료를 깎고 다듬는 방식으로 무엇인가를 제작하는 개념이었다. 그러나 3D 프린팅의 출력물은 적층 방식으로 3차원의 부피를 생성해낸다는 점에서 무에서 유를 창조하는 예술의 과정에 더 닮아있다. 더구나 손으로 깎고 형상화하기 어려운 세밀한 것, 인간이 다루기 힘든 재료를 쓸 수 있기 때문에 조각의 한계를 넘어서는 작업을 가능케 한다.

기계와 기술이 예술을 위해 기능적으로 협업한다면 작품의 생산성을 향상시킬 수 있을 것이다. 반 고흐의 일생과 죽음을 다룬 2017년 애니메이션 「러빙 빈센트(Loving Vincent)」는 6만5천 장에 이르는 컷을 하나하나 고흐 풍 특유의 터치로 그린 유화로 제작했다. 기획부터 제작까지 10년이 넘는 시간이 소요됐고, 그림을 그리기 위해 선발된 107명이 참여하여 완성했다고 알려졌다. 만약 인공지능 화가가 담당했더라

---

158 태혜신, 김선영, 「인공지능과 예술의 융합 양상에 관한 탐색적 고찰」, 『한국무용과학회지』, 제 36권 제2호, 한국무용과학회, 2019년, 35~36쪽

면 어땠을까? 3D 프린트를 이용하면 유화 물감의 3차원적 두께와 질감을 구현하는 것까지도 가능했을 것이다.

예술가에 대한 인공지능의 도전

인공지능이나 로봇은 이제 인간의 창조적 재능까지도 모방하여 스스로 예술 작품을 제작한다. AI 화가는 인간의 뇌를 모방한 인공신경망으로 그림을 그린다. 인간이 작품을 제작하던 방식 그대로 자연을 재현하고 추상화하는 단계에 이르렀다. 전통적인 미술 제작 기법에 도전하는 인공지능 예술가는 방대한 데이터의 미술 스타일을 수집하여 이미지를 생성한다. 양식 변환 기법을 이용하여 특정 양식과 거장의 화풍으로 사진을 변환하기도 한다. 마이크로소프트사의 넥스트 렘브란트(The Next Rembrandt)는 렘브란트의 그림을 학습하여 색채와 구도를 표현하고 3D 프린터로 붓 터치의 두께까지 모방한 초상화를 제작한다. 구글의 딥 드림(Deep Dream)은 인간의 뇌 활동을 모방한 인셉셔니즘(inceptionism)[159]이라는 이미지 합성 알고리즘으로 꿈속의 세계를 그리는 예술가다. 아론(AARON)은 색과 형태를 스스로 선택하여 그림을 그린다. 딥 드림이 창작한 작품은 경매에서 거래되고, 영국 테이트 갤러리(Tate Britain Gallery)는 아론의 작품으로 전시회를 열었다. 2018년 크리스티 런던 경매에서 인공지능이 그린 초상화 「에드몽 드 벨라미(Edmond de Belamy)」가 43.2만 달러, 한화로 약 5억 원에 낙찰되었다. 무한 복제와 대량생산을 통해 작품 가격이 낮아지면서 인간 화가가 아닌 AI 화

---

159 인셉셔니즘: 컴퓨터 인공지능이 학습한 이미지와 서로 연관된 변수를 찾아 새 이미지를 합성하는 알고리즘

가의 작품이 거실 벽을 메워갈지도 모른다. 물론 권력의 시선을 받은 인간 화가의 작품은 원본의 가치가 더 높아지면서 그 소장 가치를 한층 더 높여주고, 작가의 위상을 더해줄 것이다.

2016년에는 로봇 아트 콘테스트가 열렸고, 그로부터 2년 뒤에는 마이크로소프트사가 드로잉봇을 개발했다. 이 외에도 로봇 바울(Paul)과 e다윗(e-Davi), 휴먼에이드 프로젝트의 도자기 만드는 로봇 등 많은 로봇 예술가가 활동한다. 미술관 마케팅과 전시 해설을 위해 소셜 로봇이 활약하는 경우도 있다. 브라질 상파울루의 피나 코테카 미술관에 있는 왓슨이 그 예다. '인간에게 어려운 일은 기계에게 쉽고, 기계에게 쉬운 일은 인간에게 어렵다'는 진리인 '모라벡의 역설(Moravec's Paradox)'[160]도 붕괴되어 간다. 사람처럼 예술 작품을 인지하고 비평적 결과를 추론해내는 인공지능까지 등장했다. 비평가 로봇은 객관적 데이터를 기반으로 예술 작품의 독창성과 영향력 등 순위를 매기는 알고리즘으로 개발됐다. 이는 엄밀히 말하면 철학적 사고라기보다는 정밀한 빅데이터 분석이지만, 그 자체로 흥미로운 결과를 기대하게 한다.[161] 이 논리를 근거로 본다면 빅데이터 분석에 의한 창의성이란 결국 인간 자체의 창의적 자유로움을 한계 짓는 면이 있어 예술적 자유로움이 무엇인가 하는 의문점을 던지게 한다.

이와 관련된 관점을 좀 더 깊이 살펴보자. 2018년 파리의 그랑 팔레(Grand Palais)에서 열린 '아티스트와 로봇(Artistes et Robots)'전에서는 인공

---

160 '모라벡의 역설'은 1970년대 미국 로봇공학 전문가 한스 모라벡(Hans Moravec, 1948~)의 말에서 유래됐다. 인간에게 일상적인 인지나 걷고 말하고 공감하는 등의 행위는 어렵지 않으나, 복잡한 수식을 계산하기 위해서는 큰 노력이 필요하다. 반면 컴퓨터는 수식 계산, 논리 분석 등을 쉽게 할 수 있지만, 인간처럼 사고하거나 감정을 느끼고 판단을 내리는 것은 어렵다.

161 김선영, 『예술로 읽는 4차 산업혁명』, 별출판사, 2018년, 36~38쪽

지능과 로봇이 만든 작품들을 한데 모았다. 전시회에는 예술가로 설계되고 프로그래밍이 된 컴퓨터 소프트웨어와 로봇에 의해 생성된 그림, 조각, 몰입형 설치 및 음악, 영상 작업이 전시됐다. AI 알고리즘으로 예술 창작을 학습하는 인공지능, 점점 더 지능적으로 발달하는 로봇의 작품은 인간 예술가의 것과 구분이 어려워지고 있다.

그렇다면 로봇이 화가를 대신할 수 있을까? 예술을 하는 AI와 로봇의 등장으로 순수예술에 위기가 왔을까? 예술의 기본 속성인 창조성으로 판단했을 때, 대답은 쉬워진다. 빅데이터 이미지를 분석한 모방은 순수한 창작이 아니다. 인공지능 화가의 결과물은 그들의 작품이라기보다는 알고리즘 설계자의 것으로 보는 관점이 타당하다. 2023년까지 인공지능 스스로가 인간의 복잡한 감정을 모두 이해하는 사유의 주체가 되어 그것을 기반으로 한 창작물을 창조하지는 못했다. 그러나 미국 스탠퍼드대 경영대학원 미칼 코신 교수는 2023년 2월부터 2024년 2월까지 "마음이론이 거대 언어모델에서 자발적으로 등장했을 수 있다"고 말했다. 이 말은 AI가 사람 마음을 이해하는 능력을 스스로 길렀다는 것을 의미한다. 구글(Google)에서 '람다' 또는 '바드'라고 하는 AI 툴이 인간과 같은 감성을 표현하고 있다.[162]

---

162 한애란 기자, 'AI가 마음을 읽기 시작했다', 『동아일보』, 2024년 5월 25일

(2) 예술의 미래

앞서 살펴본 것처럼 예술은 창작부터 감상까지 모든 활동이 시간과 공간의 제약에서 벗어나고, 미술 작품을 창작하는 전통적인 예술가 개념에서도 자유로워지고 있다. 전 세계인이 실시간으로 연결된 초연결사회에서는 물리적 공간적 시간적 한계가 없어져 문화 민주주의의 꿈에 다가간다. 인공지능과 로봇이 진화하여 미술 작품을 만들고 작품 속에서 인간과 상호작용을 하면서 인간도 변화한다. 20세기 장르 미술의 폭발 속에서 예술가의 아이디어만으로 미술이 되는 개념미술이 탄생했다. 그리고 21세기에는 AI와 인간이 소통하면서 예술의 재개념화가 이루어지고 있다. 코로나로 산업과 노동의 가치가 변화하듯이, 예술가의 태도와 예술 개념에서도 많은 것이 바뀐다. 포스트 코로나 시대, 4차 산업혁명의 구도 속 미래 예술의 동향은 세 가지의 변혁으로 압축해 볼 수 있다.

첫 번째는 창작 주체의 변화다. 예술가의 창작이 자연과 만물을 만들어내는 신의 능력처럼 여겨지던 시기가 있었다. 신과 자연의 창조력이 인간의 미적(美的) 능력으로 구현된 것이 예술이기 때문이다. 예술에는 그 시대의 정신, 인간의 삶과 죽음, 감성, 사고 등 모든 것이 깃들어 있다. 인간의 감성과 상상력을 강렬하게 표현하는 낭만주의자들의 재능은 높이 추종받았다. 그러나 현대미술에 이르게 되면 천재 예술가의 개념은 약화되고 일상과 예술을 분리하지 않으려는 부단한 시도로 인해 누구나 예술가가 될 수 있다는 사고가 싹튼다. 그리고 21세기, 4차 산업혁명과 함께 인간의 인지와 학습을 시뮬레이션하는 기계를 만드는 데 중점을 둔 컴퓨터 과학 분야가 발달한다. 인공지능은 딥 러닝 기법을 통해 이미지 분석을 넘어 생성하는 단계로 발전하며 인간의 창조력에 도전한다. 미술계에는 인공지능이 창작한 자율적인 작품에서부터 기계와 인간이 실시간으로 공동 제작한 즉흥적 창작물까지 다양하게 나타난다. 작품 제작을 주도하는 예술가는 창조적 능력을 가진 인간 예술가뿐 아니라 인공지능, 로봇, 일반인 등으로 폭넓게 확장되었다.

두 번째는 장소의 변화다. 가상 미술관과 가상 화랑을 쉽게 접하게 되면서 예술을 감상하는 방식도 추상화되었다. 인터넷 미디어라는 새로운 플랫폼의 탄생으로 이전과는 완전히 다른 미술 감상과 접근이 가능해지고 있다. 미술관 문화와 첨단의 기술 매체는 무슨 관계인가? 기술 매체의 중요성은 작품의 소장과 향유 방식에서 미술관의 폐쇄성을 넘어설 수 있다는 점이다. 이것은 예술품 관람, 전시, 유통의 개념을 확장한다는 것을 의미하기도 한다. 대중적 사랑을 받는 미디어아트 작가의 작품은 동영상 화질을 문제 삼지 않는 한 유튜브에서 쉽게 찾아볼 수 있다. 코로나 시대에 걸맞는 가상미술관은 물리적 장소, 즉 컬렉션을 소장하는 기존 박물관 미술관의 개념에서 벗어나 시간과 공간의 한계를 완전히 극복한다. 관객은 구글의 온라인 미술관이나 가상 공간에만 존재하는 미술관에서 원하는 작품을 찾아서 볼 수 있다. 스스로 컬렉터나 큐레이터가 되어 나만의 개인 소장 목록을 만들고 감상하며 사이버 소셜미디어 공간에 공유한다. 미술관이나 갤러리를 방문해야만 가능한 전통적인 관람 방식이 변화한 것이다. 또한 온라인의 가상 세계 중 메타버스 안에서 이루어지는 NFT 아트 시장이 최근 엄청난 속도로 발전했다. 이 새로운 예술시장 구조가 어떻게 변화하고 평가될지

많은 이가 흥미롭게 주목하고 있다.

마지막으로, 예술의 창작 방식이 달라지면서 예술의 개념도 변화한다. 예술은 대상에 대한 단순한 '재현(representation)'이라기보다는 인간의 감각과 철학에 의해 재구성되는 '표현(expression)'이다. 그러나 AI 시대의 도래로 인간의 손기술을 능가하고, 효율적인 생산이 가능한 인공지능 예술가까지 탄생했다. '표현'이 된 결과물은 창조적 사고가 아닌 학습과 알고리즘을 통해 생성된 기계의 작품도 예술품으로 간주되어 경매에 오르고 미술관에서 전시된다. 어떤 것이 예술 작품인지 아닌지 판가름하는 기준도 모호해져서, 단지 아름다움이 예술 작품의 판별 기준이 되는 것은 아니다. 미적 경험을 이끌어내는 모든 것들을 우리는 예술이라고 부르고, 추한 것도 예술이 된다. 아서 단토(Arthur Danto)가 예술의 종말을 선언한 이후로, '예술이 취할 수 있는 어떠한 역사적 방향도 이제 더 이상 존재하지 않는 상황'이 왔다.[163] 예술의 권위와 천재 예술가는 역사의 뒤안길로 사라지고 새로운 미술의 개념이 나타난다.

이와 관련하여 LAMI 인문과 예술경영 연구소의 김송희 박사는 다음과 같이 말하고 있다. "예술의 의미, 개념 규정 및 정의를 제대로 내리는 것도 예술가들의 몫이다. 오랜 역사 안에서 유독 예술의 영역만큼은 자유로움 그 자체를 인정한다는 이유로 그 카테고리가 불분명해 왔던 것도 사실이다. 따라서 이 영역은 순수 예술가나 경영자의 측면, 법의 측면에서 제각각의 시각으로 다루어져 온 면이 있다. 감성을 표현하는 AI 툴까지 나오는 이 시대에 예술의 명확한 개념과 영역을 어떻게 설명할 것인지 더욱 절실해졌다".

---

163 아서 단토, 「예술의 종말 이후 컨템퍼러리 미술과 역사의 울타리」, 이성훈, 김광우 역, 미술문화, 2004년, 16쪽

예술계에 속한 사람들은 왜 특정 시기에 변기를 예술 작품이라고 결정 내리게 되었을까? 르네상스 시기에 미켈란젤로가 변기를 전시하겠다고 하면 예술계가 인정해 주었을까? 예술계의 인정은 단순히 그 집단의 임의적 결정인가? 단토의 대답은 '아니다.'였다.

단토에 의하면 예술사는 목적성을 가지고 진보한다. 그 목적성이란 예술 스스로의 자아실현이며, 궁극적으로 자기—이해에 도달하는 것이다. 이러한 진보의 길은 특정 이론이 시작되고 융성하고 쇠퇴하면 예술적 혁신을 통해 다음 이론으로 넘어가는 모습으로 보인다. 뒤샹의 「샘」이 처음 등장했을 때, 이 작품은 예술계에서도 이해받지 못했다. 변기라는 일상용품이 예술 작품으로 인정받기까지는 얼마간의 시간이 필요했다. 새로운 이론으로의 전환, 터닝 포인트가 필요하던 시기에 이르자 「샘」은 비로소 예술 작품이 되었다.

☒ 예술과 일상의 벽을 넘어서

코로나로 사람들의 삶과 문화생활 방식이 바뀌고, 일상의 모든 것이 온라인의 가상 공간 속에 존재할 수 있게 됐다. 그럼에도 불구하고, 우리는 어떠한 장소나 특정한 사람과의 접촉, 생생한 경험이 주는 즐거움을 포기할 수 없다. 이러한 속성은 예술에 대입 가능하다. 예술의 현장성과 대면성이라는 가장 기본적인 속성이 사라질 수는 없을 것이다. 시각 예술만의 가치는 눈의 경험이 주는 순수한 시각적 쾌락이다. 좋은지 나쁜지, 혹은 아름다운지 추한지 하는 순간적인 시각 판단과 그 느낌이 주는 힘은 대단한 것이어서, 예술 작품을 대하는 느낌은 꽤 오랫동안 우리의 뇌 속에 남게 된다. 예술은 우리에게 인상과 만족감, 때로는 충격을 주고, 다양한 시각 경험을 통해 삶의 가치를 새롭게 점검하도록 한다. 미술 작품을 감상하면서, 반복되는 일상 속에서는 지나쳐 버릴 생각과 감정을 발견하는 데 예술의 의미가 있다. 효용성과는 거리가 먼 예술일지라도 우리에게 행복한 내적 충만감과 정신적 풍요를 줄 수 있다. 코로나로 집에 머무는 시간이 길어진 사람들이 순전히 재미만을 위해 쓸데없고 즐거운 예술 활동을 했던 것처럼. 일상과 삶과 사람의 관계를 생각할 수 있게 하는 힘, 그것이 예술이 지닌 가치다. 예술과 삶을 결합하여 일상을 풍요롭게 하고, 모든 이가 예술가가 되고 일상이 예술이 되는 세상이 오고 있다.

예술의 영역은 창조성이나 불확실성이 강하다. 예술적 감성과 직관은 인공지능의 테크닉이 침범할 수 없는 인간의 고유 영역이다. 아직까지는 인공지능이 단순히 명작의 이미지를 학습해 결과물을 생성하거나 신기술로 놀라움을 주는 정도라는 점에서 초기 미디어아트가 보여주었던 한계에 머물러 있다. 이러한 예술은 엄밀히 말해 모방이나 재현의 단계일 뿐, 작품 안에 인간의 사유를 넘어서는 철학이나 세계관은 담지 못한다. 그럼에도 인공지능이 우리에게 경이와 공포심, 위기감과 기대를 동시에 주는 이유는 그것이 사람과의 관계 속에서 영향을 미친다는 점이다. 비인간적인 기계가 인간을 점점 닮아가고, 인간과 기계 간에 서로 영향을 주고받으며 인간의 행동이 변화한다. 다방면의 기술융합은 오히려 인간의 능력을 극대화할 수 있다.[164] 미래의 예술 활동도 기계의 개입이나 인간과 기술 간의 상호작용이 중요한 쟁점이 된다.

자연스레 협업에 의한 예술 활동이 이어지는데, 협업의 과정에서 개인적인 자유로운 의사 자체보다 정서나 자유로움을 예술가 각자가 다소 완화시켜야 하는 부분이 생긴다. 이때 과연 창의적 예술의 자유로움 그 자체가 존재하는 것인지 의아해진다.

---

164 클라우스 슈밥, 『제4차 산업혁명』, 65~71쪽

현재는 미술의 역사를 통틀어 예술과 기술의 소통이 가장 활발한 시기일 것이다. 고대의 기술은 건축과 조각과 회화를 위한 기능적 측면에서 중요시되었다. 인간은 기술을 완벽하게 다루어 튼튼하게 건축하고, 닮게 만들고, 잘 그리기 위한 도구로 사용했다. 과거에는 예술가가 기술을 도구로써 활용하고 주도해 왔다고 믿었지만, 지금은 고대의 테크네처럼 예술과 기술이 본래 하나가 아니었을까를 질문해야 할 시점이다. 수천 년의 미술사에서 예술가에 대한 첫 번째 도전이 카메라의 발명이었다면, 미술의 개념을 바꿔 놓은 가장 강력한 사건은 뒤샹의 「샘」이었다. 이제 AI 시대가 왔다. 명확한 예술이라는 개념이 필요한 시점이다. 과학기술의 진보와 사회 시스템의 변화 속에서 어떻게 예술의 본질을 새롭게 성찰할 것인지 주목해야 한다. 지금까지의 미학적 인식을 다시 한번 바꾸는 완전히 다른 개념의 예술, 우리가 예상하지 못했던 새로운 미적 경험을 기대해 본다.

참고 문헌

- 김선영, 『예술로 읽는 4차 산업혁명』, 별출판사, 2018년
- 레이 커즈와일 저, 김명남·장시형 옮김, 『특이점이 온다』, 김영사, 2005년
- 롤랑 바르트 저, 김인식 편역, 『이미지와 글쓰기- 롤랑 바르트의 이미지론』, 세계사, 1993년
- 롤랜드 버거 저, 김정희. 조원영 옮김, 『4차 산업혁명 이미 와 있는 미래』, 다산3.0, 2017년
- 마샬 맥루한 저, 김진홍 역, 『미디어는 맛사지다』, 커뮤니케이션북스, 2001년
- 박신의, 「문화유산 활용과 가치 제고 전략」, 『문화예술경영학연구』 제9권 2호, 통권 16호, 한국문화예술경영학회, 2016년
- 박신의, 「4차 산업혁명과 예술의 미래- 예술은 기술변화에 어떻게 대응해 왔고, 대응해갈 것인가?」, 『문화예술경영학연구』 제10권 1호, 통권 18호, 한국문화예술경영학회, 2017년
- 발터 벤야민 저, 최성만 역, 『기술복제시대의 예술 작품 사진의 작은 역사』 외, 길, 2007년
- 신정원, 「시각예술에서 인공지능과 빅데이터의 역할」, 『한국예술연구』, 제25호, 한국예술종합학교 한국예술연구소, 2019년
- 아서 단토 저, 김한영 역, 『무엇이 예술인가』, 은행나무, 2015년
- 아서 단토 저, 이성훈 역, 『예술의 종말 이후(컨템퍼러리 아트와 역사의 울타리』, 미술문화, 2004년

- 이임수, 「인공지능과 현대미술에 관한 소고: 사이버네틱스에서 신경망까지」, 『한국예술연구』 제15호, 한국예술종합학교 한국예술연구소, 2017년

- 존 워커 저, 정진국 역, 『대중매체 시대의 예술』, 열화당, 1983년

- 최재천 외, 『코로나 사피엔스』, 인플루엔셜㈜, 2020년

- 클라우스 슈밥 저, 송경진 옮김, 『제4차 산업혁명』, 새로운 현재, 2016년

- 태혜신, 김선영, 「인공지능과 예술의 융합 양상에 관한 탐색적 고찰」, 『한국무용과학회지』 제36권 제2호, 한국무용과학회, 2019년

- 허버트 마셜 매클루언 저, W. 테런스 고든 편, 김상호 역, 『미디어의 이해- 인간의 확장』, 커뮤니케이션북스, 2011년

- W. 타타르키비츠저, 김채현 옮김, 『예술개념의 역사』, 열화당, 1986년

- Barthes, Roland, 『l'Obvie et l'obtus, Editépar Seuil』, 1992.

- Foster, Hal, Krauss, Rosalind, Bois, Yve-Alain, Buchloh, Benjamin H.D., 『Art Since 1900: Modernism, Antimodernism, Postmodernism, Londres』, Thames&Hudson, 2004.

- Lemoine, Serge (dir.), 『L'Art moderne et contemporain: peinture, sculpture, photographie, graphisme, nouveaux médias, Paris』, Larousse, 2007.

- Mèredieu, Florence de, 『Histoire matérielle et immatérielle de l'art moderne』, Paris : Bordas, 1994.

- Mèredieu, Florence de, 『Arts et nouvelles technologies : art vidéo, art numérique』, Paris : Larousse, 2005.

4차 산업혁명의 특징은 20세기 기존에 있던 지식과 기술의 빠른 융합에 있고, 그 공유와 재생산의 속도가 빠르게 진화하고 있다. 앞으로 4차 산업혁명에 대한 논의는 계속해서 확장될 것이고, 그 혁명이 갖는 사회학, 심리학, 공학, 경영학 등 모든 분야에 걸친 함의는 인간의 현재와 미래를 생각하는 모든 사람에게 논의의 장이 될 것이다.

발전과 변혁 앞에서 인간은 근본적인 질문을 더해 가게 된다. '인간은 어디로 가는가?', '우리는 누구인가?', '우리는 어떻게 살아가야 하는가?' 등에 깊은 고민과 사유가 필요하다. 영성에 대한 깊은 이해가 필요한 이유다.

PART **3**

건강과 영성의
새로운 역할

The new role of health and spirituality

권종진, 정강엽

임플란트 치아로
건강수명 늘리기

권종진[165]

• • •

들어가는 말

1) '치아 1개 빠지면 뇌가 1년 늙는다'는 과학적 근거

2) 임플란트의 역할

3) 치아 건강을 통한 건강수명 늘리기

나가는 말

165　서울대 치의학 박사, 구강악안면외과 전문의, 고려대 의대 명예교수, 닥터 권치과

⊠ 들어가는 말

       4차 산업혁명 시대는 100세, 120세 시대라고 해도 과언이 아니다. 수명이 길어진다고 해서 모두가 건강하게 살 수 있는 것은 아니다. 건강하게 살아간다는 것은 행복의 조건 중[166] 가장 중요한 덕목으로 꼽힌다. 인간이 무병장수(無病長壽)를 꿈꾸는 이유다. 건강한 수명을 위해서는 다양한 노력이 필요하지만 건강한 치아가 우선된다. 우리나라 신라 시대의 『삼국사기(三國史記)』 기록을 살펴보자.

  신라 시대에 이사부(異斯夫)가 왕위를 결정할 때 남해 차차웅(南海 次次雄)의 아들 유리(儒理)와 사위 석탈해(昔脫解) 중에서 왕을 결정하기 위해 '치아가 많은 사람이 더 현명하다.'라는 말에 의거하여 왕을 결정했다는 기록이 있다. 유리와 탈해가 각각 떡을 깨물어 치아 자국의 수(잇금)가 많았던 남해의 아들 유리 이사금이 왕이 되었다는 기록이 그것

---

166 함익병, '하버드에서 연구한 행복의 7가지', 유튜브 「셀코TV: 고지식」, 2023년 8월 26일, 하버드 대학에서 연구한 결과 행복의 조건 7가지 중 5가지가 건강과 관련되는 사항이었다.

이다. 이것은 무슨 의미일까? 과연 치아가 많은 사람이 더 현명하단 말에 과학적 근거가 있을까? 치아의 개수가 장수와 연관성이 있다는 말인가?

필자는 서두에 제시한 사료를 근거로 독자들의 의문점을 해결하기 위하여 치아가 건강하지 못한 사람들에겐 어떤 이유가 있는지, 치아의 건강이 현대인의 고민인 치매에까지 연결되는 경로는 무엇인지, 뇌 손상과 기타의 건강에까지 연관되는 경로를 살펴보고자 한다. 동시에 어떤 작은 노력을 해야 건강한 치아로 건강한 신체, 건강한 정신으로 이어질 수 있는지 살펴보기로 하겠다. 건강을 위한 현대인의 노력은 극진하다. 그러나 정작 그 기초가 되는 치아의 손상이 얼마만큼 건강에 치명적일 수 있는지에 대해선 다소 무지한 경향이 있다. 건강을 다 잃고 목숨만 연명하는 삶 안에서도 어떻게 하면 최대한 인격적이고 숭고한 삶을 살 수 있는 것인지 끝까지 생각하는 것이 인간의 길이다. 치아 건강은 곧 근본적으로 인간의 행복과 자유를 영위하도록 도와주는 최상의 지름길이라고 볼 수도 있다. 어떻게 그렇게 단언할 수 있는가? 사료적 근거와 과학적 근거를 토대로 스토리텔링을 전개해 보기로 하자.

1) '치아 1개 빠지면 뇌가 1년 늙는다'는
과학적 근거

『뉴욕 타임즈』에 「입안에 생기는 은밀한 병(quiet disease forming in mouths)」이라는 기사 내용이 실려 사람들의 주목을 받았다. 내용을 요약하면 다음과 같다.[167]

2023년 현재 3억3천6백7십만 명의 미국인 중 30대 이상의 반 정도가 잇몸병의 징후를 보인다. 칫솔질 후 일주일에 두세 번 이상 붉은 핏기가 보이면 이미 초기 잇몸병이 시작되었을 가능성이 매우 높다. 그러나 이런 증상은 아주 은밀하게 진행되고, 그중 9%는 더욱 심해져서 치은염(잇몸염증)에서 치주염(치아주위 염증)으로 발전되었다. 치주염은 증상이 나타나는데 내버려 두면 결과적으로 치아가 빠지게 된다. 더 심각한 치주염의 증세는 치매, 당뇨, 그리고 심장병과 관련이 있어 잇몸병의 초기 증상, 예방법은 물론 치과의사들의 역할에 대하여 반드시 알아야

---

167 '입안에 생기는 은밀한 병'. 『뉴욕 타임즈』, 2023년 7월 14일

한다고 강조했다.

1940년대만 해도 유럽의 대표적인 복지국가인 스웨덴에서조차 젊은 사람 중 제대로 치아를 가지고 있는 사람이 드물 정도로 2차 대전 직후까지 스칸디나비아를 비롯한 복지국가 국민들의 구강 상태는 상당히 좋지 않았다. 심지어 스웨덴에서 6,500명의 젊은 군인 중 겨우 20명 미만의 극히 적은 사람들만이 빠진 치아 없이 자기 치아를 가지고 있었다.

그래서 치과의사들이 2차 대전에서 돌아온 퇴역군인들을 상대로 스케일링(scaling)을 비롯한 여러 잇몸치료를 강화하기 시작했다. 몇 년 후에는 구강위생 상태가 좋아지며, 사람들이 건강한 자기 치아로 밥을 먹게 되자 건강이 눈에 띄게 좋아지는 결과를 얻게 되었다.

초창기 스케일링은 치아에 음식이 붙어 돌이 된 치석을 제거하는 치과 시술이었다. 치석이 치아에 많이 붙으면 그 돌 표면에 세균들이 붙어 세균 덩어리들(바이오필름)이 증식하기 때문에 치석을 제거한 후 치아 표면을 매끄럽게 해서 결과적으로 입안의 세균 숫자를 줄이려고 했다. 결과가 좋아 세계 2차대전 이후 스웨덴에서 시작한 스케일링은 곧 세계적으로 잇몸병과 치주병은 물론 구강 질환의 보편적인 구강위생술식으로 자리 잡게 되었다.

2020년 한 해 한국 국민 잇몸병(치은염 및 치주 질환)으로 치료받은 사람이 1,627만 명으로, 전체 국민의 31.4%에 달했다. 20~50대는 35.0%, 그리고 60대 이상은 36.1%로 잇몸 질환과 관련 있는 스케일링(치석 제거)은 전 국민의 25.9%인 1,343만 명이 시술받았다.[168] 이처럼 한국은

---

168 2020년 건강보험심사평가원

2015년에 스케일링이 국민의료 보험에 포함되면서 잇몸은 물론 구강관리가 보편화되어 현재는 초기 스웨덴이 거둔 효과 이상의 놀라운 건강 증진 효과를 얻게 되었다. 최근에는 미용실에서도 두피와 머리카락을 스케일링한다는 말을 할 정도로 보편화된 용어가 되었다.

은밀한 병의 원인에 대하여 『뉴욕 타임즈』에서는 초기 잇몸병을 '치은염'이라고 불렀다. 잇몸의 염증이 특징이고, 치태라고 하는 치아에 붙어있는 박테리아가 내뿜는 독소가 잇몸을 자극하여 생긴다고 소개했다. 따라서 입안을 깨끗이 해서 박테리아가 잇몸을 자극하기 전에 이에 붙어있는 치태를 제거하는 것이 최선의 예방법이라고 소개하였다.

그러나 대부분 잇몸병은 통증이 없고, 초기에 잘 알 수가 없으며, 본인이 알 수 있는 징후나 증상은 겨우 잇몸이 약간 붉어지거나 양치 후 피가 나올 정도라서 무시되는 경우가 많다. 본인이 칫솔, 치간칫솔, 치실, 그리고 워터픽(waterpik) 등으로 열심히 노력하면 좋아지는 경우가 많은데, 계속 진행되어 약이나 전문적인 치료를 해야만 하는 경우도 많다. 입안 청결을 게을리하거나 하루에 몇 번씩 열심히 노력해도 효과적이지 못하면 부분적으로도 잇몸병이 시작된다. 특히 현대인들은 콜라, 인스턴트 음식은 물론 술과 흡연, 스트레스로부터 무관하기 어려운 까닭이다.

치은염을 치료하지 않으면 박테리아가 깊이 파고들어 치주염으로 진행되고, 심지어는 치아 뿌리가 박혀있는 뼈까지 파괴되어 입안 냄새가 심해지는 것은 물론 피가 나고, 이도 흔들리고 점점 아파져서 마침내 치아가 빠지게 된다.

찰톤 헤스톤 주연의 「벤허」라는 영화에서는 노예나 말을 살 때 입을 벌려서 치아 개수를 확인하는 장면이 나온다. 이 영화는 기원전(BC)이 끝나고 서기가 시작되는 예수의 탄생기인 1년부터 시작하지만, 예수의 나이 26세부터 십자가형을 받는 33세까지의 그와 같은 나이에 태어난 유대 왕자 벤허를 이야기하는 역사적 배경을 가지고 있다. 그 시대에 이미 치아를 보고 전신의 건강 상태를 판단할 수 있다는 것은 선조들의 경험을 토대로 한 빅데이터를 가지고 있다는 것을 의미한다. 그런데 무엇을 근거로 그렇게 사고할 수 있었을까?

최근 '치아 1개가 빠지면 뇌 노화가 1년 빨라진다'는 연구 결과가 신경학회지에 발표되었다. 기억력에 문제가 없는 평균 연령 만 67세 172명을 대상으로 기억력과 남아있는 치아 개수를 4년 간격으로 확인하면서 기억을 담당하는 대뇌 속의 해마 크기를 자기공명영상(MRI)으로 측정했다.[169]

해마는 뇌의 측두엽 안에 좌우 두 개가 있으며, 사람의 기억에 중요한 역할을 하는 아주 중요한 부위로 주로 인간의 단기기억을 장기기억으로 만드는 역할을 담당하고 있다. 해마가 손상되면 선행성 기억상실증이 되어 과거의 기억은 모두 가지고 있지만, 새로운 기억은 받아들일 수 없어 계속 과거에 머무르게 된다.

연구 결과 대상자들은 치아 1개를 잃을 때마다 좌측 해마의 크기가 줄어들어서 결과적으로는 한 개 치아당 뇌 노화가 빨라진다. 더욱

---

169 일본 도쿄대 치과대학원, 국제신경학회지 「Neurology」, 2023년

이 음식을 씹을 때 통증을 느낄 정도의 잇몸병을 가진 사람들은 노화 정도가 보통 사람보다 4개월씩이나 더 빨라져서 치아 1개 손실에 1년 4개월씩 앞당겨지는 것으로 밝혀졌다. 연구진은 '치아가 줄면 음식을 씹는 자극이 줄고, 이로 인해 뇌로 가는 혈류량이 감소해 뇌 인지 기능에 영향을 미칠 수 있다'고 결론지었다.

그렇다면 임플란트 한 개로 수명이 2% 늘어날 수도 있을까? 한국인 450여만 명(4,440,970명)을 대상으로 2007년부터 평균 7.56년간 조사하여 국제학술지에 실린 논문이 큰 관심을 끌었다(2019년). 조사 결과 치아 한 개가 빠지면 사망률이 2% 증가했고, 심근경색이 1%, 그리고 신부전증과 뇌졸중이 1.5% 증가했다. 심혈관계 질환과 사망률은 치아 상실과 비례하였으며, 임상에서 심장 질환자와 구별에 좋은 참고 자료로 활용될 수 있다고 하였다.

통증과 만성 치주염에서 해방되어 "앓던 이 빠지니 시원하다"는 말도 잠깐, 씹는 힘이 앓던 치아가 빠지기 전의 20~30%밖에 되지 않는다. 잇몸을 계속 아프게 하는 틀니는 딱딱한 음식을 씹지 못하게 되어서 근육이 퇴화하고, 뇌에 가는 혈류도 줄어들고, 또한 뇌에 가해지던 자극도 감소시킨다. 단단한 음식을 씹을 수 없으니 노화 방지에 도움이 되는 견과류 등과 같은 영양분 섭취를 방해한다. 이처럼 아무리 틀니를 끼고 있어도 잇몸이 아파 장기간 씹는 기능이 현저히 줄면 전신에까지 영향을 끼치는 치명적인 변화가 올 가능성이 매우 높아진다.

틀니와 임플란트가 건강보험에 들어간 이후인 2012년부터 2019년까지 65세 이상 노인이 틀니나 치과 임플란트로 치과 진료를 본 환자 숫자는 총 310만 3,000명이었다. 이 중에서 치과 임플란트 환자는

177만 1,000명(57.1%)이나 되었다.

임플란트를 국민건강보험으로 해주는 나라는 전 세계에서 스웨덴, 일본 그리고 한국 세 개 나라이다. 일본의 경우는 구강암 환자인 경우에만 임플란트를 해주고 있으나, 한국은 막대한 비용이 들어감에도 불구하고 65세 이상 환자의 경우 평생 2개의 임플란트를 적용하고 있다.[170]

최근 5년(18~22년)간 65세 이상의 임플란트 환자 수는(건강보험심사평가원 2023년 7월) 2018년 57만9,000명, 2019년 72만4,000명, 2020년 71만 7,000명, 2021년 75만9,000명, 그리고 2022년에는 80만5,000명으로 꾸준히 증가하고 있다. 2018년 65세 이상 인구수가 736만6,000명, 2021년에 853만1,000명, 2022년에 901만8,000명, 그리고 2023년에 950만 명인 점을[171] 감안하면 임플란트 수의 증가보다는 꾸준한 인구 대비 일정 비율을 유지하고 있다고 판단된다.

비용이 부담되는 문제가 있기는 하지만, 다행히 임플란트로 고정된 보철물을 이용했을 경우 건강한 치아들이 가지고 있었던 기능을 거의 회복시켜 주는 특징이 있다. 미각적으로도 음식을 제한 없이 마음대로 먹을 수 있어서 좋지만, 영양분을 공급해 준다는 면에서도 매우 유익하다. 말하기도 편해지니 발음도 정확해진다. 구강의 통증을 줄여주어 노래도 마음껏 부를 수 있다. 심지어 피부과나 성형외과를 다니지 않아도 얼굴에 주름도 줄어들고 피부에 탄력도 생겨 그 이전보다 젊어 보이는 장점이 있다. 이러한 장점은 시술 이전보다 사회활동에 대해서 더 긍정적이고 적극적인 성향으로 바뀌게 하는 면이 있다.

---

170 『의학신문』, 2023년
171 건강보험심사평가원, 2023년 7월

음식물을 씹으면 ① 침은 소화작용을 돕고(페로시다제의 증가) ② 위와 장에 관련된 각종 질병을 예방하는 항산화제의 역할을 하고, ③ 음식물을 씹는 행위 자체가 뇌에 자극을 주는 아주 좋은 운동과 자극으로 작용하여 뇌의 혈류를 증가시키고, ④ 뇌 산소량이 증가하며, ⑤ 기억력을 높이는 역할을 한다고 알려져 있다. 결과적으로 치매를 비롯한 전신 질환 예방에 도움이 될 것이다.

사례로 일본에서 치아가 9개 이하인 노인은 20개 이상 가지고 활발하게 음식을 씹어 먹는 노인보다 치매에 걸릴 확률이 81% 높았다. 한편 본인의 치아가 없어 틀니를 사용하는 사람들보다 임플란트를 심어서 임플란트 보철로 정상적으로 식사를 할 수 있는 사람들이 뇌혈류의 양이 현저히 증가한 것으로 발견되었다. 이것은 음식물 씹는 행위는 뇌혈류를 증가시키고, 뇌를 활성화해서 인지 기능을 향상시키는 것을 의미한다.

음식을 씹으면서 침샘(이하선)에서 분비되는 파로틴이 혈관의 신축성을 높이고, 백혈구 기능을 활성화해 뇌의 혈액순환을 좋게 한다. 또한 신경세포의 수복과 뇌신경의 기능을 회복시키는 신경 성장 인자도 분비되어 뇌의 노화를 방지하는 것으로 알려져 있다. 결국 치아가 없어 제대로 씹지 못하면 침의 분비량이 줄고, 그 결과 뇌 성장 인자가 줄어 뇌가 노화된다. 반대로 잘 씹어 입안에 침이 많이 나오면 노화를 늦추고 치매 위험을 줄일 수 있을 것이다.

침이 적게 나오면 혈관 건강에 큰 영향을 미치는 구강 내 세균 번식에 결정적인 원인을 제공한다. 입안의 세균은 말초혈관을 통해 혈류를 타고 전신을 돌아다니다 심장이나 뇌에서 혈전을 만들어 혈관을 좁히

기도 하고, 혈관 벽을 손상시켜 발생한 염증이 심장병이나 뇌졸중의 원인이 되기도 한다. 치주염 환자의 동맥경화, 뇌졸중, 심장병 같은 혈관 질환 위험이 2~3배 높다고 알려져 있다.

산화질소는 항노화 물질로, 혈관 이완, 혈압 조절, 면역력 제고 그리고 항암·항염증 능력을 가지고 있어 수명을 연장시키는 역할을 하고 있는 것으로 알려져 있다. 혈관을 돌던 산화질소 재료들은 침샘에서 걸러져서 다시 입안으로 나오기 때문에 침 속의 산화질소 재료들의 농도는 혈액에 비하여 20배 이상 높다고 알려져 있다. 따라서 꼭꼭 오래 씹으면 침이 많이 나오고, 당연히 침 안에 있는 산화질소 재료들이 많이 쏟아져 나오게 되어 앞서 열거한 순기능에 의해 건강과 장수를 보장하게 될 것이다.

그러면 '한 개 치아가 빠지면 수명이 2% 단축'이라는 논문 결과[172]가 충격적이기는 하지만, 빠진 치아를 최대한 빨리 임플란트를 심어 인공 치아로 사용할 수 있다면 어떠한 결과가 나올까? 현재 의료보험에서 65세 이상에서 가능한 2개의 임플란트가 4%의 수명 연장 효과를 낼 수도 있을까? 살펴보자.

'치아가 없으면 잇몸으로…'라고 했던 환자들이 임플란트 시술로 20대처럼 씹을 수 있게 해주면 앞서 소개한 뇌의 혈류, 자극, 건강해진 사회생활, 안면근육의 발달, 바짝 마른 입안이 침으로 가득 차고, 몸과 마음이 젊어진다. 짧아졌던 텔로미어[173]가 어느 정도까지 길어지면

---

172 졸고, 『치과 연구』, '2018년의 논문 주제와 내용을 「씹는 행복, 임플란트 한 개로 수명이 2% 늘어날 수 있을까?」, 『매일경제신문』, 2022년 8월 24일 재인용

173 텔로미어(telomere): 염색체 끝에 DNA가 반복 배열된 부분으로서 길이가 점점 짧아지는 것을 노화라고 하여, 길이가 줄어드는 것과 늘리는 방법에 대한 노화 지연, 예방, 노화 방지에 대한 연구가 매우 활발하게 진행되고 있다.

수명이 얼마나 연장되었는지, 그리고 인지 기능 개선의 효과로부터 치매나 알츠하이머와 어느 정도 거리를 두게 되었는지에 대한 단편적인 결과들이 계속 발표되고 있기 때문에 가까운 시일 내 논증적 근거가 확실한 보고서가 발표될 것으로 기대된다.

2) 임플란트의
역할

　　　　건강하게 장수할 수 있는 몸을 만들고 유지하기 위해서는 가장 중요한 요인이 음식이기 때문에 식습관 세 가지를 소개하면 다음과 같다. ① 칼로리를 줄이기 위하여 약간 부족하다 싶을 정도로 소식하면서 위에 부담을 줄여주고, ② 규칙적인 균형 잡힌 식사로 비만을 방지하고, ③ 그러나 음식을 소량만 섭취하더라도 천천히 오랫동안 씹어 먹어야 한다. 이와 관련된 내용을 좀 더 자세히 분석해 보기로 하자.

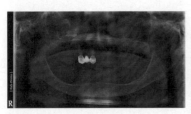
사진 1

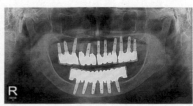
사진 2

사진 1 사례자는 70대 중반의 여성으로 오래전부터 치아가 거의 전부 빠져 틀니를 오랫동안 사용하고 있었다. 치아 뿌리가 묻혀있던 치조골이라는 턱뼈가 거의 없어져 물만 마셔도 틀니가 움직이고 잇몸이 아파서 식사를 거의 할 수 없는 정도로 아래위 턱의 뼈가 없어진 사례이다. 사진 2 사례자는 아래위 턱에 임플란트를 심어서 틀니가 아닌 고정된 인공치아(보철물)를 장착한 경우다. 음식의 제한 없이 모든 음식을 먹을 수 있으며, 기존의 자연치아처럼 칫솔을 사용하여 깨끗이 사용할 수 있다.

이 환자들에게서는 과연 어떠한 변화들이 일어났을까? 첫째, '이가 없으면 잇몸으로'라는 말이 있다. 이것은 지긋지긋하게 앓던 치아가 빠지니 시원하다는 면을 부각시킨 것을 의미한다. 일정 부분 틀린 말은 아니다. 그러나 그것도 잠시다. 말하고, 물 마시고, 음식 골라서 삼켜야 하고, 잇몸은 계속 여기저기 아프고, 그러다 보면 영양실조에 걸리게 마련이다. 치아의 염증은 몸의 구석구석으로 연결되기 때문에 장기간 방치하면 더 치명적인 전신적인 변화가 올 가능성이 매우 크다.

실제로 동물실험에서 딱딱한 음식을 먹인 실험군이 부드러운 음식을 먹인 실험동물들에 비하여 학습효과가 현저히 높은 것으로 나타났다. 알츠하이머와 뇌경색 동물실험에서도 딱딱한 음식을 먹은 실험군이 기억력과 학습 능력 면에서 월등한 차이를 보였다. 이것은 단지 음식을 종류별로 꼭꼭 씹는 저작 운동에 따른 차이가 뇌에도 큰 영향을 준다는 사실을 확인시켜 준 결과다.

실제로 임상 실험과 결과에 의하면 혈압, 당뇨, 치매, 근육 손실, 음식물의 삼키기 어려운 증세에 의해 폐렴, 심장병, 성인병의 위험성이 급격히 높아지는 보고서들이 다수 발표되었다. 최근에는 사망률이 높아졌다는 결과들도 속속 발표되고 있다.

심각한 통증은 물론 괴로움을 동반하던 치아가 빠지면 입안의 염증이 없어져 실제로 '앓던 이 빠지는' 쾌감을 누릴 수 있다. 그러나 잘 맞지도 않는 틀니를 끼고 있거나 임플란트라는 새로운 치료에 대한 불안과 두려움으로 방치해 두면 또 다른 문제를 일으킨다. 상술한 바와 같이 딱딱한 음식을 씹지 못해서 생길 수 있는 근육, 심장, 뇌 등 전신에 미치는 위험에 직면하게 될 것이다.

둘째, 틀니 끼었을 때의 불편한 점을 살펴보자. 질기거나 딱딱한 음식을 먹을 수가 없어서 음식을 가려 먹어야 한다. 식당을 아무 데나 갈 수도 없고, 음식을 가려야 해서 아무거나 골라 먹을 수가 없다. 가령 고기나 사과와 같은 류를 씹기도 불편할 뿐 아니라 음식이 잘 씹히지 않아 삼키기도 어려움이 있다. 말하고 싶은 대로 발음이 잘 안 되고, 편한 마음으로 음식을 먹을 수 있던 시절이 있었나 싶게 항상 잇몸의 통증에 시달린다. 틀니 때문에 불안해서 사람 만나는 걸 망설이게 되고, 틀니 틈새로 음식물이 들어가면 틀니에 끼인 이물질 제거를 위해 화장실을 자주 찾아야 하는 불편함이 생기게 마련이다.

잇몸이 아파서 진통제를 달고 살고, 소화도 안 되어서 복통에 시달리며, 틀니 접착제가 불편감을 줄 뿐만 아니라 잇몸 통증 때문에 숙면을 취하기도 어렵다. 사람들을 만나 음식을 섭취하면서 불편함을 느끼는 일도 많고, 음식 맛을 느낄 수 있기는커녕 틀니 때문에 짜증을 많이 낼 수 있다. 입 냄새가 나는 일, 치과에 거의 매일 가서 아픈 부위를 손을 봐도 얼마 되지 않아 다시 통증을 느끼는 일이 비일비재하다.

이와 같은 일상으로 인해 생활 속에서 주눅이 들 수도 있고 자존감이 떨어질 수 있다. 물론 틀니를 안 끼우는 것보다 끼고 있는 것이 그나마 외모상으로는 자신의 모습을 정상적으로 보일 수 있다. 틀니를 끼우지 않으면 얼굴의 형체 자체가 일그러져 보이는 것과는 극명한 차이를 드러낸다.

셋째, 임플란트 이용한 고정된 인공치아(보철물)에 대해 생각해 보기로 하자. 임플란트 시술 이후 의사의 입장에서 관찰하고 확인하고 싶은 변화들은 다음과 같은 내용에 대해서다.

① 마음껏 꼭꼭 씹어 먹으면서 얼마나 건강해졌을까?

② 침은 틀니에 비하여 얼마나 더 나오고 있을까?

③ 기억력은 얼마나 좋아졌을까?

④ 뇌로 가는 혈류는 얼마나 증가했을까?

⑤ 얼굴 근육은 물론 장기적으로 전신의 근육은 얼마나 증가했을까?

⑥ 입속에서 괴롭히던 치주 질환이나 잇몸 염증에서 해방되어 어떤 변화가 일어났을까?

⑦ 젊어진다고 하는데 과연 얼마나 젊어질까?

⑧ 당뇨나 혈관 질환은 변화가 없으려나?

⑨ 정신적으로 얼마나 자신감이 생겼고, 사회활동은 얼마나 활발해졌을까?

위의 궁금증에 대한 답을 정리해 보면 다음과 같다.

침은 음식물의 씹고, 삼키고, 말하는 데 중요한 역할을 하면서 건강한 구강 상태를 유지하게 해준다. 또한 충치 방지, 항곰팡이, 입안과 위점막의 생리적이고 면역학적인 보호 역할도 담당하고 있다. 따라서 분비되는 침의 성분과 침양의 변화는 구강 기능의 저하는 물론, 구강 점막건조증, 불편감, 치은염, 치주염, 충치, 곰팡이 감염은 물론 입에서 나는 악취와 출혈로 삶의 질을 매우 심각하게 위협할 수도 있다.

치아가 없을 때나 틀니를 사용할 때에는 먹기 편하도록 부드럽게 조리한 음식만 먹을 수밖에 없다. 그러나 임플란트 치아는 자연치아일 때와 똑같이 음식물 섭취가 가능하여 건강에 큰 도움이 될 수도 있다. 씹는 힘이 강해지고 턱을 움직이는 횟수가 증가하면서 침의 분비량도 증가하고, 이미 알려진 바와 같이 뇌로 가는 혈류량도 증가하여 결과적으로 치매를 비롯한 전신 질환 예방에 도움이 될 것이다. 남아있는 치아의 개수가 적을수록 치매 또는 알츠하이머의 가능성이 커지는 것으로 이미 알려져 있다.

국내 노인치매 환자의 경우 2018년 75만 명에서 2019년 79만 명이었으며, 2024년에는 100만 명, 2039년 200만 명, 그리고 2050년에는 302만 명으로 늘어날 전망이다. 또한 65세 이상 노인의 치매 유병률(인구 100명당 치매 환자 수)은 2018년 10.2%로 집계되었지만, 2040년에는 12.7%, 그리고 2050년에는 16.1%로 추정된다.[174]

2007년부터 2012년 일본 규슈대에서 60세 이상의 노인 1,566명을 대상으로 실험한 바에 의하면 다음과 같은 결과 보고서가 나왔다. 치아 상태와 치매와의 관련성에서 치아가 1~9개 있는 노인은 20개 이상 있는 노인보다 치매에 걸릴 확률이 81% 높았다며, 이는 부족한 치아로 인해 씹는 활동이 원활하지 않은 점을 그 원인으로 보고 있다. 반대로 영국 카디프(Cardiff) 대학에서 저작 운동과 뇌 건강과의 관계를 확인하

---

174 건강보험심사평가원, 2021년 12월 31일 자료

기 위해 실험한 결과를 살펴보자. 껌을 씹게 하면서 기억력 정도를 측정하였더니 저작 운동을 많이 하면 할수록 숫자를 빠르고 정확하게 기억하는 것으로 나타났다.

씹는 기능 회복에 절대적인 역할을 할 수 있는 임플란트 치료가 다행히 한국에서는 국민 건강보험에 들어가면서 2012년부터 2019년까지 7년 동안 65세 이상 누적 치과 임플란트 환자가 177만1,000명이었으나, 2022년 한 해 동안 80만5,000명으로 늘어났다. 임플란트를 이용하는 고령 환자들이 증가하는 것은 위에서 말한 것처럼 치매나 알츠하이머 관점에서만 보아도 아주 고무적인 일이라고 생각한다.

음식을 씹으면서 이하선[175]이라는 침샘에서 나오는 파로틴(Parotin)[176]이 혈관의 신축성을 높여준다. 백혈구 기능도 활성화되 뇌의 혈액순환을 좋게 하며, 신경성장인자(Nerve Growth Factor. NGF)도 분비되어 신경세포의 수복을 촉진하고 뇌 신경의 기능을 회복시켜 준다. 결과적으로 뇌가 노화되는 것을 방지해 준다. 그러나 치아가 없어 제대로 씹지 못하면 침의 분비량이 줄고, 그 결과 침 속에서 얻을 수 있는 신경성장인자가 줄어 뇌가 노화된다. 반대로 잘 씹어 침이 많이 나오게 되면 뇌가 노화되는 것을 막아 치매 위험을 줄일 수 있다. 실제로 알츠하이머로 치매를 앓는 사람의 뇌에 신경성장인자를 직접 투여하여 인식 능력이 개선되었다는 연구 결과가 있다. 이것은 침, 신경성장인자, 그리고 치매와의 관계를 잘 나타내주는 것을 의미한다.

미국 콜롬비아대에서 17년 장기 추적 결과 잇몸 질환, 치주 질환이

---

175 침을 분비하는 침샘 중 가장 큰 것으로 좌우 귀밑에 하나씩 있다.
176 귀밑샘. 턱밑샘에서 분비되는 침샘호르몬

생긴 사람들에게서 당뇨병이 2배로 증가했다는 보고서가 발표했다. 당뇨병 환자는 치주 질환이 잘 낫지 않거나 또는 회복이 매우 느려서 당뇨합병증이 생길 위험이 4배나 높아진다. 미국 텍사스대에서는 치주 질환이 생기면 혈당 관리의 어려움이 6배나 증가했다는 연구 보고서를 제시했다. 치주 질환으로 인한 통증-저작이 불충분-침 분비량의 감소-소화불량-영양분 흡수 부족으로 인해 혈당 조절의 어려움으로 이어지는 연결 고리를 잘 설명해 주고 있다.

치주염, 혈압약, 신경정신과약 장기 복용, 또는 치아 상실로 씹는 능력이 떨어지면 침이 덜 나오게 되고, 결과적으로는 혈관 건강에 큰 영향을 미치는 구강 내 세균 번식에도 결정적인 원인을 제공한다. 입안의 세균이 말초혈관과 혈류를 통해 전신을 돌아다니다 심장이나 뇌에 들어가면 혈전을 만들어 혈관을 좁히기도 하고, 혈관 벽을 손상시켜 염증으로 심장병이나 뇌졸중의 원인이 되기도 한다. 치주 질환자에게서 발견되는 입속 세균과 플라그가 잇몸을 파괴하면서 생기는 염증 물질(TGF-베타)이 심혈관 질환자에게서도 발견되는 것으로 확인되었다. 치주염이 있는 사람은 없는 사람보다 동맥경화, 뇌졸중, 그리고 심장병 같은 혈관 질환에 걸릴 위험이 2~3배 높다고 보고되었다.

산화질소는 항노화 물질로써 혈관을 이완시켜 혈압을 조절하고, 면역력을 높여 수명을 연장시키는 역할을 하고 있는 것으로 알려져 있다. '산화질소를 이용한 장수에 관한 연구'에서 꼬마선충을 산화질소로 이용하여 장수유전자를 활성화시켜 수명을 대폭 연장하였다고 발표했다.

즉 노화를 늦추었다는 보고서[177] 이후 염색체에서 텔로미어가 짧아지는 속도를 늦추는 연구가 활발히 진행되었는데, 이것은 곧 노화를 지연시킬 수 있는 효소를 만들기 위한 연구를 의미한다.

혈관을 돌던 산화질소 재료들은 침샘에서 걸러져서 다시 입안으로 나오기 때문에 침 속의 산화질소 재료들의 농도는 혈액에 비하여 20배 이상 높다. 따라서 음식물을 꼭꼭 오래 씹으면 침이 많이 나오고, 당연히 침 속에 있는 늘어난 산화질소 재료들은 잇몸병 등의 구강 건강은 물론, 침샘, 혈관, 뇌, 심지어 노화 진행을 느리게 하는 좋은 영향을 줄 수 있을 것이다.

고령자에게서 구강 건강은 전신 건강, 활동 수준, 그리고 행복한 삶에 큰 영향을 준다. 계속되는 통증 치아 상실, 그리고 입안의 박테리아는 음식물을 씹고, 삼키는 것을 힘들게 하여 폐렴, 영양 결핍, 탈수 등의 원인이 된다. 따라서 구강 건강 상태, 즉 남아있는 치아의 개수, 충치, 치은, 치주염, 구강 청결 상태, 치아의 보철, 혀와 입술의 운동 능력, 침의 분비, 양과 성분, 미각의 능력, 목소리의 상태, 심지어 입안에 남아있는 잔존 음식물 찌꺼기의 양 등은 고령자와 건강 관련 연구자들에게 매우 중요한 지수들이다. 구강 기능의 손상은 씹는 능력을 손상시키고, 영양 결핍에 영향을 줄 수 있고, 고령자들의 먹는 즐거움과 타인과의 교제에도 제한을 주게 되어 사회적으로 고립되는 결과를 만들 수도 있다.

이상의 결과들을 요약하면 임플란트를 이용한 보철물을 통하여 젊었을 때의 구강 기능을 회복시킴으로써 침을 통한 항산화질소의 증가,

---

177 박상순 등, 「VRK-1 extends life span by activation of AMPK via phosphorylation」, 『SCIENE ADVANCES』, 2020년 6월, 1∼13쪽

씹는 운동을 통한 뇌 자극의 효과들로 몸과 마음이 젊어지는 것이 확연히 드러난다. 즉 환자들의 표정과 언어에서 확실히 나타난다. 그러나 과연 단편적인 보고서들과 같이 각종 성인병과는 어느 정도 거리를 두게 되었는지, 또 수명이 얼마나 연장되었을지에 대한 결과 확인은 추후 치과의 의학적 과제임에는 틀림없다.

필자의 예비 실험에서는 임플란트를 통해 텔로미어의 길이가 증가하는 것이 확인되었다. 치매에 대해 살펴보면 두뇌 용량이 40세 이후 매년 0.5%씩 줄어든다. 최근에 가장 우려되는 질환의 하나인 치매는 두뇌 세포가 죽고 세포의 부피가 줄어 매년 뇌용량이 0.5%씩 줄어 40대부터는 증상 없이 생기는 것으로 알려졌다. 치매 예방이나 치매의 진전을 막기 위해서는 운동으로 뇌의 기억 참여 세포 수를 늘리거나 유지해서 두뇌 용량이 줄어드는 것을 늦추거나 늘리는 것을 권하고 있다. 사체(死體)를 이용해 치매에 대한 연구를 한 결과 나이가 들어도 기억의 중추인 해마는 가장 적게 줄어든다고 한다. 다행히도 뉴런(Neuron) 수는 비슷하나 혈관 생성, 시냅스 연결 상태가 조금 약해질 뿐, 즉 나이 들어도 해마의 기억 자체는 그대로이고, 다만 기억 속도가 좀 약해진다고 보면 되겠다.

기억력을 좋게 하는 데는 어떤 방법이 좋을까? 바둑·장기·종이접기·책 읽기·화투·포카 모두 좋다. 그러나 무엇보다 유익하고 확실한 방법은 운동이다. 미국 메릴랜드 대학의 카슨 스미스(J Carson Smith) 교수는 뇌의 변화를 관찰하기 위한 연구에서 다음과 같은 보고서를 발표했다. 자전거를 30분 타고 난 후 뇌 활동이 2.5배 증가했으며, 동시에 기억 관련 뇌 기능이 변한다는 것도 확인했다. 처음에는 운동에 의

한 피로로 기억력이 저하되지만, 운동을 계속하면 더 발달되어 효과적으로 기억력이 향상된다고 했다. '아이리신'이라는 물질이 치매와 매우 밀접한 관계를 가지고 있다. 뇌 은행 조직검사에서 알츠하이머로 사망한 환자는 운동 호르몬인 아이리신(Irisin)이 없고, 치매에 걸리지 않은 사람은 아이리신이 높은 것으로 확인되었다. 동물실험에서 치매에 걸린 쥐에 아이리신을 주입하면 시냅스(Synapse) 건강의 회복을 의미하여 기억력이 향상되었다. 반대로 운동 호르몬 아이리신 생성을 억제하는 뇌 '베타 아밀로이드(βA) 또는 A베타'라는 치매 유발 물질을 투입했더니 기억력과 기능 저하 현상이 나타났다.

운동하면 근육에 의해서 아이리신이 생기고, 뇌의 해마에서도 생기기 때문에 운동이 치매에서 매우 중요한 의미를 갖게 한다. 이를 근거로 운동을 해서 뇌의 아이리신을 증가시키고 치매를 예방할 수 있다고 주장하는 학자도 등장하게 되었다.[178]

텔로미어(Telomere)가 노화와 밀접한 관계가 있다. 간단히 요약하면 다음과 같다. 금연, 비타민 D3 섭취, 오메가3 지방산, 항산화제(비타민C, 비타민E 등) 섭취, 스트레스 줄이기, 규칙적인 명상, 장기적인 유산소 운동 등으로 텔레미어 길이를 연장시킬 수 있다고 한다. 즉 젊어지게 한다는 것을 의미한다.

그렇다면 치과의사들이 치과 환자들을 얼마나 젊어지게 하고, 어느 정도 노화를 방지시킬 수 있을까?

---

178 Loureno MV 등, 「Exercise-linked FNDC5/irisin rescures synaptic plasticity and memory defects in Alzheimer's models」, 「Nature Medicine」, 2010년 Jan:25(1): 165~175쪽

① 치아가 하나도 없어 잇몸으로 물만 마시는 경우

② 틀니를 끼우고 부드러운 음식만 간신히 삼키는 경우

③ 임플란트 인공치아(보철물)로 젊을 때처럼 아무 음식이나 씹어 먹을 수 있는 경우

치과의사들이 치아가 하나도 없는 무치악(無齒顎) 환자에게 틀니처럼 덜그럭거리거나 움직이지 않는 인공치아(고정성 보철물)로 시술해 주는 것이 환자에게 어떤 영향을 주었을까? 젊은 청년들처럼 씹어먹을 수 있거나 혹은 마음껏 원하는 음식을 수십 년 즐길 수 있다면 앞서 소개한 뇌의 혈류, 뇌의 자극, 건강해진 활달한 사회생활, 안면근육의 발달과 운동, 바짝 말랐던 입안에 침샘이 넘치게 한다면 환자들은 얼마만큼의 텔로미어 손상을 지연할 수 있을까? 또는 텔레미어가 어떻게 길어질 수 있으며, 길어지면 수명이 연장될 수 있을까? 더불어 인지 기능은 얼마나 개선되며, 그와 관련하여 치매나 알츠하이머로부터 자유로워질 수 있을까?

음식물을 씹는 저작이라는 운동은 자율신경을 자극하여 신진대사를 활성화한다. 이는 구강 점막을 자극하여 침이 나올 수 있도록 도와주며, 많이 나오는 침으로 인해 양이 늘어난 산화질소는 결과적으로 국소적인 뇌의 혈류까지도 증가시킨다. 치아 뿌리를 감싸고 뼈와 치아 중간에 있는 치근막은 치아의 충격을 흡수하는 중요한 역할을 한다. 교근방추(스핀들)의 감각 자극이 음식물을 씹는 동안에 삼차신경 경로를 통해서 뇌혈관에 도착하여 혈관을 확장시키고 심박 수를 증가시켜 뇌 혈류를 증가시키는 것이다.

치아가 없는 사람과 임플란트로 인공치아(보철)를 한 사람의 뇌 혈류를 근적외선 분광계[nearinfrared specroscopy(NIRS)]로 측정했더니 임플란트한 사람의 뇌 혈류가 눈에 뜨이게 증가한 사실이 확인되었다. 결과적으로 음식물을 씹는 운동, 저작은 뇌 혈류를 증가시키고, 뇌를 활성화해서 인지 기능을 향상시킬 수 있다는 것이 입증되었다.

3) 치아 건강을 통한
건강수명 늘리기

건강수명 일등 되는 방법이 간단하다. 무엇일까? 통계청이 발표한 2020년 생명표에 의하면 한국인의 기대수명은 남자 80.5세, 여자 86.5세로 OECD 38개국 중 일본에 이어 2위이고, 한국인의 건강수명도 기대수명과 동일하게 OECD 38개국 중 일본에 이어 2위로 2000년 67.4세에서 2010년 70.9세, 2019년 73.1세로 증가 추세를 보여 한국인은 평균 73세까지 건강하게 사는 것으로 조사되었다.

OECD 38개국 중 장수 국가 1등인 일본에서 건강수명 1등이 된 특정 지역 나가노현 지방의 3가지 특징이 소개되었다.

첫째, 식생활 개선에 대해서다. 칼슘이나 비타민 D를 많이 포함한 우유나 유제품, 해산물, 콩류 등을 적극적으로 섭취하도록 해서 뼈를 튼튼하게 만들도록 노력했다.

둘째, 운동의 습관화다. 특히 노인을 대상으로 산책과 스트레칭, 체조, 근육 트레이닝 등을 쉽게 할 수 있는 프로그램과 환경을 제공했다.

셋째, 튼튼한 뼈 만들기에 대해서다. 똑바로 선 자세에서 양발의 뒤꿈치를 위로 올렸다가 쿵 하고 내려놓는 '발뒤꿈치 떨어뜨림 체조'를 하루 50회 하면 그 효과가 현저하다.[179]

이 체조는 골다공증 예방 체조로 발뒤꿈치를 떨어뜨리는 자극으로 뼈를 강하게 해서 활력도 키우고, 노쇠도 줄여서, 노년기에 많이 발생하는 낙상 골절도 줄였다고 한다. 이 운동이 나가노현(長野縣)을 건강수명 1위 지역으로 만드는 데 결정적으로 기여했다. 체조 방법은 간단하다. 위에서 서술한 바와 같이 양발을 어깨너비로 하고 발뒤꿈치를 최대한 들어 올리고 3초간 유지했다가 발뒤꿈치를 자연스레 중력에 따라 쿵 하고 떨어뜨린다. 발뒤꿈치를 떨어뜨린 후에는 앞꿈치를 위로 올려서 발바닥을 스트레칭하고, 가볍게 내려놓는 운동을 하루에 30~50회 반복한다.

이 운동을 하면 충격과 자극이 발바닥뼈인 종골에서 시작된 자극이 중력 방향으로 연결되는 종아리뼈, 넓적다리뼈, 골반뼈, 그리고 척추뼈에까지 이어지며, 이때 받는 물리적 자극은 뼈를 만드는 골아세포[180]를 자극하여 뼈가 두꺼워지고 튼튼해진다. 발뒤꿈치를 떨어뜨리는 체조는 척추와 대퇴골 골밀도를 올려주는 원리다.

또한 이 운동은 뼈는 물론 종아리 근육을 시작으로 각 뼈에 붙어있는 근육들도 동시에 단련시켜 준다. 종아리 근육이 약하면 발이 제때

---

179 일본 신슈(信州) 대학 의학부 운동기능학교실 정형외과 팀이 제안하여 시작되었다고 한다.

180 뼈의 신생, 재생에 관여하는 세포를 말한다.

위로 올라가지 못하고 끌려서 뭔가에 걸려 넘어지는 낙상 사고의 원인이 된다. 체조를 통해 종아리 근육을 강화하면 낙상 예방 효과도 얻고, 하체 혈액순환도 원활하게 할 수 있다. 종아리 근육에 이어 허벅지, 엉덩이 근육의 혈액순환은 체조를 통하여 췌장 분비 자극과 함께 혈당을 떨어뜨리는 효과도 기대된다.

틀니가 처음에는 좀 맞는 느낌이 있었으나 점점 헐거워지고 잇몸 아픈 데가 생기는 이유는 무엇일까? 인간의 턱뼈는 치아가 빠지면 이뿌리가 묻혀있던 치조골이 필요가 없어지게 된다. 이때 중지 손가락 정도의 치조골이 점차 없어지고, 기저골이라는 얼굴 윤곽 정도만 겨우 유지하는 뼈가 남아 틀니가 덜그럭거리고 여기저기 잇몸이 아파지게 된다. 뿌리가 치조골 속에 박혀있던 엄지손가락 손톱만 한 크기의 어금니 하나는 60kg 장정 4~5명이 쾅쾅 뛸 정도의 힘도 버틸 수 있을 정도였다. 그런 정도의 단단했던 턱뼈가 뼛속에서의 자극이 없어지면서 뼈의 질이 급속하게 약해지는 것이다.

그러면 이처럼 약해진 아래윗턱의 뼈(상하악골)에 임플란트가 심어진다면 어떻게 될까? 임플란트가 심어지고 음식물을 씹으면서 힘을 받기 시작해서 1년 정도면 뼈가 자라지는 않지만, 점점 단단해져 예전처럼 회복될 수도 있다. 자주 입안이 건조하고 마르면 말하기, 음식물 씹기, 삼키기 등 불편한 점이 한두 가지가 아니다. 긴장감, 약물 등의 일시적인 원인이 아니라면 침샘의 기능 저하 내지는 자극이 떨어진 경우가 대부분이다. 그러면 침샘도 자극을 주거나 운동시키면 입안에 침이 많이 나오고 뻑뻑하던 잇몸과 볼도 부드러워질 수 있을까?

음식을 마음껏 꼭꼭 씹을 수 있는 자극들은 침샘을 자극하고, 침을 많이 나오게 한다. 결과적으로 침의 엄청난 기능과 함께 씹는 자극이 목과 얼굴 뼈와 근육, 그리고 혈관 혈류 그리고 뇌에 매우 긍정적인 영향과 자극을 준다. 일부러 시간을 내서 땀 흘려 운동하지 않아도 매일 끼니마다 음식물 씹는 즐거움이 장수 운동으로 연결된다고 할 것이다.

치아가 많이 빠질수록 심장병 위험 커진다?

한국인 대상으로 서울대 병원의 종합적 분석에 의하면 이가 빠질수록 심근경색·뇌경색 등 심혈관계 질환 발생률이 높아진다고 한다. 빠진 치아 개수와 심혈 관계 질환과의 상관관계를 매우 잘 보여주는 것이다. 치아가 하나 빠질 때마다 위험률의 증가가 심근경색 1%, 뇌경색 및 심부전은 1.5%, 그리고 사망 위험은 2%라고 했으며, 나이·성별·기타 병력이나 음주 흡연에 따른 하위 집단 분석에서도 일관성 있게 나타났다고 했다. 특히 치아 주위 염증(치주염)이 있는 집단과 65세 미만 집단에서 더 뚜렷하게 나타나는 것은 입안의 만성 염증과 세균 침범에 의해 동맥경화가 촉진된다고 설명했다. 확실히 구강 건강이 신체 전반에 중요한 영향을 준다는 사실을 확인시켜 주었다.[181]

입안의 세균이 혈압을 낮춘다고?

1998년 노벨의학상 주제인 산화질소(NO, Nitric Oxide)는 혈관을 이완시켜 혈압을 조절하고, 면역도 높이고, 항암·항염증 능력도 있고, 수명 연장을 연장하는 항노화 장수 물질로 알려져 있으며, 심지어 혈관이 팽창되어 남성 발기까지도 관련 있다고 한다. 이산화질소가 몸속에

181   최의근 등, 「Tooth Loss Predicts Myocardial Infarction, Heart Failure, Stroke, and Death」, 「Journal of Dental Research」, 2019년 2월호

서 만들어지고 유지되는 과정은 복잡하지만, 혈관을 돌며 혈관 이완을 포함해 여러 역할을 하던 산화질소 재료들은 침샘에서 걸러져서 입안으로 나오기 때문에 침 속의 산화질소 재료들의 농도는 혈액에 비하여 20배 이상 높다.

이처럼 침 속에 많이 들어있는 산화질소 재료들은, 외부에서 음식을 통해 들어오는 또 다른 재료들과 합해져서, 입안에 상주하는 세균들에 의해 화학적으로 바뀌면서(환원 과정) 소화관을 통해 다시 혈관으로 흡수된다. 이런 재활용 과정을 산화질소의 '장타액 순환(enterosalivary circulation)'이라고 하며, 우리 몸 산화질소의 약 25%가 이런 장타액 순환을 통해 재활용된다.[182]

이처럼 혈관을 건강하게 하고, 장수물질 역할을 하는 중요한 산화질소의 재활용을 높이는 방법으로는 시금치 등 좋은 음식물의 섭취는 물론 꼭꼭 씹어야 한다. 오래 씹으면 침이 많이 나오고, 당연히 침 안에 있는 산화질소 재료들이 많이 쏟아져 나오기 때문에 '30번 씹고, 30분 밥 먹기' 운동이 적극 권장된다.

'혀 운동'도 필요하다고?

입과 입술이 바짝 마르고, 옆을 스치기만 해도 입 냄새가 심해지는 구강건조증. 나이 탓이나 요실금 치료에 사용되는 비뇨기과 약물, 항우울제 등의 약 때문이라고 체념해야만 할까? 침샘도 당연히 나이를 먹어 예전처럼 침을 많이 만들어낼 수가 없다. 그러나 다행히 침샘을

---

182 Koch 등, 「Enterosalivary nitrate metabolism and the microbiome: Intersection of microbial metabolism, nitric oxide and diet in cardiac and pulmonary vascular health」, 「Free Radical Biology & Medicine」, 2016년 12월 16일, 105: pp.48~67

자극하는 운동이나 자극에 따라 침 나오는 양이 많은 변화를 보인다.

최근 일본에서 혀를 잇몸 바깥 면을 문대면서 한 바퀴 돌리는 동작을 시계 방향으로 10번, 그리고 반대 방향으로 10번씩 하루 세 번 식후 실시하는 혀의 운동법을 소개했다. 혀 운동을 하면 혀 근육뿐만이 아니라 입을 여는 근육, 씹고 삼키는 근육, 뺨과 입술 움직이는 근육 등 약 70여 개의 얼굴 주변 근육도 운동이 되어 씹고 삼키는 능력은 물론 발음도 좋아지고 심지어 음식 맛을 느끼는 미각까지 좋아진다고 했다.[183] (일본 치과대학 니가타 생명치학부, 2023)

실제로 혀로 양쪽 볼을 두드리거나 아래 앞니 뿌리 쪽에서 혀를 움직이기만 해도 바짝 말랐던 입안에 침이 도는 것을 느낄 수 있는 것은 양쪽 볼과 혀 아래의 중요한 침샘 4개가 자극을 받아서 일어나는 혀 운동의 효과다. 나이가 들면서 입술 근육이 약해져 입을 살짝 벌린 채로 지내는 시간이 늘어나는데, 혀와 입술을 적당히 움직이면 입술 다무는 힘이 늘어나고, 침도 많이 나오게 되어 구강 건조와 잇몸병을 줄이고 입 냄새도 막을 수 있다.

---

183 아라가와 등, 「Effect of the tongue rotation exercise training on the oral functions in normal adults - Part 1 investigation of tongue pressure and labial closure strength」, 「journal of oral rehabilitation」, 2015년 42:6, pp.407~413

나가는 말

4차 산업혁명으로 인해 과학과 기술의 발전은 놀랍다. 이에 따라 인간의 수명도 연장되었다. 생명, 목숨 자체의 수명에 연연하기보다는 건강한 삶을 누리고 질적으로 향상된 삶을 원한다. 많은 사람이 건강한 삶을 위해 운동을 하고 좋은 음식을 먹어야 한다는 것을 알고 수시로 건강검진을 받지만, 그 건강을 유지하는 데 치아 관리가 얼마나 중요한 역할을 하는지에 대해서는 무지한 편이다.

국민 건강 중 치매나 당뇨, 심장병과 같은 심각성에 대해서는 인지하지만 그것이 치아와 어떤 관련이 있는지, 치아 건강에 대한 학습과 운동, 훈련도 동시에 매우 필요한 상태다. 치아가 건강하지 않으면 현대인의 고질증세인 심각한 우울증과도 연결될 수 있다. 의료심사평가원(심평원)의 정부 통계(2021년 12월 31일)에 따르면 누적 틀니 총 환자 수는 약 1,000만 명에 달하고, 국내 치매 환자의 경우 2018년

75만 명, 2019년 79만 명에서 2024년 100만 명, 2039년 200만 명, 2050년 302만 명 등으로 늘어날 전망이다. 2018년 10.2%로 집계된 65세 이상 노인의 치매 유병률(인구 100명당 치매 환자 수)은 2040년 12.7%, 2050년 16.1%로 추정된다.

국가 차원의 종합적인 대책이 당연히 필요할 것이나, 한편으로는 『뉴욕 타임즈』에서 소개된 매우 간단한 잇몸 건강법으로 제시된 하루 양치 두 번 이상, 치실 한 번이라는 미국식 건강법보다 효과적이다. 더 효과적 방법으로는 하루 3번, 3분간, 식후 3분 이내에 양치하는 333법을 기본으로 6개월마다 또는 치과의사가 권하는 기간마다 스케일링하는 것을 일상화하는 것이 더욱 중요하다. 이렇게만 해도 잇몸병, 치주병, 심장병, 치매, 심지어 사망률도 낮출 수 있다. 또한 치아가 빠지고 뼈가 심하게 흡수되어 임플란트를 심기 부족해도 다양한 골이식을 통하여 치조골을 만들어가면서 거의 모든 경우에 임플란트 시술이 가능하다. 보통 2~3개월, 골이식을 많이 한 경우는 6~8개월 정도면 거의 자연치아처럼 자연스럽게 회복될 수 있다.

만일 3D 프린터기를 통해 임플란트를 만들어 시술한다면 어떤가? 상악동과 하치조 신경이라는 임플란트 수술을 어렵게 하는 중요한 해부학적 구조들이 있다. 3D 프린터와 컴퓨터를 이용한 수술 가이드를 통하면 경험이 부족했던 의사들도 상대적으로 안전하고 편하게 임플란트를 시술할 수 있어 많이 보편화된 것도 사실이다. 그러나 아직 사진 판독, 기계 조작 및 고정의 오류와 오차를 완전히 극복할 수 없는 게 현실이다. 다시 말해서 3D 프린터로 뼛속에 들어가는 임플란트를 만들 수는 없다. 현실적으로 재료 소독, 표면 처리 등 고열 2,000도 정도의 고열과 화학물질을 견디어야만 하는 과정 때문에 모조품으로는 가능하다. 교합을 컴퓨터로 분석하는 것도 가능하다. 그러나 개개인의 구강에 적합한 교합을 컴퓨터로 만들어내는 것은 현실적이진 못하다. 무엇보다 인간의 판단과 숙달된 손을 거쳐야 비로소 명품이 나오는 것이 현실이다.

임플란트 선진강국인 우리나라는 OECD 38개 나라 중 평균 건강수명 73세로 현재 2위다. 장수 국가 1등, 나아가 건강수명 1등 국가가 되는 데는 아쉬운 면이 있다. 필자의 관점에서는 치아의 의료 복지 개선이 매우 필요하다고 본다. 그 심각성을 아무리 인지해도 당장 경제적인 문제로 인해 외적으로 치명적인 면이 없으면 사람들은 방치하기 쉬운 영역이란 점에서 안타까움이 크다. 교육의 형평성만큼 중요한 것이 의료 부분이고, 동시에 신체 건강과 긴밀한 연계성이 있는 것이 치과 관련 부분이다. 현재로는 의사 몇 사람의 봉사나 재능 기부에 제한을 두고 있어서 경제적으로 어려움을 호소하는 사람들까지 이러한 복지가 연결되기 어려운 점이 있다. 이것은 결국 사람들의 교육 수준이 아무리 높아지고 선진국 대열에 올랐다고 해도 치과 영역이 신체 건강에 어떤 영향을 어떻게 미치는지 무지한 까닭에서 비롯된다고 할 것이다. 건강이 인간의 행복지수에 미치는 조건 7가지 중 5가지가 해당한다는 측면을 고려했을 때 결코 방만해서는 안 되는 측면이 곧 임플란트 시술 문제와 연결된다고 할 것이다.

참고 문헌

- 권종진, 「2021 Dental…. New Deal. 임플란트의 놀라운 힘. 임플란트 이용 고정성 보철물 효과」, 『치학신문』 제799호, 2021년 1월 13일
- 권종진, 「씹는 행복, 임플란트 한 개로 수명이 2% 늘어날 수 있을까?」, 『매일경제신문』, 2022년 8월 24일
- 박상순, VRK-1 extends life span by activation of AMPIC via phosphorylation Science advances 01, vol.6, 2020년 7월
- 아라가와 등, 「Effect of the tongue rotation exercise training on the oral functions in normal adults – Part 1 investiqation of tonque pressure and labial closure strength」, 『journal of oral rehabilitation』, 2015년 42:6, pp.407~413
- Koch 등, 「Enterosalivary nitrate metabolism and the microbiome: Intersection of microbial metabolism, nitric oxide and diet in cardiac and pulmonary vascular health」, 『Free Radical Biology & Medicine』, 2016년 12월 16일
- 최의근 등, 「Tooth Loss Predicts Myocardial Infarction, Heart Failure, Stroke, and Death」, 『Journal of Dental Research』, 2019년 2월호

인공지능 시대, 영성의 역할
- 그리스도교를 중심으로

정강엽[184]

• • •

들어가는 말

1) 인공지능의 도전과 인간 소외 현상

2) 인공지능의 윤리

3) 영성의 역할

4) 영성과 식별

나오는 말

---

184 예수회 신부, 이탈리아 그레고리안대학 교수

❂ 들어가는 말

       2016년 클라우스 쉬밥(Klaus Schwab)은 인류가 경험한 시간 중에 현재보다 더 큰 기회와 위험이 공존했던 시기는 없었다고 말했다. 그는 현재의 4차 산업혁명 특성을 다음과 같이 정리했다. 첫째, 현재의 혁명은 기하급수적인 속도로 변화하고 있다(velocity). 둘째, 혁명의 범주가 디지털 혁명을 바탕으로 한 다양한 기술들이 경제나 사회 그리고 개인 영역까지 패러다임 변화를 일으키고 있다(breadth and depth). 셋째, 시스템 영향으로 인한 변화가 국가, 회사, 산업 그리고 사회 영역을 넘어서까지 영향력을 미친다는 점이다(system impact).[185] 2019년 12월 코로나 19 이후 그의 이론은 정확히 전 세계를 지배했다.

  과학과 기술의 발전을 주도하는 4차 산업혁명은 사람들의 욕구, 사람들의 사회적 변화 요구에 의한 것이고, '사람'이 중심이 되어 이루어

185　Schwab. K., 「The Fourth Industrial Revolution」, World Economic Forum, Cologny/Geneva, 2016, pp.8~9

진 변화와 혁신을 의미한다.[186] 필자는 이 논리에 매우 동의한다. 현대는 상식과 윤리, 도덕적 양심보다 법의 원칙과 규정에 더 의존하는 세상이다. 한 인간이 굶주림으로 혹은 억울하게 죽어가는 것보다 주가지수 100포인트의 하락이 사람의 마음을 더 괴롭게 만드는 세상이다. 그런 세상을 살면서 유독 과학과 기술 발전을 주도하는 4차 산업혁명이 인간적인 삶을 추락시키는 것처럼 매도하는 것에는 동의하기 어렵다. 그러나 빛과 그림자는 늘 함께 동반되는 법이다. 4차 산업혁명이 인간 중심의 긍정적 효과가 상당하다고 할지라도 다른 한 측면에서 보면 또 다른 그림자를 드리우는 측면이 병행한다고 볼 수 있다.

따라서 4차 산업혁명 특히 인공지능과 관련되어 파생되는 긍정적인 부분과 부정적인 문제들은 무엇일지, '영성'이라는 측면을 부각시켜 논의한다면 새로운 조명과 시각에서 살펴볼 수 있으리라 생각된다.

그렇다면 이 시대 교회의 역할은 무엇인가? 교회가 당면한 과제는 과학기술 개발을 어떻게 활용할 것인가 하는 문제에 있지 않다. 그보다 본질적인 것은, 신앙의 본질에 기반을 두는 그리스도교 영성의 회복에 있다. 영성 회복이 중요한 이유는 무엇일까? 인간은 과학기술이 그 존재와 가치를 대신할 수 없는 창조주의 형상대로 지음받은 피조물이기 때문이다. 인간만이 하느님과의 만남과 교제를 나눌 수 있는 영적 존재임을 전해야 하는 사명이 교회에 있기 때문이다.[187] 즉 교회는 인간의 존재와 가치에 대한 성찰을 전제로 존재해야 한다.

물론 '영성'이라고 하면 전통적인 그리스도교의 관점에 국한되지 않

---

186 김송희, 「코로나 19 이후 장자에게 묻다」, LAMI인문과 예술경영연구소, 2020년, 들어가는 글
187 윤승태, 「4차 산업혁명 시대의 교회의 역할과 방향」, 개요

는다. 종파를 초월한 인간이 더 깊은 차원으로 초대되는 관점에서도 살펴볼 수 있다. 어떤 시대나 인간의 소외감, 외로움이란 늘 존재하기 마련이다. 그러나 이 시대의 특징과 특이점은 무엇인지 인간이 어떻게 대응하고 함께 공존할 것인지 인간의 고민이 깊어져야 할 이유다. 본고 에서는 생물학적으로나 유전자적 측면은 고려하지 않는 상태에서 인공 지능 시대의 영성 역할이 무엇인지, 특히 그리스도교 영성의 역할을 중 심으로 논의해 보기로 하겠다.

그렇다면 필자가 4차 산업혁명과 그리스도교 영성의 역할을 살펴보 고자 하는 이유는 무엇인가? 인간은 어떤 시대를 살아가든 행복과 자 유를 추구한다. 체제나 제도, 혁신, 사회적 이슈가 인간의 삶을 깊이 지배하기 마련이다. 따라서 현재 우리 앞에 와있는 미래, 4차 산업혁명 을 깊이 이해하고 인간이 무엇인지를 이해해야만 삶의 희로애락에 대 한 수용과 이해가 보다 더 풍성해질 수 있기 때문이다. 교회는 인간존 재와 성찰을 하는 데 초점을 두어야 하지만, 그렇다고 해서 지금의 이 과학과 기술을 포함한 사회혁명을 외면해서도 안 되는 이유다.

1) 인공지능의 도전과
인간 소외 현상

2022년 초 현대차의 정의선 회장이 로봇과 자주 등장하고, 삼성전자가 로봇 관련 사업에 적극적일 것을 공개적으로 거론하면서 로봇은 대중에게 더욱 친근감 있는 대상이 되었다. 필자는 먼저 인공지능과 인간지능을 구별해서 생각해 볼 필요가 있다고 생각한다. 인공지능(AI)이란[188] 무엇인가? "한마디로 말해 인간 뇌의 디지털 쌍둥이라 할 수 있다. 신이 흙을 빚어 자신을 닮은 피조물을 세상에 내놓았듯, 인간은 생물학적 자손에 이어 알고리즘의 수학적 DNA를 심은 AI 신생아도 낳았다[189]". 제리 캐플란(Jerry Kaplan) 스탠퍼드대 교수는 인공지능의 본질을 "제한된 데이터를 기초로 적당한 시기에 적절히 일반화

---

188 '인공지능'이란 용어가 맨 처음 사용된 것은 1956년 다트머스 대학교 수학과 조교수로 있던 존 맥카시(John McCathy)에 의해서이다.

189 노성열, 『AI 시대, 내일의 내일』, 동아시아, 2020년, 12쪽

해 내는 능력이다."라고 했다.[190]

인간은 사고하고 사색할 줄 아는 동물이고, 실수할 줄 아는 동물이기도 하다. 그러나 컴퓨터는 프로그램이 덜 완벽할 수는 있어도 실수란 것은 없다. 인간은 기억력과 판단력이 그날의 건강, 감정, 심리적인 상태에 따라 달라질 수 있다. 한편 기계는 감정이란 것이 없다.[191] 또 인간에겐 조율하려는 융통성이 있지만, 인공지능은 주입된 정보에 의해서만 움직인다. 따라서 박물관에서 관람객을 통제해야 하는 일, 은행에서 대출업무를 대행하는 일 등과 같은 것은 인간이 인간과 대면하면서 감정 소모하기보다 훨씬 부드럽게 해결될 수가 있다. 그러나 AI는 매뉴얼대로만 움직이기 때문에 세부적인 상황에 대해서 조정하거나 조율할 수 있는 여지가 없다. 이것을 조정할 수 있는 권한은 책임자인 인간에게만 주어진다.

위트 비(B. Whitby)는 소셜 로봇 기술이 고도화되면 인간이 다른 인간보다 로봇과의 상호작용을 더 선호할 것이라고 했다. 그 결과 사회가 붕괴에 이르고 말 것이라고 경고한다. 이때 새로운 질문이 던져질 수 있다. '또 다른 중요한 이슈는 인공지능과 기계 학습의 예측 능력과 관련된 것이다. 어떤 상황에서든 우리 자신의 행동을 예측할 수 있게 된다면 우리는 예측에서 벗어날 수 있는 개인의 자유를 얼마나 가질 수 있을까? 이러한 발전은 잠재적으로 인간 스스로가 로봇처럼 행동하기 시작하는 상황으로 이어질 수 있을까?' 이것은 또한 보다 철학적인 질문으로 이어진다. '디지털 시대에 다양성과 민주주의의 원천인 개성을

190　제리 카플란, 신동숙 옮김, 『인간 지능의 미래』, 한스 미디어, 2017년, 27쪽
191　김송희, 『코로나 19 이후 장자에게 묻다』, 194~195쪽

어떻게 유지할 수 있을 것인가?'에 대한 문제다.[192] 그렇다면 여기서 간단한 결론이 도출될 수 있다. 인간이 인공지능과 차별화되는 가장 큰 특징은 깊은 사유와 사색, 사고하려는 의지와 능력에 있다는 것이다.

4차 산업혁명을 중국 고전철학과 연계시켜 연구를 하는 김송희 박사는 "과연 인공지능이 일종의 인간으로 간주될 수 있는가? 도덕적 또는 법적 행위자로 볼 수 있는가? 이 물음에 대한 답은 '인간은 무엇인가?'라는 물음의 답을 먼저 찾음으로써 그 실마리를 찾는 것이 좋을 것이다."라고 의견을 제시하고 있다.

필자는 먼저 다양한 인공지능의 유형, 사례에 대해 살펴보고자 한다. 인공지능의 어떤 점이 그렇게 인간의 필요에 의해 이루어진 것이란 말일까? 살펴보자. 법률에 정보기술(IT)을 접목한 디지털 자동화 프로세스가 바로 '리걸테크(legal tec)'이다. AI 법률가는 사람의 개입 없이 스스로 학습해서 끊임없이 진화하고, 최종 분석과 추론 결과를 가지고 정확한 수치를 정리해 의뢰자에게 전달한다.[193] 그러나 인간 변호사를 AI 변호사가 100% 대체할 순 없다. 법률 상담은 AI가 하더라도 보다 궁극의 전문적인 서비스는 인간 변호사에게 받아야 할 것이기 때문이다.[194] 인간은 이성적 판단만으로 살 수도 없고, 다양한 심리 변화와 감정의 움직임이 크다. 빅데이터에 의해 기기적 한계가 반드시 존재하기 마련이며, 인간의 심리는 인간만이 읽어내릴 수 있기 때문이다.

의학의 두뇌 역할을 AI에게 맡겨야 하는 이유는 무엇일까? 인간이

---

192 Schwab, K., 「The Fourth Industrial Revolution」, World Economic Forum, Cologny/Geneva, 2016, p.94
193 노성열, 「AI 시대, 내 일의 내일」, 27쪽
194 상동, 31쪽

처리 불가능한 분량의 의료 빅데이터가 매일 홍수처럼 쏟아지기 때문이다. 의사의 사례를 살펴보자. 의사 국가고시에 합격해 의사 면허증을 취득한 후에도 계속 재교육에 시간과 돈을 투자해야 한다. 한마디로 개개인이 쏟아지는 정보를 모두 검토하기란 불가능하다. 빅데이터에 의한 플랫폼의 정보를 통해서도 20세기보다 훨씬 빠른 정보를 얻은 대중은 유익함을 얻고 있다. 그저 의사의 말이기 때문에 고개를 끄덕일 수 있는 세상은 아니라는 얘기다. 인간 의사는 인공지능의 데이터 분석을 토대로 나온 시스템을 검증하는 데 시간을 쓴다고 하자. 불필요한 수고를 하지 않아도 되고 기회비용을 낭비하게 되지도 않으며 동시에 더 많은 환자를 살필 수 있다.

필자는 인공지능이 인간의 필요에 의해 인간의 편리함을 우선으로 한다는 것을 입증하는 몇 가지 사례를 들었다. 4차 산업혁명 기술은 초연결, 초지능의 특징으로 인간과 인간은 사물 인터넷에 기반하여 더 많은 상호관계가 생겨났다. 이것은 삶의 환경이 디지털화되어 가고 스마트 기술을 더 많이 사용하게 되는 환경을 조성하고 있음을 의미한다.

제4차 산업혁명이 불러오는 현상 중에서 가장 중요한 이슈는 기술의 발전으로 인한 인간 소외 현상을 거론할 수 있다. 소외란 특정 집단이나 장소에서 제외되는 유형을 말하며, 수동적으로 분리되는 현상을 의미한다. 엄밀히 말하면 사회가 완전히 새로운 체제로 들어서는 혁명의 시기인 과도기에는 좌충우돌, 우여곡절을 겪게 되는데, 유독 특정 집단은 소외감을 토로할 수 있게 마련이다. 독일의 철학자 포이에르바하

(Feuerbach)[195]는 일찍이 '소외'라는 것을 '인간이 만든 것에 인간 스스로가 예속되는 현상'이라고 일컬었다. 4차 산업혁명 역시 예외는 아니다. 그렇다면 코로나 19 이후 가속화된 이 사회혁명을 어떻게 더 많은 사람이 인지하고, 어떻게 소외감 없이 인간의 본성과 인간 그대로의 모습을 지켜갈 것인가? 인간적 고민이 필요한 이유다.

AI라고 하는 파괴적 혁신 기술이 국가 행정이나 산업현장에서 어느 정도 수준까지 도달했다면 현실 사회와 만나면서 법적·윤리적 충돌과 파열음이 발생하는 것은 필연이다. 이유는 간단하다. AI가 장착된 기계의 작동은 한 번도 경험해 보지 못한 새로운 가치판단, 우선순위 가리기 등 어려운 사고과정과 결정을 요구하기 때문이다. 기계는 이미 완성되었더라도 대중 보급 단계로 가려면 이 새로운 장비와 기술이 사람들에게 해를 끼치지 않아야 한다. 동시에 인류의 행복 증진에 기여한다는 복리 후생적 효용이 증명돼야 한다.[196]

우리 눈앞에 벌어지는 일련의 사례들을 살펴보자. 아마존은 무인 배달을, 구글은 자율주행 자동차를 선보이며 인간에게 익숙했던 과거의 노동과 일에서 인간을 분리시키고 있다. 사회에서 필요한 노동이 점점 고도화되고 속도는 빨라지고 있다. 기존 근로자들은 재교육의 기회에 접근하지 못한 채 사회적인 불평등을 겪기도 한다. 그러다 보면 사회적으로 낙오되는 사람이 급증해 사회적 불안은 더욱 커진다.[197] 하지만

---

195 포이에르바하(Feuerbach)는 독일의 철학자로서 1872년 그가 죽을 때 묘비에는 "인간이 신이다."라는 구절이 새겨졌는데, 그의 사상 중심은 하느님은 존재하지 않으며 단지 인간이 하느님일 뿐이라고 했다.
196 노성열, 『AI 시대, 내 일의 내일』, 15쪽
197 조성호, 「노동과 기독교 영성: 기독교 영성의 영역 확대를 위한 연구」, 『신학과 선교』 44, 2014년, 161쪽

이러한 논리도 좀 더 상세히 짚고 넘어가야 할 필요가 있다. 즉 노동의 정의와 경계가 어느 선 정도인지 말이다. 가령 택배 기사가 하루 종일 무리한 노동을 통해 과로사를 당하는 일, 산골짜기를 올라가는데 지게 하나로 물과 음식물을 날라야 하는 일, 코로나 19와 같이 전염병이 심각한 수위에 이르렀을 때 의료진들의 과로는 이미 노동의 가치와 기쁨이라고 말할 수 있는 현상이 아니다. 인간이 노예나 기기 같은 취급을 당하는 일이며, 극도의 피로감을 겪는 일이다. 이때 드론이나 인공지능과 같은 것을 이용함으로써 인간이 무리하게 일하지 않을 수 있다면 오히려 인간은 쉼을 가지면서 사색할 수 있을 것이다. 이것은 동시에 유익한 노동의 가치에 대해 입증하는 것이라고 할 수 있다.

따라서 기기와 인간의 공생은 피할 수 없는 현실이다. 손화철에 의하면 제4차 산업혁명의 논의에서 문제가 되는 것은 "기술 발전의 흐름이 인간의 통제 밖에 있다는 것을 적극적으로 인정하면서 인간의 자유를 스스럼없이 반납하고 있다"는 것이라고 지적한다.[198] 이 커다란 기술의 도전 앞에서 인간은 어떻게 할 것인가? 제4차 산업혁명으로 기술의 발전이 지속되면서 생산성은 증가하고 삶의 질이 증진되고 있다. 그런 반면 기술의 발전은 사회의 전반적인 발전으로까지 이용되지 않을 것이라는 우려가 있다.[199] 인간의 의사결정 능력, 지혜를 실천하는 능력은 인간의 핵심 행위이지만, 난드람(Nandram)에 의하면 "제4차 산업혁명은

---

198 손화철, 「지속 가능한 발전과 제4차 산업혁명 담론」, 『제4차 산업혁명과 새로운 윤리』, 아카넷, 2017년, 108쪽

199 Morgan, J., 「Will we work in twenty-first century capitalism? A critique of the fourth industrial revolution literature」, 『Economy and Society』, 48(3), pp.371~398

인간의 의사결정 능력을 감소시킨다."[200] 라고 한다.

좀 더 깊이 살펴보자. 인간이 필요로 하는 의사결정을 차츰 기계, 빅데이터가 맡게 된다. 기기에 편승하다 보면 사유는 말할 것도 없고, 생각하고 반성하는 모든 마음의 자세를 반납하게 될 수 있다. 이것은 깊이 응시하거나 몰입하고 관찰하는 사고가 없어지고 산만해지는 것을 의미한다. 과학과 기술의 도전은 창의력을 가진 소수의 개발자에 의해 주도된다. 극소수의 사람들은 이것을 통찰과 직관력에 의해 알아보고 적극적 개발로 추진, 진행시킨다. 대다수의 사람은 그러한 기술적 발전에 대해서 뒤늦은 토론과 연구를 이어가게 마련이다. 이즈음이 되면 개개인의 생각은 묻히고 여러 가지 학설은 구태의연해지며 군중심리가 만연할 수 있다.

인간이 사유하고 생각하는 것은 고유의 특성이지만, 집단을 이룬 군중심리는 극소수의 생각과 말을 좇아가게 되고, 이때 사유, 사고의 의지나 에너지는 무기력해진다. 따라서 인공지능의 윤리는 단순히 특정 집단이나 문화를 대변하는 데이터의 집적이 아니라 변화하는 세상의 가치와 질서에 맞게 평등하고 인류의 보편적 가치를 담아내는 내용이어야 할 것이다. 이를 위해서 인공지능 알고리즘(algorithm) 개발자와 전문가들은 시대의 윤리적 요구에 대해 과거보다 훨씬 깊은 성찰이 필요하다.

---

200 Nandram, S.S., 「Integrative spirituality in the fourth industrial revolution: From how we do things to why we exist」, https://research.vu.nl/ws/portalfiles/portal/90217728/Oratie_Sharda_Nandram.pdf, pp.19~20

2) 인공지능의
   윤리

　　서두에서도 거론한 바와 같이 필자는 생물학적이나 유전
공학과 관련된 영역은 본고에서 다루지 않기로 했다. 따라서 그와 관
련되지 않은 사례의 인공지능에 대해 살펴보기로 하자. 인공지능과 기
계 학습 능력이 결합된 로봇은 더 똑똑해지고 더 자율적이지만, 도덕
적 추론 능력과 같은 필수적인 기능이 여전히 부족하다. 정확히 말하
자면 복잡하고 다양한 상황, 전문적 지식에 대한 윤리적인 결정을 내
리는 능력은 인간에게도 결코 간단한 일이 아니다. 무엇보다 인간사회
에서는 사적 이해관계를 중심으로 움직일 경우 비윤리적인 결정을 내
릴 수 있기 때문이다. 인간을 닮은 로봇은 인간 프로그래머가 구축한
기반 위에 학습과 경험을 통해 자신만의 도덕적 데이터를 만들 수 있
을 뿐이다. 로봇은 인간이 충전시킨 빅데이터를 바탕으로 만들어지기
때문에 모든 인간 세상의 도덕적 가치나 민감한 감성과 상식을 배우기

는 어렵다. 로봇은 설계자의 기초적인 선호와 편향대로 움직이도록 프로그래밍되었기 때문이다.

코로나 19 이전에 유진로봇과 같은 회사를 통해서 만들어진 청소로봇은 물론 전기차, 자율주행 등을 위한 로봇도 인간에게 편리함을 제공할 것이다. 현재 인간과 인간 간의 소통이 원활하지 않을 때, 인공지능이나 인공로봇을 중간에 놓고 대화를 통해 전문 상담자가 최후 조율해 주는 방식과 같은 것은 매우 유익하다.[201] 그러나 만일 로봇이 인간적 방식의 사고가 가능해지고 인간과 마찬가지로 생존 확률을 극대화하는 결정을 내릴 수 있다면 로봇 역시 생존을 위해 자신의 선호와 이기적 욕구에 따라 행동할 것이다.

4차 산업혁명의 대표 기술인 인공지능, 로봇 기술의 명암을 균형 있게 살펴봐야 하는 이유이다. 그러나 이때 초점은 항상 인간에게 기울일 일이다. 인간이 어떻게 생각하고 어떻게 판단하는가, 특히 사회 리더의 판단, 선택 말이다. 즉 과학자나 기술자가 어떤 편리함과 유익을 위해서 로봇을 만들었건 그 사실 자체보다 중요한 것은 최종 선택할 인간에게 달려있다는 것이다. 단지 개인적 사익과 편취를 위해서 손을 잡을지 아니면 인간 자체에 대한 존중과 유익이 되는 것을 좇을지 판단할 수 있어야 한다는 점에서 더욱 그렇다. 우리가 염려하는 일은 인공지능 자체가 얼마나 똑똑해지는지 혹은 얼마나 인간을 추월할 것인가에 있지 않다. 핵심은 인간 자신이 얼마나 인간적임을 지킬 수 있을

---

201 오은영 박사의 『요즘 육아 금쪽 같은 내 새끼』, 2022년 프로그램에서는 인공지능이 등장해서 아이와 대화를 한다. 화법은 아이의 눈높이에 맞추는 화법이다. 이때 아이는 어른의 눈치를 보지 않을 수 있고, 자신의 솔직한 느낌을 정직하게 표현한다. 이를 화면으로 지켜보는 부모는 아이의 감정이나 느낌을 듣게 된다. 이때 전문적인 해석이 필요한 부분이나 소통이 잘 되지 않는 부분에 대해선 전문가 오은영 박사를 통해 해결책을 듣게 된다.

지 그 수위에 달렸다는 것이다. 그것은 마치 법을 정확히 지키는 것이 언제나 윤리와 상식을 준수하는 것으로 보기 어려우며, 특히 인간의 양심보다 우위에 있다고 볼 수 없는 이치와 같다. 따라서 국가, 종교, 이념적 경계나 사회윤리의 틀을 중심으로 한 도덕적 가치를 인공지능 시스템에 어떻게 부여할 것인지, 또 그 어려움과 한계 등을 어떻게 극복할 것인지에 대해 고민도 깊어지고 있다. 이미 세계에서 일어나는 많은 변화와 사건들을 보면 '인간은 아직도 인간인지'[202] 의문점을 유발시키는 까닭이다.

인터넷의 가상공간을 의미하는 사이버 세계가 우리의 현실 안에 존재하는 의료 기기, 산업 장비, 로봇의 물리적인 세계와 서로 네트워크로 연결된다. 4차 산업혁명의 엄청나게 빠른 속도에 의해 경제·사회·문화적인 혼란은 불가피하다. 기술의 변화를 따라가는 인간 반응의 속도는 그만큼 느리기 때문이다. 그렇기에 "속도는 사유를 증발시킨다"는 말 속에 담긴 현대 인간이 겪는 숨 막히는 변화의 속도를 체감하게 된다. 속도를 지향하는 현실 속에서 인간은 내면적 충실함이 공허감으로 대체되는 변화를 경험하게 된다. 이렇게 사색하는 시간과 능력이 부재하는 현실에 대해서 한병철은 "사색하는 능력의 상실이야말로 인간이 일하는 동물로 퇴화하게 된 주요 요인"이라고 주장한다.[203] 사색의 부재는 인간을 일하는 동물로 만들어가는 현상이라고 하였다. 빠른 기술 발전뿐 아니라 일상에서의 생활 속도 역시 사람의 사회적 감수성과 발전적 성향을 갖지 못하는 사람에 대한 공감이 부족해지게 된다.

---

202 예쯔청 저, 이우재 엮음, 『중국의 세계전략』, 21세기북스, 2005년
203 한병철, 김태환 옮김, 『시간의 향기』, 문학과 지성사, 2018년, 171쪽

디지털 시대에는 디지털 기술을 얼마나 잘 다루는지 그 기술력에 따라서 계급 불평등과 사람 간의 간극이 불가피하다. 이러한 불평등을 '디지털 디바이드(digital divide)'라고 부른다. 디지털화에 따른 격차는 지식정보사회가 가져온 또 하나의 역설이다. '디지털 독재', 즉 '디지털을 가진 자가 세상을 지배'하는 상황을 맞이하고 있다.[204] 인터넷과 디지털의 광범위한 보급으로 지식과 정보 등 과거 소수에게만 제한되었던 희소 자원의 장벽이 낮아지게 되어 세계 모든 사람이 접근할 수 있게 되었다. 그러나 그 결과는 개인뿐만 아니라 국가들에서도 빈익빈 부익부의 악순환이 심화하는 현상을 보게 된다. 유발 하라리(Yubal Noah Harari)는 AI가 부상하면서 인간이 가지는 경제적 가치와 정치적 권한이 소멸되고 생명기술이 발전하면서 경제 불평등이 '생물학적 불평등'으로 전환될 수 있음을 경고한다. "인류는 소규모의 슈퍼 휴먼 계층과 쓸모없는 호모 사피엔스 대중의 하위 계층으로 양분될 수 있다. 그 결과 세계화는 세계의 통일로 가기보다는 실제로는 '종의 분화'로 귀결될 수도 있다".[205]

오늘날 사회구조에서는 디지털 세상의 새로운 지식과 정보를 익히지 못할 때 실질문맹률이 더 높아진다. 새롭게 확인된 중요 정보를 빠르게 따라잡고 학습이 필요한 용도로 활용할 줄 아는 능력이 갈수록 중요해지기 때문이다. 물리학자 사무엘 아브스먼(Samuel Arbesman)은 무작정 단순히 지식을 습득하는 것보다 변화하는 지식에 어떻게 적응해야 할까를 배우는 게 더 중요하다고 말하는 이유가 여기에 있다.

---

204 유발 하라리 저, 전병근 옮김, 『21세기를 위한 21가지 제안: 더 나은 오늘은 어떻게 가능한가』, 김영사, 2018년, 108~117쪽
205 상동

그렇다면 디지털에 익숙하고 친근감을 가지고 있는 세대나 사람들에 겐 소외감이란 없는 것일까? 살펴보자. 2020년 1월에 발생했던 코로 나 19 이후 모든 사람은 언택트의 세상, 디지털 안에서 교류해 왔다. 그러나 2년여의 시간이 지나 다시 콘택트의 세상을 만나게 되면서 대 다수의 사람은 종종 말한다. "디지털이라는 감옥을 떠난 탈옥수가 된 것 같다"고 말이다. 이것은 무엇을 의미하는 것일까? 언택트 시대에 익 숙하고 친근감을 느끼는 대다수의 사람이 그 편리함에 안주하고 살지 라도, 인간에게는 서로 대면하고 접촉하면서 교감을 나누고 싶은 욕구 가 간절하다는 것을 시사해 주는 말이라고도 하겠다.

쉬밥(Schwab)은 "사람을 중심에 두면서 지속적으로 사람들을 영감을 불어넣어 주고, 이 모든 새로운 기술의 무엇보다도 인간을 위해서 인 간이 만든 도구임을 상기시키면서 미래를 만들어"가자고 제안했다.[206] 4차 산업혁명은 많은 도전으로 우리의 삶을 뒤집어 놓을 것이지만 도 전에 맞서는 것은 우리의 선택이다. 쉬밥(Schwab)은 4차 산업혁명 시대 의 도전에 맞서기 위해서 4가지 차원, 즉 상황적(마음), 정서적(심장), 영 감화된 지식(Inspirited intelligence, 영혼), 그리고 육체적(몸) 영역에서 인간 의 집단 지성 활용할 것을 제안하고 있다.[207] 그렇다면 영성은 왜 중요 한 것일까?

4차 산업혁명이 가져온 사회적, 정치적, 환경적 그리고 경제적 변화 의 도전 앞에서 쉬밥(Schwab)은 영성(spiritual)이라는 구체적인 단어를

---

206 Schwab, K., 「The Fourth Industrial Revolution」, World Economic Forum, Cologny/Geneva, 2016, p.105

207 Schwab, K., 「The Fourth Industrial Revolution」, World Economic Forum, Cologny/Geneva, 2016, pp.99~102

쓰지는 않았다. 종교, 영적 신조 그리고 신앙의 역할이 있음을 강조하고 있다. 만일 "기술과 인간이 개인인 '나 중심' 사회로 가는 하나의 이유라면 특히 영감화된 지식(영혼)은 이 개인화되어 가는 현상을 다시 중심을 잡고 공공의 목적을 인식"하게 하는 데 절대적으로 필요한 것이다.[208]

영성이 이렇게 힘을 얻는 것은 그만큼 개인과 사회는 내면적인 분열이 있는데 그 분열을 치유하고자 하는 열망이 사회적으로 표현되는 것이라고 본다. '영성의 힘(The Power of Spirituality)'이란 종교와 관련된 제목으로만 볼 일이 아니다. 미래학자 애버딘(Aburdene)이 지목한 21세기 자본주의 사회의 경제적, 영성적 변화의 방향을 분석한 7개 요인 중에 가장 중요한 요인을 가리키는 말이다.[209]

---

208 Schwab, K., 「The Fourth Industrial Revolution」, World Economic Forum, Cologny/Geneva, 2016, p.105

209 Aburdene, P., 「Megatrend 2010. The rise of conscious capitalism」, Hampton Roads Publishing: Charlottesville, 2005

3) 영성의
   역할

그렇다면 '영성'이란 무엇일까? 영성은 전통적으로 그리스도교라는 종교의 영역에서 논의가 되어 왔다. 그리스도교의 관점에서 보면 영성이란 창조주인 하느님과 그의 아들 예수의 현존 앞에서 우리가 받은 삶의 목적을 하느님의 목적으로 어떻게 도달할 수 있을 것인가에 대한 삶의 방식이다. 그 삶의 방식은 기도의 형식이나, 자기 수련의 방식이나, 공동체 안에서의 삶의 방식으로 도달하려고 하는 것을 영성이라고 할 수 있다. 궁극의 목적은 '이타심'이고, '사랑'에 있다. 영성의 중요성은 그리스도의 영역을 넘어서 다른 영역에서도 언급되고 있다. 예를 들어서 불교의 관점에서 4차 산업혁명이라는 새롭게 목격되고 있는 현상에 대해서 바라보는 학자도 있고, 대학 교육에 있어서

선불교 영성을 활용하기도 하고,[210] 4차 산업혁명에 대응하는 방편으로 이슬람 영성의 역할에 대해서 제시하기도 하며,[211] 힌두교의 영성으로 4차 산업혁명을 이해하려고도 한다.[212] 다각적인 시각에서 바라보는 영성에 대한 관점은 매우 의의가 있다고 할 것이다.

모든 종교는 영성을 각자의 방식으로 이해하지만 대개 한 개인으로서의 '영적인 삶'에 초점을 두어 왔다. 따라서 '영성이란 무엇인가?'에 대해서 누구나 수긍할 수 있는 정의를 내리기란 결코 쉬운 일이 아니다.[213] 그래서 그리스도교에 처음 입문한 사람들은 정통 종교와 사이비 종교, 다양한 종교 간의 차이나 간극에 대한 정의 또한 이해하기 어려울 수 있다.

어떤 종교적 신념을 가지고 있든 이 논의를 위해서 영성이란 무엇인가에 대해 간단히 정의를 내릴 필요가 있다. 아스틴(Astin)은 "영성이란 우리가 가장 높게 매겨놓은 가치이고, 우리가 누구이고 어디에서 왔는가를 고민하는 감각(sense)이다. 우리가 왜 이 세상에 존재하는가에 대한 신념이며 - 우리가 하는 일이나 삶에서 보는 의미와 목적 - 그리고 우리가 서로와 우리를 둘러싸고 있는 세상과 연결되어 있다는 감각

---

210 Edwards, W. B., 「Buddhism and the fourth industrial revolution」. In Tu, T. N. & Thien, T. D. (Eds.), 『Buddhism and the fourth industrial revolution』. Hong Duc Publishing House, 2019, pp.117~128

211 Bensaid, B. & Jumahat, T., 「Crossroads between Islamic Spirituality and the Fourth Industrial Revolution」. 『Theological Quarterly』 81, 2021, pp.669~680

212 Nandram, S. S., 〈Integrative spirituality in the fourth industrial revolution: From how we do things to why we exist〉, https://research.vu.nl/ws/portalfiles/portal/90217728/Oratie_Sharda_Nandram.pdf, 2019

213 O'Shea, E.R., Torosyan, R., Robert, T., Haug, I., Wills, M., & Bown, B.A., 「Spirituality and professional collegiality: ESPRI DE "CORE"」. In Chang, H. & Body, D. (Eds.), 『Spirituality and Higher Education』. Left Coast Press: Walnut Creek, 2011

(sense of connectedness)이기도 하다."라고 정의한다.[214] 이 정의는 영성이란 한 개인의 가치관을 넘어서는 인간 그 자체의 의미와 가치를 일러주는 것이다. 동시에 우리의 정체성이 무엇인가를 깊이 있게 들여다보는 것이기도 하다. 현재 우리를 둘러싼 세상의 현실을 알아차리는 능력이며, 미래를 향해가는 인간의 관계성을 자각하는 일이다. 공동을 위한 창조적 행위를 하는 것을 의미하기도 한다. 4차 산업혁명 시대에 우리는 과연 어떤 인간으로 살아야 하는가에 대한 질문은 이 영성의 이해와 정의를 통해 답을 얻게 될 것이다.

기계와 자본의 주변으로 밀려난 사람들을 다시 소외가 아닌 중심의 자리로 환원시키는 노력이 필요하다. 인간은 외적인 사물에도 시선을 많이 빼앗기고 사는데, 인간 중심의 자리로 환원시켜야 하는 과정에서 영성의 역할은 큰 몫을 하게 된다. 그 이유를 살펴보기 위해 송봉모 성서신학 교수의 말을 인용해 보기로 하겠다. "인간은 몸·정신·영으로 되어있다. 이 세 가지 요소가 함께 조화를 이루어 나갈 때 우리는 완전함과 거룩함을 향해 나아갈 수 있다. 몸과 정신과 영의 조화가 깨지게 되면 안정감과 일체감을 가질 수 없다[215]". 영성의 문제는 신앙이나 신학 안에서만 중시되는 영역이 아니다. 경영학자 필립 코틀러(Philip Kotler)는 이성과 감성에 이어 영성이 삶 안에서 얼마나 중요한지 명시한다.[216]

우리는 하느님의 영과 우리의 영이 똑같은 단어로 표기된다는 사실

214　Astin, A., 「Why spirituality deserves a central place in liberal education, Liberal Education」 90(2), 2004, pp.34~41

215　송봉모, 「영성 신학」, 가톨릭출판사, 1998년, 45쪽

216　Kotler, P., Kartajaya, H., & Setiawan, I., 「Marketing 3.0: From Products to Customers to the Human Spirit」 Wiley, 2010

에도 유념해야 한다.[217] 하느님과 우리의 영은 결코 분리될 수 없다. 그렇다면 어떻게 표기된다는 말일까? 송봉모 신부는 다음과 같이 말하고 있다. "성서는 성령과 인간의 영을 다 프네우마(pneuma)로 표기한다. 이 말은 우리 영이 하느님의 거룩한 영과 통교한다는 뜻이요, 우리 영 안에 신적 통로가 마련되어 있다는 것을 의미한다. 그 누구도 우리의 구도혼(求道魂)·자유혼(自由魂)을 억압할 수 없는 것은 구세주께서 우리 안에 심어놓으신 신성한 얼, 성령이 그 혼을 지탱해 주기 때문이다."[218]

인간에게 드러나는 한계는 결국 기도의 방식을 통해서 성령께 의탁해야만 가능하다. 인간의 한계는 자연스레 성령을 통해서 하느님의 사랑으로 채워진다. 인간과 신의 간극을 기도로 채워간다는 점에 주목할 필요가 있다. 기도란 결코 입술로만 채워가는 것이 아니라 가슴을 통해서만 가능한 까닭이다. 기도한다는 것은 가을날의 선선한 바람처럼 가볍게 스치는 일이 아니다. 기도란 때로는 통절한 고통과 아픔을 수반한다. 하느님의 사랑과 선을 채워가기 위해선 인간 쪽에서 노력해 가는 과정에 수반될 수 있는 일이다. 처절한 절망이나 곤두박질치는 심경의 순간에도 다시 내면을 생명력으로 채워 기운을 내고 일어설 수 있는 것은 하느님의 거룩한 영과 통교함으로써 비로소 이루어지기 때문이다.

도대체 왜 이렇게까지 영성을 채워야 한다는 말일까? 돈 보스코 성인은 "거룩함은 행복하게 살기 위한 것이다."라고 가르친다. 여기서 행

217　송봉모, 『영성 신학』, 가톨릭출판사, 1998년, 45쪽
218　송봉모, 『생명을 돌보는 인간』, 바오로딸, 1998년, 41쪽

복이란 육적이고 세상적 측면에서 가치와 의미를 찾는 행복과는 완연히 다른 차원이다. 중요한 것은 기존의 산업 영역과 경계가 무너지고 본질이 파괴되더라도, 새로운 산업이 도래하는 인공지능 시대에도 여전히 '사람'은 그 모든 것의 중심이어야 한다. 2020년 1월 팬데믹 이후 가까운 이웃과 더불어 살아가야 한다는 것을 더 깊이 느낄 수 있었던 이유도 사람이 사람과 경계와 벽이 높으면 외로움이 깊어진다는 절박함을 깨닫게 된 이유 때문이다.

티스데일(Teasdale)은 영적 분열을 관상적인 태도, 깊은 삶의 의미를 향한 지향과 삶의 궁극적인 의미, 방향, 그리고 소속감을 얻기 위한 탐구에서 분리되는 상태라고 이야기한다.[219] 이 시대의 사람들은 개인적 자유와 다양한 관심사에 사로잡혀 더 이상의 공유할 수 있는 가치에 대해 회피하는 경향이 있다. 개인주의화가 심화되는 가운데 4차 산업 혁명 시대는 다양한 분야에 대해서 특히 치열하게 배워야 한다. 이것은 삶의 전체적인 그림을 읽어내는 것을 방해하는 영적 분열을 더욱 심화시킬 수 있다는 것을 의미하기도 한다. 따라서 더 큰 사회적이고 영적인 세계에 대한 인식을 시도조차 거부한다. 이것은 신앙을 가지고 있다는 사람들조차도 삶과의 연결성에서 역설이 일어나게 만드는 가장 큰 실수다.

치열한 경쟁구도의 세상에서 인공지능은 여러 면에서 인간의 편리함과 인간을 위한 역할을 해결해 주고 있다. 그러나 인공지능이 상당 부분 인간의 지능을 뛰어넘는다고 할지라도 영성의 영역은 인공지능으로

219　Teasdale. W, 『A Monk in the world: Cultivating a spiritual life』, New World Library. 2002

초월할 수 없다. 인간의 본질을 들여다보면 오욕칠정(五慾七情)[220]이 있지 않은가? 더군다나 정신적인 문제를 지녀 사람을 해치는 사례를 뉴스로 많이 접하게 되지 않는가? 사람의 역할, 책임, 사람이 무엇인지 그 본질을 제대로 이해하지 못한 사람들이 외면에 치중하여 내면의 영성을 살피지 못해 일어난 사례다. 외적인 것을 말하자면 권력이나 명예나 돈에 치중하는 삶에 치중하여 균형 잡힌 삶을 잃어버린 사람이 많은 세상이다. 한마디로 중용(中庸)의 미덕을 잃어버린 세상이다. 마음을 다쳐 더 이상 사람과의 교감보다는 동물이나 인공지능에 의존하게 된다. 이때 얘기를 잘 들어주는 인공지능이 인간의 심리를 오히려 다독여주는 역할이 되어줄 수는 있다. 그러나 영성은 내면을 찾아가는 여정이어서 이러한 차원과는 확연히 다르다. 선한 삶을 살고 있다고 해서 반드시 '영성을 갖춘 신앙인'이라고 말할 수 없는 경우가 종종 발생하는 이유도 이와 무관하지 않다. 가령 불우한 이웃돕기에 기부금을 내는 일은 너무나 선한 삶이고 좋은 일인 것은 분명하다. 그러나 그런 삶을 살고 있다고 하여 '영적으로' 거듭난 사람이라고 단정 지어 말할 수는 없다.

그렇다면 성직자가 되어 신부나 목사가 되어야만 영적으로 거듭난 사람이란 말일까? 꼭 그렇게 말할 수 있는 것도 아니다. 사람마다 다 제 역할과 사명이 다른 이유다. 송봉모 신부가 소개하는 사례를 살펴보자. 복음성가 「어메이징 그레이스(Amazing Grace)」를 작사한 사람은 영국 성공회 신부 존 뉴턴(John Newton)이다. 존 뉴턴은 누구인가? 그는 노예 선장으로서 아프리카 흑인들을 노예로 팔아넘긴 무자비한 사람이었다. 그러던 그가 어느 날 바다에서 폭풍우를 만나 죽을 뻔한 상황에

---

220 오욕칠정(五慾七情): 재물욕, 명예욕, 식욕, 수면욕, 색욕 5가지 욕구와 희로애락(喜怒哀樂), 사랑, 미움, 욕망을 칠정이라고 한다.

서 가까스로 살아난다. 그는 이 체험으로 회심한다. 회심 이후 뉴턴은 단 하루도 생명으로 이끌어 주신 하느님의 은총을 잊은 적이 없다.[221] 존 뉴턴의 변화 과정은 놀랍다. 바로 이 변화의 과정이 영적으로 거듭 난 사람으로 재탄생했다고 볼 수 있다. 송봉모 신부는 "하느님은 인간에게 생명을 주시는 분이시고, 생명을 보존할 의무는 인간에게 있다는 점을 명심해야 한다. 하느님이 인간을 돌보지 않아서가 아니라 인간이 스스로를 돌보지 않아서 죽은 것이다.[222]"라고 했다. 우리가 주목할 부분은 사제복을 입은 존 뉴턴의 모습이 아니라 그가 회개하고 변화한 과정에 있다.[223]

메타버스와 같은 것을 통해 접하게 되는 인간관계는, 실제 인간들 간의 관계와는 본질적으로 다른 간접적인 관계이다. 그 관계는 전 인격적인 관계라기보다는 부분적·기능적인 관계가 된다. 더 나아가 컴퓨터 화면에서만 살아있는 사이버 인물을 만들고, 그것을 마치 살아있는 한 인간처럼 생각하고 대우해 주게 된다면 가상적인 인간관계가 형성된다. 이러한 간접적, 가상적 인간관계를 실제 관계보다 더욱 중요시하거나, 그로 인하여 실제 관계성이 제약을 받게 될 때 인간 소외와 비인간화의 문제가 일어날 수 있다. 디지털의 이 시대는 자기 자신의 잣대로 이해할 수 없는 사람과의 관계를 즉각적으로 단절하고 차단하려는 의지와 욕구가 늘어나고 있다. 사람을 견디고 이해하려는 자세 같은 것은 사라지는 추세다.

---

221 가트린. 『윌버포스: 부패한 사회를 개혁한 영국의 양심』, 서울: 두란노, 2001년의 내용을 송봉모 신부, 『내 이름을 부르시는 그분』, 69쪽에서 인용한 내용을 정리

222 송봉모, 『생명을 돌보는 인간』, 바오로딸, 1999년

223 송봉모 신부, 『내 이름을 부르시는 그분』, 바오로딸, 2009년

인간지능이 인공지능과 다른 면을 살펴보자. 인간이 성장하고 성숙할 수 있는 유일한 통로가 있다면 그것은 인간과 인간이 마찰과 갈등을 겪거나 통절한 고통이 따를 때, 바로 그때 성장할 수도 있다. 거친 돌과 돌이 서로 엉키고 부딪치면서 반질반질해지는 조약돌이 되어가는 이치와 같다. 이것을 좀 다른 표현으로 쓴 인간의 의미에 대해서 생각해 보자.

"내가 하나의 인격이 되는 것은 내가 '관계의 그물망 중앙에, 선들이 교차하는 지점'에 서있기 때문이다. 물론 그 지점은 고정된 지점이 아니라, 끊임없이 움직이고 교차하고 중첩되며 '새로운 관계가 창조되는 지점'이다".[224] 갈수록 파편화되어가는 현실에서 경쟁이 아니라 공존하는 의식으로의 전환을 가져오는 마음 바꾸기가 필요하다. 그러자면 인간은 인간에 대해서 배워야 할 필요가 있다. 왜냐하면, 아무리 인간이 인공지능과 차별화된 사고와 사유를 한다고 하더라도 인간이 인간의 내면을 제대로 갖추어 산다는 것은 결코 간단하지 않은 까닭이다.

기술과 인간의 공존이 현실이라고 월터 옹(Walter Ong)은 40년 전에 얘기한 바 있다. 물론 이 이야기는 현재의 4차 산업혁명을 가리킨다고 할 수는 없으나 현재의 상황과도 매우 일치하는 점이 있어 인용하고자 한다. "기술은 단순히 외적인 도움일 뿐만 아니라 내면적인 의식의 변화를 일으킨다. 기술은 인공적이지만 역설적이게도 인공적인 기술의 성격은 인간에게는 자연적인 것이다. 기술이 적절하게 내면화될 때 기술은 인간의 삶을 저급하게 하는 것이 아니라 오히려 삶을 풍요롭게 한다. … 기술의 사용은 인간의 심리를 풍요롭게 할 수 있고, 인간의 정신을 확장

224   이은경, 「포스트휴먼 기호자본주의 시대의 '인간'의 의미에 대한 고찰」, 『인간·환경·미래』 25, 17쪽.

시키고 내면의 삶을 심화시킬 수 있다".[225] 인간의 기술 발전이 주는 긍정적 인식이며, 디지털 시대에도 적용되는 이론이라고 할 수 있다.

현재 4차 산업혁명이 진행될수록 기술 발전의 파급 효과는 지난 세기에 비할 수 없을 만큼 파급 효과가 크다. 기술 개발, 발전, 활용 과정에서 어떻게 공익성을 확보할 수 있을 것인가는 중요한 질문이다. 이 기술 발전의 사회적, 국가적, 그리고 세계적 책임의 근거는 바로 우리 인간이 서로 연결된 존재라는 것이다. 특히 기술 발전에 따라서 그 혜택으로부터 멀어질 수 있는 사람이나 집단이 국가의 혜택으로부터 누락되거나 소외되지 않도록 하는 방안에 대해서 고민하는 토론과 영성의 역할은 제공되어야 한다. 이 질문에 대한 답을 누가 할 것인가? 기술의 발전이 인간을 위한 공익성을 갖추도록 인간이 미리 생각하는 것이 필요하다. 갈수록 개인화되어 가는 세계적 현실에서 영성의 역할은 더욱 중요해진다.

기술에 종속된 인간이 소외되는 현상을 살펴보면 아주 깊은 차원의 식별과 도덕적인 판단이나 상식을 기준으로 내려야 하는 결정도 기계적인 데이터에 바탕을 둔 객관성으로 대체되고 있다는 것이다. 물론 데이터는 사람들에 의해 축적된 것은 맞다. 그러나 아주 치밀하고 섬세한 부분에 있어서 사람의 판단은 주변부로 밀려나는 면이 많다. 즉 그 결정 과정이 복잡해질수록 개인이건 집단이건 인공지능의 결정을 따라가야 한다는 것이며, 사실상 통제할 수 없는 가능성이 현실화되고 있다는 것이다. 과연 이 기술의 자율성에 비례하여 인간이 어떻게 공존할 것인가? 가상, 확장된 그리고 혼합된 기술로 무장한 4차 산업혁명

---

225 Ong, W, 『Orality and Literacy』, Routledge: London & New York, 2002, pp.81~82

에서는 인공 기술, 실제 세계와 인간의 직관 간의 구분을 할 수 있는 방식이 더욱 혼미해질 것이라고 예상된다. 인간은 이러한 불확실성 앞에서 과연 어떻게 선택과 결정을 하면서 살아가야 할까? 우리의 시각과 관점을 바꾸지 않고는 파편화된 세상에 머물게 될 인간은 살아있는 생명체가 될 수 없다. 즉 생명의식을 가진 인간이라고 보기 어렵다는 것이다. 이때 인간은 비판적인 사고와 사유를 할 수 있을까? 얼마만큼 할 수 있을까? 주어진 현실에 체념하지 않고 문제의 본질에 대해서 질문을 할 수 있는 능력을 갖추는 것은 영성의 역할이고, 인간이 주체가 될 수 있는 기초적 능력이라고도 볼 수 있다. 그러자면 중요한 본질, 실체가 무엇인지를 알아차려야 하고, 허상을 거두어 내는 삶의 구체적인 모습을 살필 줄 알아야 한다.

따라서 필자는 서두에서 언급한 바와 같이 그리스도교 중심의 영성을 살펴보기로 한 것이다. 인간은 행복과 자유를 추구하지만 삶의 여정에서 사랑을 간절히 필요로 한다. 삶의 궁극적 목적 또한 사랑의 실천이다. 사랑의 실천을 하려면 인간 단독의 힘으로는 결코 쉽지 않다는 것을 삶을 살아가는 인간이라면 익히 잘 알고 있다. 이때 그리스도 교인들은 하느님을 믿고 의지하면서 그 '실천을 위해 노력'하고 있다. 필자는 여기서 '실천을 위한 노력'이라는 표현을 썼는데, 하느님을 믿는다고 해서 아무런 노력 없이 사랑의 실천이 가능한 것은 아니다. 많은 그리스도교인이 그 커뮤니티 안에서 그리스도교 본질과 멀어져 있는 이유는 무엇일까? 그리스도교 참뜻에 대한 이해가 안 되어있기 때문이고, 동시에 기도를 통한 하느님과의 통교가 제대로 이루어지지 않기 때문일 것이다.

4) 영성과
   식별

1950년대 중국의 지도자 마오쩌둥(毛澤東)은 "종교는 마약과 같다."라고 하여 인간의 정신을 나약하게 만든다고 생각했다. 그러나 그리스도교인들의 신앙은 결코 인간의 정신을 몽매하게 만드는 것을 의미하지 않는다. 하느님과 인간과의 관계는 언제나 깊은 성찰과 고민을 수반하며 통교를 전제로 한다. 그렇다면 하느님은 어떻게 인간과 통교를 하는가? 그리스도교인들은 우선 하느님의 전지전능하심을 믿는다. 하느님은 모든 것 안에서 우리와 소통할 준비를 하고 있고, 문제는 늘 인간의 마음준비에 달려있다고 할 수 있다. 이때 인간의 내면에 들려오는 목소리가 하느님의 목소리인지 어떻게 알 수 있다는 말일까? 이따금 인간은 주변의 온갖 소음과 정보에 귀를 기울이고 에너지를 쓸 뿐 그분의 음성에 귀를 기울이고 주의 깊게 들을 준비가 되어있지 않을 때가 많다. 때때로 무질서한 감정 안에서 그것을 하느님의 것으로 오해하기도 한다. 그래서 지나치게 세속적인 방식으로 문제를 복잡하고 완악하게 해결하면서도 그것이 하느님이 원하시는 일이라고 왜곡하는 사례가 종종 발생하는 것이다. 이러한 사례에는 하느님을 위해 모인 수도자들 사이에서도 결코 예외가 없다. 어떤 문제가 발생하였을 때 대화와 용서, 사랑하려는 노력보다는 언쟁과 법적인 싸움을 통해 사람 간의 믿음을 져버리고 사람에게서 멀어지게 되는 마음으로 발전하게 되는 사례는 세상의 이치와 하나도 다르지 않을 때도 많다.

가령 흑사병이 발생했던 16세기, 하느님이 인간을 향해 노여워 벌을 내리셨다는 생각에 더 많은 재산을 성당으로만 바치며 자기 몸을 채찍질했던 사람들은 결국 하느님에 대한 왜곡과 무지로 인해 전염병을 더 많이 확산시키게 되었다. 이때 르네상스 시대로 전환될 무렵 인간은 신에 대한 인간의 맹목적인 믿음에서 도대체 인간의 본질이 무엇이며, 인간이란 존재는 무엇인지 깊이 사고하게 되는 사고의 대전환이 일어나게 된다.[226] 한마디로 도대체 우리가 그렇게 간절했던 하느님의 존재가 인격적 존중을 받지 못하면서 전염병 앞에서 죽어가는 미물에 불과한 이 처절함 앞에서 그리스도교인들의 거대한 교회가 주는 의미는 무엇이며, 그들이 인간을 얼마나 존중하고 예우했는가 하는 근본적 질문이 시작되었다는 것이다. 이것은 하느님에 대한 믿음 앞에서 인간의 나약함과 올곧은 믿음을 제대로 표현해내지 못했던 한계를 명확히 드러내는 역사적 상징이라고 볼 수 있다.

위 사례를 통해서도 보았듯이 하느님의 목소리는 분명하지도 않고, 우리가 원하는 시간과 방식으로 오지도 않는다. 동화 『늑대와 일곱 아

---

[226] 김송희, 「코로나 19 이후 『장자』에게 묻다」, 101쪽 정리 요약

이들』의 줄거리를 통해 잠시 생각해 보자. 엄마 염소가 일곱 마리 아기 염소들을 집에 두고 외출을 하며 말했다. "늑대가 너희를 잡아먹기 위해 올 것이다. 절대로 늑대에게 문을 열어주지 마라." 엄마 염소가 외출 후 늑대가 엄마 염소 목소리를 흉내 내며 문을 열어달라고 했다. 아기 염소들은 문틈으로 보인 늑대의 검은 털을 보고 문을 열어주지 않았다. 늑대는 꾀를 내어 자기 털에 하얀 칠을 했다. 그리고 다시 엄마 염소 목소리를 흉내 내며 문을 열어달라고 했고, 아기 염소들은 흰털을 확인하고 문을 열었고, 늑대의 먹잇감이 되었다. 이것은 하느님의 영 식별을 하는 데 있어서도 교훈으로 삼을 수 있는 동화라고 하겠다.

하느님은 우리를 놀라게 하는 방식으로 다가온다. 그렇다면 우리는 어떻게 알아차리고 깨달을 수 있다는 말일까? 그 하느님의 뜻을 제대로 알아차리고 그것을 하느님의 뜻이라고 믿고 선택하고 그것을 실행하는 모든 과정이 바로 식별이라고 할 수 있다. 무엇보다 성경은 식별의 중요성을 강조하는데, 바오로 사도는 로마인들에게 보낸 편지에서 식별하는 사람들이 되라고 독려한다. "여러분은 현세에 동화되지 말고 정신을 새롭게 하여 여러분 자신이 변화되게 하십시오. 그리하여 무엇이 하느님의 뜻인지, 무엇이 선하고 무엇이 하느님 마음에 들며 무엇이 완전한 것인지 분별할 수 있게 하십시오(로마 12, 2)". 그리스도인은 그들 앞에 놓여있는 여러 선택을 앞두고 어떤 선택에 하느님의 뜻이 있을까를 고민한다.

루프니크(Rupnik)는 식별을 다음과 같이 정의한다. "식별은 계산이 아니다. 추론적인 논리도 아니다. 수단과 목적을 조심스럽게 저울질하는 기계적인 기술도 물론 아니다. 식별은 토론이나 다수의 의견을 구하는 것도 아니다. 식별은 기도이고, 자신의 뜻과 생각을 내려놓고 지속적인 수도자적 자세를 갖는 것이다. 모든 것이 온전히 나에게 달려있는 것처럼 일하지만 모든 것의 결과에 대해서 어떤 것에도 집착하지 않는 자유로운 태도를 취하는 것이다".[227]

그러자면 충분히 기도하는 시간이 필요하다. 프란치스코 교황은 식별과 관련하여 기도의 필요성을 강조한다. "식별하기 위해서 우리는 기도할 수 있는 환경, 즉 기도하는 상태에 있어야 합니다. 기도는 영적 식별을 위해 절대적으로 필요한 도움을 줍니다".[228] 그렇다고 해서 영성이 개인적인 성화(聖化)와 성장만을 다루는 개인 영역에만 안주하는 것은 결코 아니다. 즉 지극히 개인화되거나 탈사회된 모습을 의미하는 것이 아니라는 얘기다. 사회적 문제에 대해서 그 해결과 참여를 독려하는 영역에까지 의식의 영역을 확대할 수 있어야 한다. 즉 영적인 사람의 구체적인 표현은 사실(fact)과 진실 앞에서 용기를 내는 이타심의 범주에까지 이르러야 함을 의미한다. 그 용기는 가짜와 진짜를 식별하는 내면의 힘이고, 가상이나 환상이 아니라 구체적으로 실제의 현상을 그대로 볼 수 있는 직접적인 표현이다. 이 현실 앞에서 용기를 가지고 대하는 태도에서 식별의 본질적인 모습이 드러나게 되는 것이다.

현재의 상황에 대해서 질문을 제시한다는 것은 현실의 상황이 흘러가는 방향에 대해서 의식이 깨어있다는 것을 의미한다. 의식이 깨어있는 상태에서는 현실의 문제를 직관적(直觀的)으로 보게 된다. 직관적인 현실 인식은 현실의 뒤에 숨겨진 것을 읽는 눈, 시각을 갖는 것을 말한다. 겉으로 드러난 것이 아니라 내면에 감추어진 것을 읽을 수 있는 눈

---

227 Rupnik, M.I., 『Discernment: Acquiring the heart of Go』, Pauline Books and Media:Boston, 2006
228 교황 프란치스코 저, 자코모 코스타 엮음, 정강엽 옮김, 『마음이 일러 주는 하느님』, 성서와 함께, 2024년, 32쪽

을 의미한다. 현실의 숨겨진 배경을 읽을 수 있는 의식의 성찰이야말로 분별 의식을 갖추는 배경이 된다. 이때 이 경지에 이른 사람들은 세상적으로 가진 지위나 명예, 권력, 돈을 얼마나 가졌는지에 따라 사고하는 관습이나 습성과는 철저히 분리된다. 일반적인 세계관이나 인생관과는 완연히 다른 차원의 사람으로 거듭난다고 할 수 있다.

이러한 분별과 식별은 하느님이 개개인에게 원하는 뜻을 찾아가는 것이라 인간적인 잣대로 임의대로 해석할 수 없다. 자신보다 영성이 깊고 넓은 영성가나 성직자를 찾는 이유도 여기에 있다. 하느님 섭리와 뜻이 어디에 있는지 분별하고 식별하는 궁극점은 사람들이 개인적 자유와 편리함에 안주하거나 그 한계에 매이지 않는 데 있다. 고난을 기꺼이 자처하거나 선택할 수 있는 이유이고, 기복신앙과는 차별화되는 이유다. 올바른 식별과 분별은 그리스도인이 온전히 하느님께 내어드리는 기도 시간 안에서만 가능할 일이다. 그래서 "식별은 유아기적인 자기 분석이나 개인주의적 자기 성찰의 형태가 아니라 자기 자신으로부터 참으로 벗어나 하느님의 신비를 향하여 나아가는 과정[229]"이다. 이때는 어떤 메타버스의 가상 세계나 기기적인 도움을 배제하고, 철저히 혼자가 되어 침묵하고 관상하는 세계 안에서만 가능하다. 기도란 결코 가볍게 몇 번 읊조리거나 생각해 보고, 그 자리를 일어서는 그런 가벼움이 아니다.

이때의 의식은 우리가 서로 연결되어 있다는 의식에서 공공의 영역으로 의식이 확장된다. 의식의 공공 영역으로의 확장과 진입의 중요성에 대해서 한나 아렌트(Hannah Aredndt)는 다음과 같이 설명하고 있다. "인간성이란 단독, 독자적으로는 획득되지 않는다. 누군가 자신의 작업

---

229   교황 프란치스코, 『기뻐하고 즐거워하여라(Gaudete et exultate)』, 한국천주교 중앙협의회, 2018년, 110~111쪽

이나 일을 대중에게 바친다고 해도 마찬가지다. 인간성은 자신의 삶과 존재 자체를 '공공 영역으로 향하는 모험'에 바친 사람에 의해서만 달성될 수 있다".[230] 인간이 '자아'라는 좁은 감옥에 갇혀 철저히 아무것도 하지 못하고 소멸되는 것이 아니라 그 감옥의 벽을 깨트리고 공적 영역으로의 진입을 위해서 고민과 성찰의 여백을 마련해 주는 것이 영성의 역할이라고 할 것이다.

영성이 궁극적으로 중시하는 키워드는 무엇일까? '연민과 사랑'이다. 김송희 박사의 칼럼에서 말하는 '착한 사마리아인의 비유(루카 10, 29~37)'는 예수님이 말하는 실천적 사랑의 좋은 사례다. 살펴보자. 강도를 만난 사람이 초주검이 되어있었다. 사마리아인은 그에 대한 연민을 느끼고 마음을 다해 돌보아주었다. 금전적 부담까지도 끌어안았다. 완전한 사랑의 메시지다. 이때 언어적 장난도 없고, 믿음 생활을 얼마나 했는지, 사회적 시각이 어떤지와 같은 외적 판단은 개입되지 않는다. 실천적 사랑만이 있을 뿐이다.[231]

필자는 앞부분에서 단지 인간적으로 선의를 베풀었다고 해서 그것이 곧 하느님과의 일이고 소명과 상통하는 것이라고 말할 수는 없다고 했다. 그 이유는 인간적인 시선과 잣대가 하느님의 잣대와 늘 일치하는 것은 아니기 때문이다. 여기서 한 가지 매우 중요한 사실을 짚고 갈 필요가 있다. 선의를 베풀었지만 그리스도교인이 아니었다고 해서 그리스도교가 가르치는 사랑을 실천하지 않았다고도 말할 수 없다. '착한 사마리아인의 비유'가 주는 메시지에 대해 깊이 묵상해야 할 이유다.

---

230 한나 아렌트, 『한나 아렌트의 말』, 윤정희 옮김, 마음산책, 2013년, 70쪽
231 김송희, 「4차 산업혁명 시대, 장자의 통찰력으로 보는 복음화」, 『가톨릭신문』, 2020년 3월 1일

나가는 말

4차 산업혁명의 특징은 20세기 기존에 있던 지식과 기술의 빠른 융합에 있고, 그 공유와 재생산의 속도가 빠르게 진화하고 있다. 앞으로 4차 산업혁명에 대한 논의는 계속해서 확장될 것이고, 그 혁명이 갖는 사회학, 심리학, 공학, 경영학 등 모든 분야에 걸친 함의는 인간의 현재와 미래를 생각하는 모든 사람에게 논의의 장이 될 것이다. 인간은 커다란 변화 앞에서 반응하고 적응하면서 새로운 삶의 장소를 개척해 왔다. 변화가 크면 클수록 기존의 문화에 가지고 있던 의식구조는 해체가 되면서 새로운 패러다임을 수용하게 된다. 그 발전과 변혁 앞에서 인간은 근본적인 질문을 더해 가게 된다. '인간은 어디로 가는가?', '우리는 누구인가?', '우리는 어떻게 살아가야 하는가?' 등에 깊은 고민과 사유가 필요하다. 영성에 대한 깊은 이해가 필요한 이유다.

필자는 인공지능 시대, 그리스도교 영성을 중심으로 영성의 역할을 살펴보았다. 인공지능 시대에 '기계는 이제 스스로의 의지를 가지고 인간과 소통하며 인간의 노동력을 대체하는 초지능의 존재로 진화'하고,[232] 인간을 중심으로 한 사회혁명이지만 디지털화에 따른 인간 소외가 동시에 존재하기 마련이다. 영성의 역할을 염두에 두는 사고방식이 절실히 필요한 이유다. 영성은 인간 고유의 정체성, 인간 그대로의 모습을 찾아갈 수 있는 통로를 마련해 준다고 해도 과언이 아니기 때문이다. 따라서 혁명을 맞이하는 사회에서도 영성의 진입을 위하여 기존의 전통적인 기도나 예식의 방식을 뛰어넘는 새로운 차원의 방식을 고민할 필요가 있다.

인공지능이든 기기의 기술력이든 허(虛)와 실(實)이 있는 법이다. 이때 크고 작은 공동체를 통해 사람 간에 영적, 정신적으로 일깨워줄 수 있는 상호작용이 일어나야 한다. 그 안에서 이 시대에 일어나는 인간의 갈등이나 상처를 위로하고 격려할 수 있는 관계 형성은 영성을 통해서 풀어갈 필요가 있다.

무엇보다 사람들은 복잡하고 미묘한 세계에 진입하여 세대 간의 소통 부재는 물론 다양한 관심사에 따라 서로 간의 간극이 커지고 있다. 이것은 현재 교회가 노화하고 있고, 청년들의 부재로 이어진다는 측면에서 교회 안의 문제점을 여실히 보여주고 있다고 할 것이다. 단지 그리스도교 신자라는 이유만으로 모이는 커뮤니티가 운영될 수 있는지 의문이 제기된다. 소위 MZ세대의 이탈은 가톨릭 교회의 큰 위기를 증명한다. 교회는 새로운 교회 패러다임을 제시해야 할 필요가 있으며,

---

232 현대원, 『AI의 도전, 인공지능의 위험과 공존 그리고 기회』, 나남출판, 2021년, 83쪽

이때 영성의 강조는 더할 나위 없이 중요하다.

또한 가톨릭 수도 공동체 생활에서는 유교적 위계질서가 강조되어 왔다. 이러한 수직적 관계 설정 방식은 순명이란 수도 생활의 근본 영성을 살아가는 데에 반드시 필요한 요소이다. 그러나 새로운 삶의 방식으로 무장한 MZ세대의 입장에서 순명의 덕은 과연 어떤 의미로 이해되고 받아들여지는가에 대해서 교회는 스스로 질문을 해야 하고, 그 현실에 대한 근본적인 대면을 해야 하는 책임이 있다. 교회가 예수님에게서 받은 사명의 수행을 위해서 수도 공동체나 교회는 권위를 지닌 사람으로부터 순명의 덕으로 관계를 맺어야 하지만, 지나친 권위적인 태도나 소통이 없는 순명을 강요하는 것은 MZ세대에겐 고압적으로 느껴질 수 있다. 교회는 과연 어떻게 새로운 MZ세대와 대화를 할 것인지 전혀 다른 새로운 관점의 변화가 필요한 시점이다.

그리고 그리스도교 영성은 인간의 존재와 본질이 이 시대에 어떤 의미가 되는지 안내해 주는 역할을 해야 한다. 이는 단순히 종교 영역 안에만 머물러서는 안 된다는 의미이고 경제, 사회, 환경의 영역까지도 포함하는 영성의 이해가 필요하다는 의미로 연결된다. 이 혁명의 시기에 우리가 인간의 의미를 깨우치기 위해서는 몸과 영혼의 신체성을 다시 회복하고 경쟁이 아닌 협력 속에서 '공생'의 관계를 추구해야 한다.[233] 인공지능이 한계를 지니고 있는 일자리 가운데 소통과 공감 능력을 요구하는 일이 최대의 일자리로 요구되며, 동시에 인간 사회 안에서 절대적으로 필요한 영역이기 때문이기도 하다. 우리의 삶에 불가피하게 디지털 기술이나 인공지능을 가까이하게 될 때 인간만이 가질 수

---

233 이은경, 「포스트휴먼 기호자본주의 시대의 '인간'의 의미에 대한 고찰」, 「인간·환경·미래」 25, 2020년, 3~27쪽

있는 연민과 협력, 섬세하고 꼼꼼한 인도적 능력, 인간과의 대화 및 성찰이 더 중요해질 수 있다는 의견 또한 늘고 있다. 동시에 인공지능을 잘 통제할 수 있는 인간 그러나 영성을 잘 갖춘 사회적 중추 역할자가 절실해진다는 것도 현실이다.

끝으로 과학기술은 우리에게 존재하는 지배에의 의지와 탐욕을 실현하는 수단이어서는 안 된다. 오히려 실존적 욕망들을 이성적이면서도 건강하게 실현하려는 인간의 노력을 보조하는 방향에서 사용되도록 해야 한다.[234] 이 도전 앞에서 인간은 어떤 존재여야 하는가에 대한 질문은 영성이 가장 심도 있는 대답을 제시할 가능성이 크다. 그 이유를 이해하기 위해서는 그리스도교 예수님의 공생활 첫마디가 회개로의 초대라는 것을 이해할 필요가 있다(마태오 3:17). 복음에 의하면 자기 골방에 두려움에 갇혀있는 사람들에게 다가가지 않는 것, 그들과 음식을 나누지 않는 것, 배신의 아픔을 투척한 사람에게 다가가지 않는 것, 이런 것들이 바로 죄의 모습이다. 예수님의 삶은 제자들이 직접 보고 직접 들은 것이며, 그들의 눈앞에서 실천적 삶으로 드러난 것이다. 제자들은 예수님 삶을 목격한 증인이었으며, 그분의 삶을 자신들의 실천으로 녹여내었다. 그리스도 영성을 배워야 하는 이유가 바로 여기에 있다. 개인적인 삶에 그치는 것이 아니라 이타적인 삶과 실천적인 삶으로 이어져야 하는 것, 그것이 곧 그리스도인의 삶이기 때문이다.

그리스도 영성을 갖춘 사회 일원이 '인간이 인간답게' 걸어갈 수 있는 길을 제시할 수 있다면 인공지능이 인간지능을 추월하든 아니든 그 문제를 우려할 필요가 없다. 이때 교회의 영성 역할은 인간적, 세상적

---

234 박찬국, 「제4차 산업혁명과 함께 인간은 더 행복해질 것인가?」, 『제4차 산업혁명과 새로운 윤리』, 아카넷, 2017년, 99쪽

인 시각에 의존하는 것도 아니지만, 법의 규준과 체계에 더 의지할 일도 아니다. 우리는 용서와 사랑의 실천에 주목해야 하며, 용서와 사랑은 인간의 온정 어린 깊은 내면의 터치 안에서만 가능할 일이다. 그리고 화해 역시 하느님과의 깊은 기도와 교감을 통해서 이루어지며 사랑의 실체로 드러난다. 하느님과의 완전한 일체는 어떤 기기의 도움도 개입할 수 없는 인간 자신의 온전한 내면과의 일치 안에서만 가능할 일이다.

참고 문헌

- 귀스타브 르 봉, 김성균 옮김, 『군중심리』, 이레미디어, 2008년
- 김대식, 『인간 vs 기계』, 동아시아, 2016년
- 김송희, 『코로나 19 이후, 장자(莊子)에게 묻다』, LAMI 인문과 예술 경영연구소, 2020년
- 김송희, 「4차 산업혁명 시대, 장자의 통찰력으로 보는 복음화」, 『가톨릭신문』, 2020년 3월 1일
- 김승혜, 『유교의 시중(時中)과 그리스도교의 식별』, 바오로딸, 2005년
- 김재인, 『인간지능의 시대, 인간을 다시 묻다』, 동아시아, 2020년
- 노성열, 『AI 시대, 내 일의 내일』, 동아시아, 2020년
- 박찬국, 「제4차 산업혁명과 함께 인간은 더 행복해질 것인가?」, 『제4차 산업혁명과 새로운 윤리』, 아카넷, 2017년
- 손화철, 「지속 가능한 발전과 제4차 산업혁명 담론」, 『제4차 산업혁명과 새로운 윤리』, 아카넷. 2017년
- 송봉모, 『생명을 돌보는 인간』, 바오로딸, 1999년
- 송봉모, 『회심하는 인간』, 바오로딸, 1999년
- 송봉모, 『영성신학』, 가톨릭출판사, 1998년
- 송봉모, 『내 이름을 부르시는 그분』, 바오로딸, 2009년
- 새뮤얼 아브스만, 『지식의 반감기』, 책 읽는 수요일, 2014년
- 유발 하라리, 전병근 옮김, 『21세기를 위한 21가지 제안. 더 나은 오늘은 어떻게 가능한가?』, 김영사, 2018년
- 윤승태, 「4차 산업혁명 시대의 교회의 역할과 방향」, 『신학과 실천』

58, 2018년, pp.601~625

- 예쯔청 저, 이우재 엮음, 『중국의 세계전략』, 21세기북스, 2005년

- 이은경, 「포스트휴먼 기호자본주의 시대의 '인간'의 의미에 대한 고찰」, 『인간·환경·미래』 25, 2020년, pp.3~27

- 제리 카플란, 신동숙 옮김, 『인간 지능의 미래』, 한스 미디어, 2017년

- 조성호, 「노동과 기독교 영성: 기독교 영성의 영역확대를 위한 연구」, 『신학과 선교』 44, 2014년, pp.83~118

- 조성호, 「4차 산업혁명 시대와 기독교 영성의 발전 방안 연구」, 『복음과 실천』 48, 2018년, pp.149~173

- 교황 프란치스코 저, 자코모 코스타 엮음, 정강엽 옮김, 『마음이 일러 주는 하느님』, 성서와 함께, 2024년

- 교황 프란치스코, 『기뻐하고 즐거워하여라(Gaudete et exultate)』, 한국천주교 중앙협의회, 2018년

- 한나 아렌트, 윤정희 옮김, 『한나 아렌트의 말』, 마음산책, 2013년

- 한병철, 김태환 옮김, 『시간의 향기』, 문학과 지성사, 2018년

- 현대원, 『AI의 도전. 인공지능의 위험과 공존 그리고 기회』, 나남출판, 2021년

- Astin, A.W., Why spirituality deserves a central place in liberal education. 『Liberal Education』 90(2), 2004년, pp.34~41

- Aburdene, P., 『Megatrend 2010. The rise of conscious capitalism』, Hampton Roads Publishing: Charlottesville, 2005년

- Bensaid, B. & Jumahat, T., 『Crossroads between Islamic

Spirituality and the Fourth Industrial Revolution」, 『Theological Quarterly』81, 2021년, pp.669~680

- Bayne, S. & Jandric, P., 「From Anthropocentric humanism to critical posthumanism in digital education」, 『Knowledge Cultures』5 (2), 2017년, pp.11~30

- Edwards, W. B., 「Buddhism and the fourth industrial revolution」. In Tu, T. N. & Thien, T. D. (Eds.), 『Buddhism and the fourth industrial revolution』, Hong Duc Publishing House, 2019년, pp.117~128

- Kotler, P., Kartajaya, H., & Setiawan, I., 「Marketing 3.0: From Products to Customers to the Human Spirit」 Wiley, 2010년

- Morgan, J., 「Will we work in twenty-first century capitalism? A critique of the fourth industrial revolution literature」, 『Economy and Society』48(3), 2019년, pp.371~398

- Nandram, S.S.., Integrative spirituality in the fourth industrial revolution: From how we do things to why we exist, https://research.vu.nl/ws/portalfiles/portal/90217728/Oratie_Sharda_Nandram.pdf, 2019년

- Ong. W., 「Orality and Literacy」, Routledge: London & New York, 2002년

- O'Shea, E.R., Torosyan, R., Robert, T., Haug, I., Wills, M., & Bown, B.A., 「Spirituality and professional collegiality:

ESPRI DE "CORE"』, In Chang, H. & Body, D. (Eds.), 『Spirituality and Higher Education』, Left Coast Press: Walnut Creek, 2011년

- Redmond, E., 『Deep Tech: Demystifying the Breakthrough Technologies That Will Revolutionize Everything』, Deep Tech Press, 2021년

- Rupnik, M.I., 『Discernment: Acquiring the heart of Go』, Pauline Books and Media, Boston, 2006년

- Schwab. K., 『Welcoming Faith in the Fourth Industrial Revolution』, https://berkleycenter.georgetown.edu/responses/welcoming-faith-in-the-fourth-industrial-revolution, 2016년

- Schwab, K., 『The Fourth Industrial Revolution』, World Economic Forum, Cologny/Geneva, 2016년

- Solomon, M., 『The 4 big ethical questions of the Fourth Industrial Revolution』, https://www.weforum.org/agenda/2016/10/how-can-we-enjoy-the-benefits-of-the-fourth-industrial-revolution-while-minimizing-its-risks, 2016년

- Teasdale, W, 『A Monk in the world: Cultivating a spiritual life』, New World Library, 2002년